# सती
# विलासी

शरतचंद्र चट्टोपाध्याय

*प्रकाशक*

**प्रभात पेपरबैक्स**

**प्रभात प्रकाशन प्रा. लि.** का उपक्रम

4/19 आसफ अली रोड, नई दिल्ली–110002

फोन : 23289777 • हेल्पलाइन नं. : 7827007777

इ–मेल : prabhatbooks@gmail.com ❖ वेब ठिकाना : www.prabhatbooks.com

*संस्करण*

2022



*मूल्य*

तीन सौ रुपए

*मुद्रक*

गोपसंस पेपर्स लिमिटेड, नोएडा

★

**SATI & VILASI**

*stories* by Sarat Chandra Chattopadhyay

Published by **PRABHAT PAPERBACKS**

An imprint of Prabhat Prakashan Pvt. Ltd.

4/19 Asaf Ali Road, New Delhi-110002

ISBN 978-93-5266-260-9

₹ 300.00

# सती

# अनुक्रम

# सती

हरीश पबना एक संभ्रांत, भला वकील है, केवल वकालत के हिसाब से ही नहीं, मनुष्यता के हिसाब से भी। अपने देश के सब प्रकार के शुभ अनुष्ठानों के साथ वह थोड़ा-बहुत संबंधित रहता है। शहर का कोई भी काम उसे अलग रखकर नहीं होता। सबेरे 'दुर्नीति-दमन-समिति' की कार्यकारिणी सभा का एक विशेष अधिवेशन था, काम समाप्तकर घर लौटते हुए थोड़ा विलंब हो गया था। अब किसी तरह थोड़ा सा खा-पीकर अदालत पहुँचना आवश्यक है। विधवा छोटी बहन उमा पास बैठी हुई देखभाल कर रही थी कि कहीं समय की कमी से खाने-पीने में कमी न रह जाए।

पत्नी निर्मला धीरे-धीरे समीप जाकर बैठ गई, बोली, 'कल के अखबार में देखा है, हमारी लावण्यप्रभा यहाँ लड़कियों के स्कूल की इंस्पेक्ट्रेस होकर आ रही है।'

यह साधारण-सी बात कुछ संकेतों में बहुत गंभीर थी।

उमा चकित होकर बोली, 'सचमुच क्या? उस लावण्य का नाम यहाँ तक कैसे आ पहुँचा भाभी!'

निर्मला बोली, 'आ ही गया! इन्हें पूछती हूँ।'

हरीश मुँह उठाकर सहसा कड़वे स्वर से बोल उठा, 'मैं कैसे जानूँगा, सुनूँ तो? गवर्नमेंट क्या मुझसे पूछकर लोगों को बहाल करती है?'

स्त्री ने स्निग्ध स्वर से उत्तर दिया, 'अहा, नाराज क्यों होते हो, नाराजी की बात तो मैंने कही नहीं, तुम्हारी तदबीर-तकाजे से यदि किसी का उपकार हो तो वह प्रसन्नता की ही बात है!' कहकर जैसी आई थी, वैसी ही मंथर-मृदु चाल से बाहर चली गई।

उमा घबरा उठी, 'मेरे सिर की शपथ है दादा, उठो मत, उठो मत!'

हरीश विद्युत-वेग से आसन छोड़कर उठ बैठा, 'नहीं, शांतिपूर्वक एक कौर खाया भी नहीं जा सकता। आत्मघात किए बिना और…।' कहते-कहते शीघ्रतापूर्वक बाहर निकल गया। जाते समय राह में स्त्री का कोमल स्वर कान में पड़ा, 'तुम किस दुःख से आत्मघात करोगे? जो करेगा, उसे एक दिन दुनिया देख लेगी!'…

यहाँ हरीश का कुछ पूर्व-वृत्तांत कह देना आवश्यक है। इस समय उसकी आयु चालीस से कम नहीं है, परंतु जब सचमुच कम थी, उस छात्र-जीवन का एक इतिहास है। पिता राममोहन उस समय बारीसाल के सब-जज थे, हरीश एम.ए. परीक्षा की तैयारी करने के लिए कलकत्ता का मैस छोड़कर बारीसाल आ गया था। पड़ोसी थे हरकुमार मजूमदार—स्कूल इंस्पेक्टर। वे बड़े निरीह, निरभिमानी एवं अगाध विद्वान् थे। सरकारी काम से फुरसत पाकर एवं बैठे रहकर, कभी-कभी आकर सदर आला बहादुर की बैठक में बैठते थे। गंजे मुंसिफ, दाढ़ी मुँडे डिप्टी, बहुत मोटे सरकारी वकील, शहर के अन्य गण्यमान व्यक्तियों के दल में से संध्या के पश्चात् कोई भी प्राय: अनुपस्थित नहीं रहता। उसका कारण था—सदर स्वयं थे निष्ठावान हिंदू। अतएव आलाप-आलोचना का अधिकांश भाग होता था धर्म के संबंध में और जैसा सब जगह होता है, यहाँ भी वैसे ही अध्यात्म तत्त्व-कथा की शास्त्रीय मीमांसा का समाधान होता, खंड-युद्ध की समाप्ति में। उस दिन ऐसी ही एक लड़ाई के बीच, हरकुमार अपनी बाँस की छड़ी हाथ में लिये धीरे-धीरे आ उपस्थित हुए। इस सब युद्ध-विग्रह व्यापार में, वे किसी भी दिन कोई अंश ग्रहण नहीं करते थे। स्वयं को ब्राह्म-समाज के अंतर्गत समझने से हो अथवा शांत-मौन प्रकृति के मनुष्य होने के कारण हो, चुप रहकर सुनने के अतिरिक्त, गले पड़कर अपन मत प्रकट करने की चंचलता उनमें एक दिन भी नहीं देखी गई, परंतु आज दूसरी ही बात हुई। उनके कमरे में घुसते ही गंजे मुंसिफ बाबू उन्हीं को मध्यस्थ मान बैठे। इसका कारण यह था कि इस बार छुट्टी में कलकत्ता जाकर वे कहीं से इन महोदय के भारतीय-दर्शन के संबंध में गंभीर ज्ञान का एक जनरव सुन आए थे। हरकुमार मुसकराते हुए सहमत हो गए। थोड़ी ही देर में पता चल गया कि शास्त्रों के बंगला अनुवाद मात्र का सहारा लिए ही उनके साथ तर्क नहीं चल सकता। सब लोग प्रसन्न हुए, न हुए तो केवल सब-जज बहादुर स्वयं ही अर्थात् जो व्यक्ति जाति खो बैठा है, उसका फिर शास्त्र-ज्ञान किसलिए? और कहा भी ठीक यही! सबके उठ जाने पर, उनके परमप्रिय सरकारी वकील-बाबू आँखों का

*हरकुमार मुसकराते हुए सहमत हो गए। थोड़ी ही देर में पता चल गया कि शास्त्रों के बंगला अनुवाद मात्र का सहारा लिए ही उनके साथ तर्क नहीं चल सकता। सब लोग प्रसन्न हुए, न हुए तो केवल सब-जज बहादुर स्वयं ही अर्थात् जो व्यक्ति जाति खो बैठा है, उसका फिर शास्त्र-ज्ञान किसलिए? और कहा भी ठीक यही! सबके उठ जाने पर, उनके परमप्रिय सरकारी वकील-बाबू आँखों का इशारा कर हँसते हुए बोले, 'सुना तो छोटे साहब, भूत के मुँह से राम-नाम और क्या!'*

इशारा कर हँसते हुए बोले, 'सुना तो छोटे साहब, भूत के मुँह से राम-नाम और क्या!'

डिप्टी साहब ठीक सम्मति नहीं दे सके, कहा, 'कुछ भी हो, परंतु जानते खूब हैं। सब जैसे कंठस्थ है! पहले मास्टरी करते थे या नहीं।…'

हाकिम प्रसन्न नहीं हुए। बोले, 'उसकी जानकारी के मुँह में आग! यही लोग होते हैं ज्ञान-पापी, इनकी कभी मुक्ति नहीं होती।'

हरीश उस दिन चुपचाप एक ओर बैठा था। इस स्वल्पभाषी प्रौढ़ व्यक्ति के ज्ञान और पांडित्य को देखकर वह मुग्ध हो गया था। अस्तु, पिता का अभिमत चाहे जो हो, पुत्र ने अपने आगामी परीक्षा-समुद्र से मुक्ति पाने का भरोसा लिये हुए, उन्हें जाकर पकड़ लिया, सहायता करनी ही होगी। हरकुमार तैयार हो गए। यहीं उनकी कन्या लावण्य के साथ हरीश का परिचय हुआ। वह भी आई.ए. परीक्षा की पढ़ाई की तैयारी करने के लिए कलकत्ता की धमा-चौकड़ी को छोड़कर आई हुई थी। दिन से प्रतिदिन के आवागमन में हरीश ने केवल पाठ्यपुस्तकों के दुरूह अंश का अर्थ ही नहीं जाना, एक और भी जटिलतर वस्तु का स्वरूप जान लिया, जो तत्त्व की दृष्टि से बहुत बड़ा था, परंतु उस बात को अभी रहने दो! क्रमशः परीक्षा के दिन पास खिंचते आने लगे, हरीश कलकत्ता चला गया। परीक्षा उसने अच्छी तरह दी एवं अच्छी तरह पास भी की।

*वह भी आई.ए. परीक्षा की पढ़ाई की तैयारी करने के लिए कलकत्ता की धमा-चौकड़ी को छोड़कर आई हुई थी। दिन से प्रतिदिन के आवागमन में हरीश ने केवल पाठ्यपुस्तकों के दुरूह अंश का अर्थ ही नहीं जाना, एक और भी जटिलतर वस्तु का स्वरूप जान लिया, जो तत्त्व की दृष्टि से बहुत बड़ा था, परंतु उस बात को अभी रहने दो! क्रमशः परीक्षा के दिन पास खिंचते आने लगे, हरीश कलकत्ता चला गया। परीक्षा उसने अच्छी तरह दी एवं अच्छी तरह पास भी की।*

कुछ दिनों बाद जब फिर साक्षात्कार हुआ तो हरीश ने संवेदना से चेहरे को उदास बनाते हुए पूछा, 'आप फेल हो गईं, यह तो बड़ा… ।'

लावण्य ने कहा, 'इसे भी न कर सकूँ, मैं क्या इतनी अशक्त हूँ।'

हरीश हँस उठा। बोला, 'जो होना था, हो चुका! परंतु अबकी बार खूब अच्छी तरह परीक्षा देनी चाहिए।'

लावण्य तनिक भी लज्जित नहीं हुई। बोली, 'खूब अच्छी तरह देने पर भी मैं फेल हो जाऊँगी। उसे मैं कर नहीं सकती!'

हरीश अवाक् हो गया। पूछा, 'क्यों नहीं कर सकेंगी?'

लावण्य ने जवाब दिया, 'क्यों फिर क्या? ऐसे ही!' यह कहकर वह हँसी रोकती हुई शीघ्रतापूर्वक चली गई।

*उस दिन प्रातःकाल राममोहन बाबू मुकदमे का निर्णय लिख रहे थे। जो अभागा हार गया था, उसका और कहीं भी कोई कूल-किनारा न रहे इस शुभ संकल्प को कार्य में परिणत करते हुए, निर्णय के मसविदे में छान-बीनकर शब्द-योजना कर रहे थे, पत्नी के मुख से लड़के का कांड सुनकर उनका माथा गरम हो उठा। हरीश ने मनुष्य-हत्या की है, सुनकर शायद वे इतने विचलित नहीं होते। दोनों आँखों को लाल करते हुए बोले, 'क्या! इतना…' इससे अधिक बात उनके मुँह से नहीं निकली।*

क्रमशः बात हरीश की माँ के कानों में पहुँची।

उस दिन प्रातःकाल राममोहन बाबू मुकदमे का निर्णय लिख रहे थे। जो अभागा हार गया था, उसका और कहीं भी कोई कूल-किनारा न रहे इस शुभ संकल्प को कार्य में परिणत करते हुए, निर्णय के मसविदे में छान-बीनकर शब्द-योजना कर रहे थे, पत्नी के मुख से लड़के का कांड सुनकर उनका माथा गरम हो उठा। हरीश ने मनुष्य-हत्या की है, सुनकर शायद वे इतने विचलित नहीं होते। दोनों आँखों को लाल करते हुए बोले, 'क्या! इतना…' इससे अधिक बात उनके मुँह से नहीं निकली।

दिनाजपुर रहते समय एक प्राचीन वकील के साथ—शिखागुच्छ, गीता-तत्त्वार्थ और पेंशन मिलने पर काशीदास की उपकारिता को लेकर दोनों का मत बहुत मिल गया था एवं मित्रता स्थापित हो गई थी। एक छुट्टी के दिन जाकर, उसी की छोटी लड़की निर्मला को फिर एक बार आँखों से देखकर, उसके साथ अपने लड़के का विवाह करने का पक्का वचन दे आए थे।

लड़की देखने में अच्छी थी, दिनाजपुर में रहते समय गृहिणी ने उसे अनेक बार देखा था, तथापि पति की बात सुनकर गाल पर हाथ रख लिया, 'कहते क्या हो जी, एक बार में ही पक्का वचन दे आए! आजकल के लड़के…।'

पति ने कहा, 'परंतु मैं तो आजकल का बाप नहीं हूँ। मैं अपने पुराने जमाने के नियमानुसार ही लड़कों को भी बना सकता हूँ। हरीश की पसंद यदि न हो तो उसके लिए और उपाय हो सकता है, बताओ!'

गृहिणी पति को पहचानती थी, वे चुप हो गईं।

पति ने फिर कहा, 'भले घर की कन्या पंख-विहीन लड़की नहीं होती। वह यदि अपना माता के सतीत्व एवं पिता के हिंदुत्व को लेकर हमारे घर आएगी, उसी को हरीश का सौभाग्य समझना चाहिए।'

समाचार को प्रकट होने में देर न लगी। हरीश ने भी सुना। पहले उसने मन में सोचा; भागकर कलकत्ता आ पहुँचे, कुछ न जुटाने पर ट्यूशन ही करके जीविका-निर्वाह

करेगा। पीछे सोचा, संन्यासी हो जाएगा। अंत में, पिता स्वर्ग: पिता धर्म: पिता हि परमं तप:—इत्यादि स्मरण करके चुप बैठ गया।

कन्या के पिता धूमधाम से वर देखने आए, एवं आशीर्वाद (सगाई) का काम भी इसी के साथ पूरा कर दिया। आयोजन में शहर के बहुत से संभ्रांत व्यक्ति भी आमंत्रित होकर आए थे। निरीह हरकुमार कुछ जाने बिना ही आए थे। उनके समक्ष रायबहादुर ने अपने भावी संबंधी मैत्र महाशय की हिंदू धर्म में प्रगाढ़ निष्ठा का परिचय दिया एवं अंग्रेजी शिक्षा में संख्यातीत दोषों का वर्णन कर बहुत प्रकार से ऐसा अभिमत प्रकट किया कि उन्हें हजार रुपये महीना नौकरी के देने के अतिरिक्त अंग्रेजों का और कोई गुण नहीं है। आजकल के दिन और ही तरह के हो गए हैं, लड़कों को अंग्रेजी पढ़ाए बिना काम नहीं चलता, परंतु जो मूर्ख इस म्लेच्छ-विद्या और म्लेच्छ-सभ्यता को हिंदुओं के पवित्र अंत:पुर की लड़कियों में खींच लाना चाहते हैं, उनका इहलोक भी खराब है, परलोक भी खराब है!

केवल हरकुमार के अतिरिक्त इसका गूढ़ार्थ किसी को अविदित नहीं रहा। उस दिन आयोजन समाप्त होने से पहले ही विवाह का दिन निश्चित हो गया एवं यथासमय शुभ-कार्य संपन्न होने में विघ्न भी नहीं पड़ा। कन्या को ससुराल भेजने से पहले मैत्र-पत्नी, निर्मला की सती-साध्वी माता ठकुरानी ने वधू-जीवन के चरम-तत्त्व को लड़की के कानों में डाल दिया। बोली, 'बेटी, पुरुष को आँखों-आँखों में न रखने पर वह हाथ से निकल जाता है। गृहस्थी करते समय और चाहे कुछ भूल जाना, पर यह बात कभी मत भूलना!'

उसके अपने पति ने चुटिया के गुच्छे और श्रीगीता के तत्त्वार्थ को लेकर उन्मत्त हो उठने से पहले तक उन्हें बहुत जलाया था। आज भी उनका दृढ विश्वास है—बूढ़े मैत्र के चिता पर शयन न करने तक उनके निश्चित होने का समय नहीं आएगा।

निर्मला पति की गृहस्थी चलाने आई एवं उसी घर को आज बीस वर्ष से चला रही है। इस सुदीर्घ काल में कितना परिवर्तन, कितना कुछ हो गया। रायबहादुर मर

*केवल हरकुमार के अतिरिक्त इसका गूढ़ार्थ किसी को अविदित नहीं रहा। उस दिन आयोजन समाप्त होने से पहले ही विवाह का दिन निश्चित हो गया एवं यथासमय शुभ-कार्य संपन्न होने में विघ्न भी नहीं पड़ा। कन्या को ससुराल भेजने से पहले मैत्र-पत्नी, निर्मला की सती-साध्वी माता ठकुरानी ने वधू-जीवन के चरम-तत्त्व को लड़की के कानों में डाल दिया। बोली, 'बेटी, पुरुष को आँखों-आँखों में न रखने पर वह हाथ से निकल जाता है। गृहस्थी करते समय और चाहे कुछ भूल जाना, पर यह बात कभी मत भूलना!'*

गए, धर्मनिष्ठ मैत्र स्वर्गवासी हो गए, पढ़ाई-लिखाई समाप्त होकर लावण्य का अन्यत्र विवाह हो गया। जूनियर वकील हरीश सीनियर हो गया, आयु भी अब यौवन पार कर प्रौढ़ता में जा पड़ी, परंतु निर्मला अपनी माता के दिए हुए मंत्र को जीवनभर नहीं भूली।

## दो

इस सजीव मंत्र की क्रिया इतनी जल्दी शुरू होगी, इसे कौन जानता था! रायबहादुर तब भी जीवित थे, पेंशन लेकर पबना के मकान में आ गए थे। हरीश के एक वकील-मित्र के यहाँ पितृ-श्राद्ध के उपलक्ष्य में कलकत्ता से एक अच्छी कीर्तनवाली आई थी। वह देखने में सुंदर और कम उमर की थी। बहुतों की इच्छा थी कि काम-काज समाप्त हो जाने पर, एक दिन अच्छी तरह उनका कीर्तन सुना जाए। दूसरे दिन हरीश को गाना सुनने का निमंत्रण मिला, सुनकर घर लौटते समय कुछ अधिक रात हो गई।

निर्मला ऊपर खुले बरामदे में, सड़क की ओर देखती हुई खड़ी थी। पति को ऊपर आते देखते ही पूछ बैठी, 'गाना कैसा लगा?'

*निर्मला ने जवाब दिया, 'भले ही सुन लें! मैं तो गुपचुप बात कह ही नहीं रही हूँ।'*
*इस उत्तर के प्रत्युत्तर में उमा क्या कहे, सो नहीं सोच पाई; परंतु कहीं उसके उच्च स्वर से वृद्ध पिता की नींद टूट न जाए, इस भय से उसने दूसरे ही क्षण हाथ जोड़कर क्रोध को दबाए हुए गले से विनती करते हुए कहा, 'क्षमा करो भाभी, इतनी रात में चिल्लाकर और लज्जाजनक काम मत करो!'*

हरीश ने प्रसन्न होकर कहा, 'अच्छा गाती है!'

'देखने में कैसी है?'

'बुरी नहीं, अच्छी ही है!'

निर्मला ने कहा, 'तब तो रात एकदम बिताकर ही आ जाते।'

इस अप्रत्याशित कुत्सित मंतव्य से हरीश क्रुद्ध हुआ था, आश्चर्य से अभिभूत हो गया। उसके मुँह से केवल इतना निकला, 'सो कैसे?'

निर्मला क्रुद्ध होकर बोली, 'ठीक तरह से! मैं नन्ही बच्ची नहीं हूँ, सब जानती हूँ, सब समझती हूँ, तुम मेरी आँखों में धूल डालोगे? अच्छा!'

उमा बगलवाले कमरे से दौड़ आकर भयभीत हुई बोली, 'तुम क्या कह रही हो भाभी, पिताजी सुन पाएँ तो··· ?'

निर्मला ने जवाब दिया, 'भले ही सुन लें! मैं तो गुपचुप बात कह ही नहीं रही हूँ।'

इस उत्तर के प्रत्युत्तर में उमा क्या कहे, सो नहीं सोच पाई; परंतु कहीं उसके उच्च

स्वर से वृद्ध पिता की नींद टूट न जाए, इस भय से उसने दूसरे ही क्षण हाथ जोड़कर क्रोध को दबाए हुए गले से विनती करते हुए कहा, 'क्षमा करो भाभी, इतनी रात में चिल्लाकर और लज्जाजनक काम मत करो!'

बहू का कंठ-स्वर इससे बढ़ा ही, कम नहीं हुआ। कहा, 'किसके लिए लज्जाजनक? तुम क्यों कहोगी, ननदरानी! तुम्हारे हृदय का भीतरी भाग तो अब आग से भर ही नहीं सकता।' कहते-कहते उसने रोते हुए शीघ्रतापूर्वक कमरे में घुसकर जोर से दरवाजे बंद कर दिए।

हरीश ने कठपुतली की भाँति चुपचाप नीचे आकर शेष रात्रि मुवक्किलों के बैठने की बेंच पर सोते हुए काट दी। इसके पश्चात् दसेक दिन के लिए दोनों में वार्त्तालाप बंद हो गया।

परंतु हरीश को भी अब संध्या के बाद बाहर नहीं पाया जाता। बाहर जाने पर भी उसकी शंकाकुल व्याकुलता लोगों की हँसी की वस्तु हो उठती। मित्र लोग नाराज होकर कहने लगे, 'हरीश, जितने बूढ़े हो रहे हो, आसक्ति भी उतनी ही अधिक होती जा रही है, क्यों?'

हरीश अधिकांश जगहों पर उत्तर नहीं देता, केवल बहुत कुछ सोचने पर ही कहता, 'इस घृणा से यदि तुम लोग मुझे त्याग सको, तो तुम भी बचो और मैं भी बच जाऊँ।'

मित्र लोग कहते, 'व्यर्थ! व्यर्थ!'

उन्हें लज्जा दिलानेवाला अब स्वयं ही लज्जा से मरने लगा।

## तीन

उस बार पीलिया रोग से लोग बहुत अधिक मरने लगे। हरीश को भी रोग ने धर दबाया। कविराज ने आकर परीक्षा करने के उपरांत मुँह गंभीर बना लिया। कहा, 'मृत्युदायक है, बचना मुश्किल है!'

रायबहादुर तब तक परलोक जा चुके थे। हरीश की वृद्धा माता पछाड़ खाकर गिर पड़ीं। निर्मला ने घर से बाहर निकलते हुए कहा, 'मैं यदि सती माता की सती कन्या हूँ, तो मेरी माँग का सिंदूर पोंछने का साहस किसमें है? तुम लोग उन्हें देखो, मैं जा रही हूँ!' कहकर वह शीतला के मंदिर में जा, हत्या देकर पड़ गई, 'वे बचेंगे तो फिर घर लौटूँगी अन्यथा यहीं रहकर उनके साथ चली जाऊँगी।'

सात दिन तक देवता के चरणामृत के अतिरिक्त कोई उसे पानी तक नहीं पिला सका।

कविराज ने आकर कहा, 'बेटी, तुम्हारे पति आरोग्य हो गए, अब तुम घर चलो।'

*कविराज ने आकर कहा, 'बेटी, तुम्हारे पति आरोग्य हो गए, अब तुम घर चलो।'
लोग भीड़ करके देखने आए, स्त्रियों ने पाँव की धूलि ली, उसके माथे में थोप-थोपकर सिंदूर भर दिया, 'मनुष्य तो नहीं, जैसे साक्षात् देवी हो!' वृद्धों ने कहा, 'सावित्री का उपाख्यान मिथ्या है। क्या 'कलियुग में धर्म चला गया', कह देने से एकदम सोलहों आने चला गया? यम के मुख से पति को ले आई है!'*

लोग भीड़ करके देखने आए, स्त्रियों ने पाँव की धूलि ली, उसके माथे में थोप-थोपकर सिंदूर भर दिया, 'मनुष्य तो नहीं, जैसे साक्षात् देवी हो!' वृद्धों ने कहा, 'सावित्री का उपाख्यान मिथ्या है। क्या 'कलियुग में धर्म चला गया', कह देने से एकदम सोलहों आने चला गया? यम के मुख से पति को ले आई है!'

मित्र लोग लाइब्रेरी में बहस करने लगे, 'किसी साथ से ही मनुष्य स्त्री का गुलाम होता है। विवाह तो हम लोगों ने भी किया है, परंतु ऐसी स्त्री कोई नहीं होगी। अब समझ में आया कि हरीश संध्या के बाद बाहर क्यों नहीं रहता था।'

वीरेन वकील भला आदमी है। गत वर्ष छुट्टियों में काशी जाकर वह किसी संन्यासी से मंत्र ले आया है। टेबुल पर प्रचंड कराघात करता हुआ बोला, 'मैं जानता था कि हरीश नहीं मर सकेगा। वास्तव में सतीत्व नामक वस्तु क्या मामूली बात है? घर में रहने के लिए कह गई, 'यदि सती माता की सती कन्या होऊँ तो'—ओह! शरीर सिहर उठता है।'...

तारणी चटर्जी बूढ़े हो चले हैं, अफीमखोर आदमी हैं, एक ओर बैठे हुए एकाग्रचित्त से तंबाकू पी रहे थे। हुक्के को बेयरा के हाथ में दे, निश्श्वास छोड़ते हुए बोले, 'शास्त्र के मत से सहधर्मिणी की बात कठिन है। मुझ ही को देखो न, केवल सात लड़कियाँ ही हैं। विवाह करते-करते ही कंगाल हो गया।'

बहुत दिनों बाद ठीक होकर फिर जब हरीश अदालत में आया, तब कितने लोगों ने उसका अभिनंदन किया, उसकी संख्या नहीं।

ब्रजेंद्रबाबू ने खेदपूर्वक कहा, 'भाई हरीश, 'स्त्रैण' (स्त्री का गुलाम) कहकर तुम्हें बहुत लज्जित किया है, क्षमा करो! लाखों क्यों, करोड़ों-करोड़ों के बीच तुम्हारे जैसा भाग्यवान कोई है! तुम धन्य हो!'

भक्त वीरेन बोला, 'सीता-सावित्री की बात को न तो छोड़ दो, परंतु लीलावती-गार्गी हमारे ही देश में जन्मी थीं। भाई, स्वराज्य-फराज कुछ भी कहो, किसी तरह नहीं हो सकता, जब तक स्त्रियों को फिर उसी तरह का नहीं बना दिया जाता! मुझे तो लगता है कि शीघ्र ही पबना में एक आदर्श नारी-शिक्षा-समिति स्थापित करने की आवश्यकता

है एवं जो आदर्श महिला उसकी परमानेंट (स्थायी) प्रेसीडेंट होंगी, उनका नाम तो हम सभी जानते हैं!'

वृद्ध तारिणी चटर्जी ने कहा, 'उसी के साथ एक दहेज-प्रथा-निवारिणी समिति होना भी जरूरी है, सारा देश क्षार-क्षार हो गया है।'

ब्रजेंद्र ने कहा, 'हरीश, तुम्हारा तो बचपन में अच्छा लिखनेवाला हाथ था, तुम्हें उचित है कि तुम इस 'रिकवरी' के संबंध में एक 'आर्टिकल' लिखकर 'आनंद बाजार पत्रिका' में छपवा दो।'

हरीश किसी बात का जवाब नहीं दे सका, कृतज्ञता से उसकी दोनों आँखें छलछला आईं।

## चार

मृत जमींदार गुसाईंचरण की विधवा पुत्रवधू के साथ अन्य पुत्रों का जमींदारी के संबंध में मुकदमा छिड़ गया। हरीश था विधवा का वकील। जमींदार के लोगों में न जाने कौन किस पक्ष का हो, यह विचारकर गुप्त परामर्श करने के लिए विधवा स्वयं ही इससे पूर्व दो-एक बार वकील के घर आई थीं। आज सवेरे भी उनकी गाड़ी आकर हरीश के सदर दरवाजे पर रुकी। हरीश ने चकित होकर उन्हें अपनी बैठक में आकर बैठाया। बातचीत कहीं निजी बैठक के दूसरे कमरे में बैठे हुए मुहर्रिर के कानों में न जा पड़े, इस भय से दोनों ही सावधानी से धीरे-धीरे बातें कर रहे थे। विधवा के किसी असंलग्न प्रश्न पर हरीश द्वारा हँसकर जवाब देने की चेष्टा करते ही बगलवाले कमरे के परदे की ओट में से अचानक एक तीक्ष्ण कंठ-स्वर आया, 'मैं सब सुन रही हूँ!'

विधवा चौंक पड़ी, हरीश लज्जा और आशंका से काठ हो गया।

एक जोड़ी अत्यंत सतर्क कान और नेत्र उस पर दिन-रात पहरा लगाए रहते हैं, यह बात वह क्षणभर के लिए भूल गया था।

*परदा हटाकर निर्मला रणचंडी सी बाहर निकल आई। हाथ हिलाकर कंठ-स्वर में जहर घोलती हुई बोली, 'फुसफुसाकर बातें करके मुझे धोखा दोगे? मन में भी मत सोचना! क्यों, मैंने अपने साथ तो कभी इस तरह हँसकर बातें करते नहीं देखा!'*

परदा हटाकर निर्मला रणचंडी सी बाहर निकल आई। हाथ हिलाकर कंठ-स्वर में जहर घोलती हुई बोली, 'फुसफुसाकर बातें करके मुझे धोखा दोगे? मन में भी मत सोचना! क्यों, मैंने अपने साथ तो कभी इस तरह हँसकर बातें करते नहीं देखा!'

अभियोग बिल्कुल झूठा नहीं था।

विधवा भयभीत होकर बोली, 'यह क्या उपद्रव है हरीशबाबू!'

हरीश विमूढ़ की भाँति क्षणभर देखता रहकर बोला, 'पागल!'

निर्मला ने कहा, 'पागल! पागल ही सही, परंतु करोगे क्या, सुनूँ तो?' कहकर वह हाऊ-हाऊ करके रोती हुई, अचानक घुटने टेककर विधवा के पाँवों के पास धम्-धम् करके माथा फोड़ने लगी। मुहर्रिर काम छोड़कर दौड़ा आया, एक जूनियर वकील उसी के लिए आया था, वह आकर दरवाजे के समीप खड़ा हो गया, बोस-कंपनी का बिल भुगतान के लिए आया हुआ आदमी उसी के कंधे के ऊपर उचकने लगा एवं उन्हीं की आँखों के सामने निर्मला सिर फोड़ने लगी, 'मैं सब जानती हूँ! मैं सब समझती हूँ! रहो, तुम्हीं लोग सुखी रहो, परंतु सती माता की कन्या यदि होऊँ, यदि मन-वचन से एक के अतिरिक्त दूसरे को जानती भी होऊँ, यदि⋯।'

इधर विधवा स्वयं भी रोती हुई कहने लगी, 'यह क्या तमाशा है, हरीशबाबू! यह क्या बदनामी दी जा रही है, यह क्या मेरा⋯।'

हरीश ने किसी बात का कोई प्रतिवाद नहीं किया। नीचा मुँह किए खड़े हुए उसके मन में होने लगा; पृथ्वी! क्यों नहीं फट जाती हो!

लज्जा, घृणा, क्रोध से हरीश उसी कमरे में स्तब्ध होकर बैठा रहा। अदालत जाने की बात सोच भी नहीं सका। दोपहर को उमा आकर बहुत साध्य-साधना एवं सिर की शपथ देकर कुछ खिला गई। संध्या होने से पूर्व ब्राह्मण महाराज ने चाँदी की कटोरी में थोड़ा सा पानी लेकर पाँवों के पास रख दिया। हरीश को पहले तो इच्छा हुई कि लात मारकर फेंक दे, परंतु आत्मसंवरण करके आज भी पैर का अँगूठा उसमें डुबा दिया। पति का चरणामृत पान किए बिना निर्मला किसी दिन पानी भी नहीं छूती थी।

रात में बाहर के कमरे में अकेला लेटा हुआ हरीश सोच रहा था। उसके इस दुःखमय दूभर जीवन का अंत कब होगा! ऐसा बहुत दिन बहुत प्रकार से सोचा है, परंतु अपनी इस सती स्त्री के एकनिष्ठ प्रेम के दुस्सह नागपाश बंधन से मुक्ति का कोई भी मार्ग उसकी आँखों को दिखाई नहीं दिया।

## पाँच

दो वर्ष बीत गए। निर्मला ने खोज करके जाना है कि अखबार की खबर झूठी नहीं है, लावण्य सचमुच ही पबना के लड़कियों के स्कूल की निरीक्षिका बनकर आ रही है।

आज हरीश ने कुछ जल्दी ही अदालत से लौटकर छोटी बहन उमा को बताया कि रात ट्रेन से उसे विशेष आवश्यक काम से कलकत्ता जाना होगा, लौटने में शायद चार

दिन की देर हो जाएगी। बिछौना एवं आवश्यक कपड़े-लत्ते नौकर द्वारा ठीक करवा रखने हैं।

पंद्रह दिन से पति-पत्नी में बोलचाल बंद थी।

रेलवे-स्टेशन दूर है, रात के आठ बजे ही मोटर से बाहर निकल जाना पड़ेगा। संध्या के बाद वह मुकदमे के आवश्यक कागज-पत्र हैंडबैग में रख रहा था, निर्मला ने तभी प्रवेश किया।

हरीश ने मुँह उठाकर देखा, कुछ कहा नहीं।

निर्मला ने क्षणभर मौन रहकर प्रश्न किया, 'आज कलकत्ता जा रहे हो क्या?'

हरीश ने कहा, 'हाँ!'

*पंद्रह दिन से पति-पत्नी में बोलचाल बंद थी। रेलवे-स्टेशन दूर है, रात के आठ बजे ही मोटर से बाहर निकल जाना पड़ेगा। संध्या के बाद वह मुकदमे के आवश्यक कागज-पत्र हैंडबैग में रख रहा था, निर्मला ने तभी प्रवेश किया। हरीश ने मुँह उठाकर देखा, कुछ कहा नहीं। निर्मला ने क्षणभर मौन रहकर प्रश्न किया, 'आज कलकत्ता जा रहे हो क्या?' हरीश ने कहा, 'हाँ!'*

'क्यों?'

'क्यों, फिर क्या? मुवक्किल का काम है, हाईकोर्ट में मुकदमा है।'

'चलो न, मैं भी तुम्हारे संग चलूँगी!'

'तुम चलोगी? जाकर कहाँ ठहरोगी, सुनूँ तो?'

निर्मला ने कहा, 'जहाँ भी होगा! तुम्हारे साथ पेड़ के नीचे रहने में भी मुझे लज्जा नहीं है।'

बात अच्छी थी, एक सती स्त्री के उपयुक्त थी, परंतु हरीश के सर्वांग में जैसे कौंच की फली मल दी गई! कहा, 'तुम्हें लज्जा नहीं है, मुझे है! मैंने पेड़ के नीचे के बदले फिलहाल किसी एक मित्र के घर जाकर ठहरना निश्चित किया है।'

निर्मला बोली, 'तब तो और भी अच्छा है, उसके घर में भी स्त्री होगी, बाल-बच्चे होंगे, मुझे कोई असुविधा नहीं होगी!'

हरीश ने कहा, 'नहीं, यह नहीं होगा! किसी ने बोला नहीं, कहा नहीं, बिना बुलाए दूसरे के मकान में तुम्हें ले जाकर मैं नहीं ठहर सकूँगा।'

निर्मला बोली, 'नहीं हो सकेगा, सो जानती हूँ, मुझे साथ लेकर लावण्य के घर में तो ठहरा नहीं जा सकता!'

हरीश क्रुद्ध हो उठा। हाथ-मुँह हिलाकर चिल्लाता हुआ बोला, 'तुम जैसी घृणित हो, वैसी ही नीच भी! वह विधवा भद्र महिला है, मैं वहाँ क्यों जाऊँगा? वह भी मुझे आने के लिए क्यों कहेगी? इसके अतिरिक्त, मेरे पास समय ही कहाँ है? दूसरे के काम

से कलकत्ता जाकर साँस छोड़ने की फुर्सत भी नहीं मिलेगी!'

'मिलेगी, जी मिलेगी!' कहकर निर्मला कमरे से बाहर निकल गई।

तीन दिन बाद हरीश के कलकत्ता से लौट आने पर स्त्री ने कहा, 'चार-पाँच दिन की कह गए, तीन दिन में ही लौट आए, यह तो बड़ा··· ।'

हरीश ने कहा, 'काम खत्म हो गया, चला आया।'

निर्मला ने जोर से हँसते हुए एक प्रश्न किया, 'लावण्य से साक्षात्कार नहीं हुआ शायद!'

हरीश ने कहा, 'नहीं!'

निर्मला ने बड़ी भली आदमिन की भाँति पूछा, 'कलकत्ता जाकर भी एक बार खबर क्यों नहीं ली?'

*तीन दिन बाद हरीश के कलकत्ता से लौट आने पर स्त्री ने कहा, 'चार-पाँच दिन की कह गए, तीन दिन में ही लौट आए, यह तो बड़ा··· ।'
हरीश ने कहा, 'काम खत्म हो गया, चला आया।'
निर्मला ने जोर से हँसते हुए एक प्रश्न किया, 'लावण्य से साक्षात्कार नहीं हुआ शायद!'
हरीश ने कहा, 'नहीं!'
निर्मला ने बड़ी भली आदमिन की भाँति पूछा, 'कलकत्ता जाकर भी एक बार खबर क्यों नहीं ली?'*

हरीश ने जवाब दिया, 'समय नहीं मिला।'

'इतने पास जाकर थोड़ा सा समय तो निकाला ही जा सकता था।' कहकर वह चली गई।

इसके महीनेभर बाद, एक दिन अदालत जाने के लिए बाहर निकलते समय हरीश ने बहन को बुलाकर कहा, 'आज मेरे लौटने में शायद थोड़ी रात हो जाएगी, उमा!'

'क्यों दादा?'

उमा पास ही थी, धीरे-धीरे बात हो रही थी, परंतु कंठ-स्वर को ऊँचा चढ़ाकर किसी अदृश्य को लक्ष्य करते हुए हरीश ने उत्तर दिया, 'योगिनबाबू के घर एक जरूरी परामर्श करना है, देर हो सकती है।'

लौटने में देरी हुई; रात के बारह से कम नहीं। हरीश ने मोटर से उतरकर बाहर के कमरे में प्रवेश किया। कपड़े उतारते समय सुना, स्त्री ऊपर के जंगले से ड्राइवर को बुलाकर पूछ रही है, 'अब्दुल, योगिनबाबू के मकान से आ रहे हो शायद?'

अब्दुल ने कहा, 'नहीं माईजी, स्टेशन से आए हैं।'

'स्टेशन? स्टेशन से क्यों? गाड़ी से कोई आया था शायद?'

अब्दुल ने कहा, 'कलकत्ता से एक माईजी और बच्चा आया था।'

'कलकत्ता से ? बाबू उन्हें लेने गए और घर पहुँचा आए शायद ?'

'हाँ' कहकर अब्दुल गाड़ी को गैरेज में ले आया।

कमरे में हरीश ओट में खड़ा रहा। ऐसी संभावना की बात उसके मन में भी नहीं आई थी, ऐसी बात नहीं है, परंतु अपने नौकर से झूठ बोलने का अनुरोध करना, उससे किसी प्रकार नहीं हो सका। रात को ही शयन-गृह में एक कुरुक्षेत्र-कांड हो गया।

दूसरे दिन सबेरे लावण्य अपने लड़के को लिए घर आ उपस्थित हुई। हरीश बाहर के कमरे में था, उससे कहा, 'मेरा आपकी स्त्री से परिचय नहीं है, चलिए, बातचीत कर लूँ!'

हरीश की छाती के भीतर उलट-पुलट होने लगी। एक बार उसने यह भी कहना चाहा कि इस समय काम की बड़ी भीड़ है, परंतु यह कारण ठीक नहीं लगा। उसे साथ ले जाकर अपनी स्त्री के साथ उसका परिचय करा देना पड़ा।

दसेक वर्ष का लड़का और लावण्य। निर्मला ने उन्हें ससम्मान ग्रहण किया। लड़के को खाने के लिए दिया एवं उसकी माँ को आसन बिछाकर यत्नपूर्वक बैठाया। कहा, 'मेरा सौभाग्य है, जो आपके दर्शन पाए!'

लावण्य इसका उत्तर देती हुई बोली, 'हरीशबाबू के मुँह से सुना था, आपने क्रमशः वार-व्रत और उपवास कर-करके शरीर को नष्ट कर डाला है। इस समय भी तो अधिक अच्छा नहीं दिखता।'

*दसेक वर्ष का लड़का और लावण्य। निर्मला ने उन्हें ससम्मान ग्रहण किया। लड़के को खाने के लिए दिया एवं उसकी माँ को आसन बिछाकर यत्नपूर्वक बैठाया। कहा, 'मेरा सौभाग्य है, जो आपके दर्शन पाए!'*

*लावण्य इसका उत्तर देती हुई बोली, 'हरीशबाबू के मुँह से सुना था, आपने क्रमशः वार-व्रत और उपवास कर-करके शरीर को नष्ट कर डाला है। इस समय भी तो अधिक अच्छा नहीं दिखता।'*

निर्मला हँसती हुई बोली, 'यह सब प्रशंसा करने की बातें हैं, परंतु यह सब उन्होंने कब कहा?' हरीश उस समय भी पास ही खड़ा था, वह एकदम विवर्ण हो उठा।

लावण्य ने कहा, 'इसी बार कलकत्ता में। खाने बैठे तो केवल आपकी ही बात! उनके मित्र कुशलबाबू के मकान से हम लोगों का मकान बहुत पास ही है न, छत के ऊपर से जोर से पुकारने पर भी सुनाई पड़ता है।...'

निर्मला बोली, 'खूब सुविधा से ?'

लावण्य हँसकर बोली, 'किंतु केवल उसी से काम नहीं चलता था; लड़के को भेज, बाकायदा पकड़वाकर बुलाया जाता था।'

‘अच्छा?’

लावण्य बोली, ‘फिर जातीय कट्टरता भी नहीं छोड़ते-ब्राह्मों का स्पर्श किया हुआ खाते नहीं थे, मेरी बुआ के हाथ तक का नहीं। सबकुछ मुझे स्वयं बनाकर परोसना पड़ता था।’ यह कहकर वह हँसती हुई कौतुक सहित हरीश की ओर देखती हुई बोली, ‘अच्छा, इसमें आपको क्या लज्जा थी, कहिए तो? मैंने क्या ब्राह्म-समाज छोड़ दिया है!’

हरीश का सर्वांग थरथराने लगा, उसकी मिथ्यावादिता प्रमाणित हो जाने से उसके मन में हुआ—इतने दिन तक माँ वसुमती (पृथ्वी) ने कृपा करके शायद उसे पेट में रख छोड़ा था, परंतु अत्यंत आश्चर्य यह था कि निर्मला आज भयंकर उन्मादपूर्ण कोई कांड न करके स्थिर बैठी रही। संशय की वस्तु ने निर्विरोध सत्य के रूप में दिखाई देकर शायद उसे हतचेतन कर डाला था।

हरीश बाहर जाकर स्तब्ध, पीले पड़े मुँह से बैठा रहा। इस भीषण संभावना की बात स्मरणकर लावण्य को पहले से ही सतर्क कर देने की बात बहुत बार उसके मन में आई थी, परंतु आत्माभिमान हो या केवल मर्यादाहीन चोरी-छिपे का प्रभाव, किसी प्रकार भी इस शिक्षित और भद्र महिला के सामने वह कुछ कह नहीं सका था।

लावण्य के चले जाने पर निर्मला आँधी की भाँति कमरे में घुसती हुई बोली, ‘छिह तुम झूठे हो! इतनी झूठी बातें कहते हो!’

हरीश आँखें लाल कर उछल पड़ा, ‘खूब कहा! मेरी खुशी!!’

निर्मला क्षणभर पति के मुँह की ओर चुपचाप देखती-देखती अचानक रो पड़ी; बोली, ‘कहो, जितनी इच्छा हो झूठ कहो, जितनी खुशी हो मुझे ठगो, परंतु धर्म यदि है, यदि मैं सती माता की लड़की होऊँ, यदि शरीर और मन से सती होऊँ, तो मेरे लिए तुम्हें एक दिन रोना होगा, होगा!’ कहकर वह जैसे आई थी अनबोल वैसे ही द्रुतवेग से बाहर निकल गई।

*लावण्य के चले जाने पर निर्मला आँधी की भाँति कमरे में घुसती हुई बोली, ‘छिह तुम झूठे हो! इतनी झूठी बातें कहते हो!’ हरीश आँखें लाल कर उछल पड़ा, ‘खूब कहा! मेरी खुशी!!’ निर्मला क्षणभर पति के मुँह की ओर चुपचाप देखती-देखती अचानक रो पड़ी; बोली, ‘कहो, जितनी इच्छा हो झूठ कहो, जितनी खुशी हो मुझे ठगो, परंतु धर्म यदि है, यदि मैं सती माता की लड़की होऊँ, यदि शरीर और मन से सती होऊँ, तो मेरे लिए तुम्हें एक दिन रोना होगा, होगा!’ कहकर वह जैसे आई थी अनबोल वैसे ही द्रुतवेग से बाहर निकल गई।*

वार्त्तालाप पहले से ही बंद चल रहा था, जब अनबोल पक्का हो गया—नीचे के घर में ही सोना और खाना। हरीश अदालत जाता-आता बाहर के कमरे में अकेला बैठा रहता,

नई कोई बात नहीं। पहले संध्या के समय एकाध बार क्लब में बैठता, अब वह भी बंद हो गया। कारण, शहर के उसी ओर लावण्य रहती थी। उसके मन को लगता—पति-प्राण पत्नी की दोनों आँखें, दस आँखें बनकर दसों दिशाओं में पति का हर समय निरीक्षण करती रहती हैं, वे कभी विराम नहीं लेतीं, विश्राम नहीं करतीं, मध्याकर्षण के न्याय से वे परे हैं। स्नान के पश्चात् दर्पण की ओर देखकर उसके मन को लगता—सती-साध्वी की इस अक्षय प्रेमाग्नि से उसके कलुषित शरीर के नश्वर मेद-मज्जा-मांस-शुष्क और निष्पाप होकर अत्यंत द्रुत—उच्चतर लोक में जले जाने के लिए तैयार हो रहे हैं। उसकी अलमारी में एक कालीसिंह की महाभारत थी। जब समय नहीं कटता, तब वह बैठा-बैठा सती स्त्रियों के उपाख्यान पढ़ा करता। कैसा है उनका प्रचंड पराक्रम और कैसी है इनकी अद्भुत कहानी। पति पापी-तापी जो भी हो, मात्र पत्नी के सतीत्व के बल पर ही समस्त पापों से मुक्त होकर, अंत में कल्पभर वे दोनों इकट्ठे रहते हैं—कल्प कितना बड़ा होता है, इसे हरीश नहीं जानता; परंतु लगता है कि वह कम नहीं होता एवं ऋषियों-मुनियों द्वारा लिखित शास्त्र के वाक्य भी मिथ्या नहीं होते, यह बात सोचकर उनका सर्वांग विवश हो उठता। परलोक के भरोसे को जलांजलि देकर वह बिछौने पर लेटा हुआ बीच-बीच में इहलोक की भावना को सोचता, परंतु कोई मार्ग नहीं। अंग्रेज होने पर, मामला-मुकदमा चलाकर अब तक जो भी होता, कुछ रफा-दफा कर डालता। मुसलमान होने पर वह तलाक देकर बहुत पहले ही तय कर डालता, परंतु वह बेचारा है निरीह, एक पत्नीव्रती भद्र बंगाली—नहीं, कोई उपाय नहीं। अंग्रेजी शिक्षा से बहुविवाह नष्ट हो गए, विशेषकर निर्मला, जिसका चंद्र-सूर्य भी मुँह नहीं देख पाते, बहुत बड़े शत्रु भी जिसे बिंदु-मात्र कलंक नहीं लगा सकते, वस्तुतः पति से भिन्न जिसका ज्ञान-ध्यान ही नहीं है, उसी का परित्याग! बाप रे, निर्मल निष्कलुष हिंदू-समाज में क्या वह फिर मुँह दिखा सकेगा? समाज के लोग खों-खों करके शायद उसे खा ही डालेंगे।

*सोचते-सोचते आँख-कान गरम हो उठते, बिछौना छोड़कर मस्तक और मुँह पर पानी डालकर शेष रात्रि भी उसी कुर्सी पर बैठकर काट दी। इसी तरह शायद एक महीने से अधिक समय निकल गया। हरीश अदालत जाने को बाहर निकल रहा था, दासी ने आकर एक चिट्ठी उसके हाथ में दी, कहा, 'जवाब के लिए आदमी खड़ा हुआ है।'*

सोचते-सोचते आँख-कान गरम हो उठते, बिछौना छोड़कर मस्तक और मुँह पर पानी डालकर शेष रात्रि भी उसी कुर्सी पर बैठकर काट दी। इसी तरह शायद एक महीने से अधिक समय निकल गया। हरीश अदालत जाने को बाहर निकल रहा था, दासी ने आकर एक चिट्ठी उसके हाथ में दी, कहा, 'जवाब के लिए आदमी खड़ा हुआ है।'

लिफाफा खुला हुआ था, ऊपर लावण्य के हस्ताक्षर थे। हरीश ने पूछा, 'मेरी चिट्ठी किसने खोली?'

दासी ने कहा, 'माताजी ने!'

हरीश ने चिट्ठी पढ़कर देखी, लावण्य ने बहुत दुःखी होकर लिखा है, 'उस दिन मेरी बीमारी आँखों से देख जाकर भी, फिर एक बार भी खबर नहीं ली कि मैं मर गई या जीवित हूँ, जबकि आप अच्छी तरह जानते हैं कि इस विदेश में, आपको छोड़कर मेरा अपना व्यक्ति कोई भी नहीं है। जो भी हो, इस यात्रा में मैं मरी नहीं, बच गई हूँ! परंतु यह चिट्ठी उसकी नालिश के लिए नहीं है। आज मेरे लड़के की जन्मतिथि है, अदालत से लौटते समय एक बार आकर उसे आशीर्वाद दे जाएँ यही माँगती हूँ—लावण्य!'

पत्र के अंत में 'पुनश्च' लिखकर जताया था कि रात्रि का भोजन आज यहीं करना होगा। थोड़ा सा गाने-बजाने का भी आयोजन है।

चिट्ठी पढ़कर शायद वह क्षण भर के लिए उदास हो गया। अचानक आँख उठाते ही देखा, दासी ने हँसी छिपाने के लिए मुँह नीचा कर लिया है अर्थात् घर के दास-दासियों के लिए भी जैसे एक तमाशे की बात बन गई है। क्षण भर में उसकी शिराओं का खून खौल उठा—क्या इसकी सीमा नहीं है? जितना ही सहता हूँ, उतनी ही क्या सताने की मात्रा बढ़ती चली जा रही है?

पूछा, 'चिट्ठी कौन लाया है?'

'उसके घर की दासी।'

हरीश ने कहा, 'उससे कह दो कि मैं अदालत से लौटकर आऊँगा।' कहकर वह वीर-दर्प से मोटर में जा बैठा।

उस रात घर लौटते हुए हरीश को वास्तव में बहुत अबेर हो गई। गाड़ी से नीचे उतरते ही देखा—उसके ऊपर के सोने के कमरे के खुले हुए जंगले के पास निर्मला पत्थर की मूर्ति के समान स्तब्ध खड़ी हुई है।

## छह

डॉक्टरों के दल ने थोड़ी देर पहले ही विदा ली थी। पारिवारिक चिकित्सक वृद्ध ज्ञानबाबू जाते समय कह गए, 'शायद सब अफीम बाहर निकाल दी गई है। बहू के बचने में अब कोई शंका नहीं है।'

हरीश ने थोड़ी सी गरदन झुकाकर जो भाव प्रकट किए, वृद्ध ने उन पर ध्यान नहीं दिया; कहा, 'जो होना था, हो गया! अब पास-पास रहकर दो-चार दिन सावधानी रखने से विपत्ति दूर हो जाएगी।'

'जो आज्ञा', कहकर हरीश स्थिर होकर बैठ गया।

उस दिन बार-लाइब्रेरी के कमरे में बातचीत अत्यंत तीक्ष्ण और कठोर हो उठी। भक्त वीरेन ने कहा, 'मेरे गुरुदेव स्वामीजी ने कहा था, मनुष्य का कभी विश्वास मत करो। उस दिन गुसाईं बाबू की विधवा पुत्रवधू के संबंध में जो कांड प्रकट हो गया था, तुम लोगों ने तो विश्वास ही नहीं किया, बोले, 'हरीश ऐसा काम नहीं कर सकता!' अब देख लिया? गुरुदेव की कृपा से मैं ऐसी बहुत सी बातें जान सकता हूँ, जिनका तुम्हें सपना भी नहीं होता।'

*उस दिन बार-लाइब्रेरी के कमरे में बातचीत अत्यंत तीक्ष्ण और कठोर हो उठी। भक्त वीरेन ने कहा, 'मेरे गुरुदेव स्वामीजी ने कहा था, मनुष्य का कभी विश्वास मत करो। उस दिन गुसाईं बाबू की विधवा पुत्रवधू के संबंध में जो कांड प्रकट हो गया था, तुम लोगों ने तो विश्वास ही नहीं किया, बोले, 'हरीश ऐसा काम नहीं कर सकता!' अब देख लिया? गुरुदेव की कृपा से मैं ऐसी बहुत सी बातें जान सकता हूँ, जिनका तुम्हें सपना भी नहीं होता।'*

ब्रजेंद्र बोला, 'ओह! हरीश कितना धूर्त है! कैसी सती-साध्वी स्त्री है उसकी, फिर भी संसार का मजा देखता है। क्या केवल बदमाशों के ही भाग्य से ऐसी स्त्रियाँ मिलती हैं?'...

वृद्ध तारिणी चटर्जी हुक्का लिए गुड़गुड़ा रहे थे। बोले, 'निस्संदेह, मेरे तो सिर के बाल पक गए, परंतु 'करैक्टर' (चरित्र) पर कभी कोई एक 'स्पॉट' (धब्बा) तक नहीं दे सका। फिर मेरे हुई सात-सात लड़कियाँ ब्याह करते-करते दिवालिया हो गया।'

योगिनबाबू ने कहा, 'हम लोगों की लड़कियों के स्कूल की निरीक्षिका लावण्यप्रभा ने महिलाओं को एक बार में ही अपना आदर्श दिखा दिया! अब तो गवर्नमेंट को 'मूव' करना ही उचित है।'

भक्त वीरेन बोला, 'एब्सोल्यूट्ली नेसेसरी! (निश्चित रूप से आवश्यक है)।'

पूरा एक दिन भी नहीं बीत पाया, सती-साध्वी के पति हरीश के चरित्र को जाने बिना कोई भी बाकी नहीं रहा एवं मित्रवर्ग की कृपा से सब बातें उनके कान में भी आ पहुँचीं।

उमा ने आकर आँखें पोंछते हुए कहा, 'दादा, तुम दुबारा विवाह कर लो!'

हरीश ने कहा, 'पगली!'

उमा ने कहा, 'पगली क्यों! हमारे देश में तो पुरुषों के लिए बहु-विवाह था।'

हरीश ने कहा, 'तब हम लोग बर्बर और जंगली थे।'

उमा जिद करती हुई बोली, 'बर्बर किसलिए? तुम्हारे दुःख को और कोई नहीं जानता, पर मैं तो जानती हूँ। संपूर्ण जीवन क्या इसी तरह व्यर्थ चला जाएगा?'

*उस समय उस अभियोग का क्या उत्तर दूती को मिला, सो नहीं जानता; परंतु यहाँ वह बज्रनाथ के पक्ष में बिना पैसे का वकील बनकर खड़ा हो, तर्क-पर-तर्क एकत्रित कर मन-ही-मन कहने लगा, 'अरी दूती, नारी का एकनिष्ठ प्रेम बहुत अच्छी वस्तु है—संसार में उसकी तुलना नहीं, परंतु तुम तो सब बात समझोगी नहीं; कही भी नहीं है, परंतु मैं जानता हूँ कि बज्रनाथ किसके भय से भाग गए एवं इक्कीस वर्ष तक फिर क्यों उधर देखा भी नहीं!'"*

हरीश ने कहा, 'उपाय क्या है, बहन? स्त्री त्यागकर फिर विवाह कर लेने की व्यवस्था पुरुषों के लिए है, सो जानता हूँ; परंतु लड़कियों के लिए तो नहीं है। तेरी भाभी भी यदि इसी रास्ते को अपना सकती, तो मैं तेरी बात मान लेता, उमा!'

'तुम जाने क्या कहते हो दादा!' कहकर उमा नाराज होकर चली गई। हरीश चुप होकर अकेला बैठा रहा। उसके उपायहीन, अंधकारमय हृदय-तल में से केवल एक बात बार-बार उठने लगी, 'रास्ता नहीं है! कोई रास्ता नहीं है!' इस आनंदहीन जीवन में दुःख ही ध्रुव निश्चित बन गया है।

उसके बैठने के कमरे में तब संध्या की छाया गहन होती चली आ रही थी। अचानक उसे सुनाई पड़ा, पास के मकान के दरवाजे पर खड़ा हुआ वैष्णवी-भिखारियों का दल, कीर्तन के स्वर में दूती का विलाप गा रहा है—दूती मथुरा में आकर बज्रनाथ की हृदय-हीन निष्ठुरता की कहानी रो-रोकर सुना रही है। उस समय उस अभियोग का क्या उत्तर दूती को मिला, सो नहीं जानता; परंतु यहाँ वह बज्रनाथ के पक्ष में बिना पैसे का वकील बनकर खड़ा हो, तर्क-पर-तर्क एकत्रित कर मन-ही-मन कहने लगा, 'अरी दूती, नारी का एकनिष्ठ प्रेम बहुत अच्छी वस्तु है—संसार में उसकी तुलना नहीं, परंतु तुम तो सब बात समझोगी नहीं; कही भी नहीं है, परंतु मैं जानता हूँ कि बज्रनाथ किसके भय से भाग गए एवं इक्कीस वर्ष तक फिर क्यों उधर देखा भी नहीं! कंस-टंस की बातें सब झूठी हैं—असली बात श्रीराधा का यही एकनिष्ठ प्रेम है।' थोड़ा सा रुककर कहने लगा, 'तब उस समय तो बहुत सुविधा थी कि मथुरा में छिपकर रहा जा सकता था! परंतु इस समय बड़ी कठिनाई है—न कहीं भागने की जगह, न कहीं मुँह छिपाने का स्थान! अब यदि भुक्तभोगी बज्रनाथ दया करके अपने शरणागत को तनिक जल्दी ही अपने चरणों में स्थान दे दें, तो वह बच जाए!'...

□

# अँधेरे में उजाला

बहुत दिनों की बात है। सत्येंद्र चौधरी जमींदार का लड़का बी.ए. पास करके घर लौटा, तो उसकी माँ बोली, 'लड़की साक्षात् लक्ष्मी है। बेटा, बात सुन, एक बार देख आ!'

सत्येंद्र ने सिर हिलाकर कहा, 'नहीं माँ, अभी मुझसे किसी तरह न होगा। इससे मैं पास न हो सकूँगा।'

'क्यों नहीं हो सकेगा? बहू रहेगी मेरे पास, तू पढ़ेगा-लिखेगा कलकत्ता में, पास होने में तुझे क्या बाधा होगी, मैं तो सोच ही नहीं पाती, सतू!'

'नहीं माँ, बहुत सुविधाजनक नहीं होगा, अभी मेरे पास समय नहीं है,' इत्यादि कहता-कहता सत्य बाहर जाने लगा।

माँ बोली, 'जा मत, ठहर; और भी बात है।' थोड़ी रुककर बोली, 'मैंने वचन दिया है बेटा, मेरा मान नहीं रखेगा?'

सत्य लौटकर खड़ा हो, असंतुष्ट होकर बोला, 'बिना पूछे वचन क्यों दे दिया?'

लड़के की बात सुनकर माँ के हृदय को दुःख हुआ; बोली, 'वह मुझसे अपराध हो गया, परंतु मुझे तो माँ की बात रखनी ही होगी! इसके अतिरिक्त विधवा की लड़की बड़ी दुःखी है, बात सुन सत्य, राजी हो जा!'

'अच्छा, फिर बताऊँगा।' कहकर वह बाहर चला गया।

माँ बहुत देर चुपचाप खड़ी सोचती रहीं, यह उनकी एकमात्र संतान है। सात-आठ वर्ष हुए, पति का स्वर्गवास हो गया तब से विधवा स्वयं ही नायब-गुमाश्ताओं की सहायता से बड़ी जमींदारी का शासन करती आ रही हैं। लड़का कलकत्ता रहकर कॉलेज में पढ़ता है, जमींदारी-गृहस्थी का कोई समाचार भी उसे नहीं रोक पाता। माता ने मन-ही-मन सोच रखा था, लड़के के वकालत पास कर लेने पर उसका विवाह करेगी एवं पुत्र और पुत्रवधू के हाथ में जमींदारी-गृहस्थी का संपूर्ण भार देकर निश्चिंत हो जाएगी। इससे पूर्व लड़के को गृहस्थ बनाकर वे उसकी उच्च शिक्षा में बाधा नहीं बनेंगी;

परंतु बात कुछ और ही बदल गई। पति की मृत्यु के पश्चात् इस घर में इतने दिनों तक कोई काज-कर्म नहीं हुआ! उस दिन किसी एक व्रत के उपलक्ष में सारे गाँव को न्यौता दे दिया। स्वर्गवासी अतुल मुखर्जी की दरिद्र विधवा ग्यारह वर्ष की लड़की को लेकर निमंत्रण रखने आई थी। वह लड़की उन्हें बहुत पसंद आई। केवल यह लड़की अत्यंत सुंदरी हो, सो ही नहीं, इतनी सी उम्र में ही लड़की अशेष गुणवती है—यह भी उन्होंने दो-चार बातें करके ही समझ लिया था।

*बाहर वाले कमरे में घुसते हुए देखा, मित्र लोग आ जुटे हैं और चौसर-छक्के डाले जा रहे हैं। उसने पहले से ही दृढ आपत्ति प्रकट करते हुए कहा, 'मैं किसी तरह नहीं बैठ सकूँगा, मेरा सिर भारी हो रहा है!' कहकर कमरे के एक कोने में सरक, तकिये पर माथा रखकर, आँखें बंद करके सो गया। मित्रों को मन-ही-मन कुछ आश्चर्य हुआ, एवं खेलनेवालों की कमी होने के कारण चौसर उठाकर शतरंज बिछा ली। शाम तक बहुत हार-जीत हुई, परंतु सत्य एक बार भी नहीं उठा, एक बार भी नहीं पूछा, कौन हारा, कौन जीता! आज यह सब उसे अच्छा ही नहीं लग रहा था।*

माँ मन-ही-मन बोली, 'अच्छा, पहले तो लड़की दिखाऊँगी; तब फिर कैसे पसंद नहीं होगी, देखा जाएगा!'

दूसरे दिन दोपहर का समय, सत्य भोजन करने के लिए माता के कमरे में घुसते ही स्तब्ध खड़ा रह गया। उसके खाने की जगह के ठीक सामने आसन बिछाकर माँ ने बैकुंठ की 'लक्ष्मीदेवी' को हीरा-मुक्ताओं से सजाकर बैठा रखा था।

माँ घर में घुसते ही बोली, 'खाने के लिए बैठ!'

सत्येंद्र जैसे सोते से जगा। वह हड़बड़ाता हुआ बोला, 'यहाँ क्यों और कहीं मुझे खाने को परोस दो।'

माँ मंद-मंद मुसकराती हुई बोली, 'तू सचमुच ही विवाह करने तो जा नहीं रहा है। इस छोटी सी लड़की के सामने तुझे लज्जा क्यों आती है?'

'मैं किसी से लज्जा नहीं करता,' कहकर सत्य पेंच जैसा मुँह बनाकर सामने बिछे आसन पर बैठ गया। माँ चली गई। दो मिनट के भीतर ही वह भोजन-सामग्री को थोड़ा-बहुत मुँह में डालकर उठ गया।

बाहर वाले कमरे में घुसते हुए देखा, मित्र लोग आ जुटे हैं और चौसर-छक्के डाले जा रहे हैं। उसने पहले से ही दृढ आपत्ति प्रकट करते हुए कहा, 'मैं किसी तरह नहीं बैठ सकूँगा, मेरा सिर भारी हो रहा है!' कहकर कमरे के एक कोने में सरक, तकिये पर माथा रखकर, आँखें बंद करके सो गया। मित्रों को मन-ही-मन कुछ आश्चर्य हुआ, एवं

खेलनेवालों की कमी होने के कारण चौसर उठाकर शतरंज बिछा ली। शाम तक बहुत हार-जीत हुई, परंतु सत्य एक बार भी नहीं उठा, एक बार भी नहीं पूछा, कौन हारा, कौन जीता! आज यह सब उसे अच्छा ही नहीं लग रहा था।

मित्रों के चले जाने पर, वह मकान के अंदर पहुँचकर सीधा अपने ही कमरे को जा रहा था। रसोईघर के बरामदे में से माँ ने पूछा, 'इस समय सोने जा रहा है रे?'

'सोने नहीं, पढ़ने जा रहा हूँ। एम.ए. की पढ़ाई सरल नहीं है न! समय नष्ट करने से कैसे चलेगा?' कहकर वह गूढ़ संकेत कर धम्-धम् करता हुआ ऊपर चढ़ गया।

आधा घंटा बीत गया, उसने एक पंक्ति भी नहीं पढ़ी। टेबल के ऊपर पुस्तक खुली पड़ी थी; कुर्सी को हिलाता हुआ, ऊपर की ओर मुँह किए वह छत की कड़ियों को गिन रहा था; तभी अचानक ध्यान-भंग हो गया! उसने कान खड़े करते हुए सुना—'झम्!' फिर थोड़ी देर बाद—'झम्-झम्!' सत्य ने सीधे उठकर बैठते हुए देखा, वही सिर से पाँव तक गहने पहने हुए लक्ष्मीदेवी-जैसी लड़की धीरे-धीरे पास आकर खड़ी हो गई। सत्य टकटकी लगाए देखता रहा।

लड़की ने कोमल कंठ में कहा, 'माँ ने आपकी राय पूछी है।'...

सत्य ने क्षणभर मौन रहकर प्रश्न किया, किसकी माँ?'

लड़की ने कहा, 'मेरी माँ!'

सत्य उसी समय प्रत्युत्तर नहीं ढूँढ़ सका, क्षण भर बाद बोला, 'मेरी माँ से पूछते ही पता चल जाएगा।'

लड़की लौटी जा रही थी, सत्य ने अचानक प्रश्न कर डाला, 'तुम्हारा नाम क्या है?'

'मेरा नाम राधारानी है।' कहकर वह चली गई।

## दो

किसी प्रकार राधारानी जबरदस्त ध्यान भुलाकर, सत्य एम.ए. पास करने के लिए कलकत्ता चला आया है। विश्वविद्यालय की समस्त परीक्षाओं में उत्तीर्ण न होने तक किसी भी प्रकार नहीं, बहुत संभव है बाद में भी नहीं, वह विवाह ही नहीं करेगा! कारण, गृहस्थी में पड़ जाने से मनुष्य का आत्मसंभ्रम नष्ट हो जाता है, इत्यादि-इत्यादि। तो भी रह-रहकर उसका संपूर्ण मन जैसे न जाने कैसा हो उठता है, कहीं भी कोई नारी-मूर्ति देखते ही, एक अन्य छोटा सा मुख उसके पास ही प्रकट होकर, उसको ढँकता हुआ अकेला विराजमान हो उठता है, सत्य किसी भी प्रकार उस लक्ष्मी-प्रतिमा को भूल नहीं पाता। सदैव से ही वह नारी के प्रति उदासीन रहा है; अचानक यह उसे क्या हो गया है कि राह-घाट में कहीं भी, एक विशेष उम्र की किसी लड़की को

देखते ही उसे अच्छी तरह देखने की इच्छा हो उठती है, हजार चेष्टाएँ करने पर भी वह जैसे किसी प्रकार आँखें नहीं हटा पाता। देखते-देखते अचानक शायद अत्यंत लज्जित होकर, संपूर्ण शरीर बार-बार सिहर उठता है और वह उसी समय किसी भी एक रास्ते को पकड़कर शीघ्रतापूर्वक खिसक जाता है।

सत्य को तैरकर स्नान करना बहुत अच्छा लगता था। उसके चोर-बागान के निवास से गंगा नदी दूर नहीं है, प्रायः ही वह जगन्नाथ घाट पर स्नान करने के लिए आता।

आज पूर्णिमा है। घाट पर खूब भीड़ हो गई है। गंगा-तट पर आकर वह जिस उड़िया ब्राह्मण को सूखे कपड़ों की जिम्मेदारी सौंपकर पानी में घुसता है, उसी की ओर चले आते हुए, एक जगह बाधा पाकर रुककर—देखा—चार-पाँच लोग एक ओर देख रहे हैं। सत्य उन लोगों की दृष्टि का अनुसरण करके देखते हुए आश्चर्य से स्तब्ध रह गया।

*सत्य को तैरकर स्नान करना बहुत अच्छा लगता था। उसके चोर-बागान के निवास से गंगा नदी दूर नहीं है, प्रायः ही वह जगन्नाथ घाट पर स्नान करने के लिए आता।*

*आज पूर्णिमा है। घाट पर खूब भीड़ हो गई है। गंगा-तट पर आकर वह जिस उड़िया ब्राह्मण को सूखे कपड़ों की जिम्मेदारी सौंपकर पानी में घुसता है, उसी की ओर चले आते हुए, एक जगह बाधा पाकर रुककर—देखा—चार-पाँच लोग एक ओर देख रहे हैं। सत्य उन लोगों की दृष्टि का अनुसरण करके देखते हुए आश्चर्य से स्तब्ध रह गया।*

उसके मन को लगा, एक साथ इतना रूप उसने और कभी किसी स्त्री-शरीर में नहीं देखा। लड़की की उम्र अठारह-उन्नीस से अधिक न थी। पहनावे में सीधी-सादी, काली पाड़ की धोती, संपूर्ण शरीर आभूषणहीन घुटनों के बल बैठी हुई, मस्तक पर चंदन की छाप लगवा रही थी एवं उसी का परिचित पंडा एकाग्रचित्त से, सुंदरी के कपोल और नाक पर चंदन की रेखा खींच रहा था।

सत्य पास जाकर खड़ा हो गया। पंडा सत्य से यथेष्ट दक्षिणा पाया करता था, इसी से उसने रूपसी के चंद्रमुख की खातिरदारी त्याग करके, हाथ के छापे रखते हुए 'बड़े बाबू' के सूखे वस्त्रों के लिए हाथ बढ़ा दिया।

दोनों की आँखें चार हुईं। सत्य झटपट कपड़ों को पंडे के हाथ में दे, शीघ्रतापूर्वक सीढ़ियाँ पार करके पानी में घुस गया, मगर आज उससे लहरें नहीं काटी जा सकीं, किसी प्रकार स्नान पूरा करके जब वह वस्त्र बदलने के लिए ऊपर आया, तब तक वह असामान्य रूपसी चली गई थी।

उस दिन उसका मन दिन भर गंगा-गंगा करने लगा एवं दूसरे दिन अच्छी तरह

सबेरा होने से पहले ही माँ गंगा ने उसे ऐसी जोर से खींचा कि वह विलंब न करके, खूँटी से एक वस्त्र खींचकर गंगा-यात्रा को चल दिया।

घाट पर आकर देखा, अपरिचिता रूपसी अभी-अभी स्नान करके ऊपर आई है और पहले दिन की भाँति आज भी ललाट को चित्रित करा रही है। आज भी चारों आँखें मिलीं, आज भी उसके सर्वांग में बिजली दौड़ गई, और वह किसी प्रकार कपड़े छोड़कर शीघ्रतापूर्वक चल दिया।

## तीन

रमणी प्रतिदिन बहुत अँधेरे ही गंगा-स्नान करने आती है, सत्य यह जान गया। इतने दिन जो दोनों का साक्षात्कार नहीं हुआ, उसका एकमात्र कारण है—पहले सत्य स्वयं ही बहुत अबेर करके स्नान करने आता था।

जाह्नवी-तट पर ऊपर-ही-ऊपर, आज सात दिनों से दोनों की चार आँखें मिल रही हैं, परंतु मुँह से बात नहीं निकलती। शायद उसकी आवश्यकता भी नहीं थी। कारण, जिस जगह आँखों की बात होती है, उस जगह मुँह की बात को चुप ही रह जाना पड़ता है। अपरिचिता रूपसी जो भी हो, उसने आँखों से बात करते हुए शिक्षा दी है एवं उस विद्या के पारदर्शी, सत्य के अंतर्यामी ने भीतर, हृदय में उसे अनुभव कर लिया है।

उस दिन स्नान करके वह कुछ अन्यमनस्क की भाँति लौट रहा था, अचानक उसके कानों में पड़ा, 'एक बात सुनिए!' मुँह उठाकर देखा, रेलवे-लाइन के उस पार वही रमणी खड़ी हुई है। उसकी बाईं बगल में जलपूर्ण छोटा सा पीतल का कलश और दाहिने हाथ में गीला कपड़ा है। उसने सिर झुकाकर इशारे से बुलाया। सत्य इधर-उधर देखकर पास जाकर खड़ा हो गया। उसने उत्सुक नेत्रों से देखते हुए कोमल कंठ से कहा, 'मेरी नौकरानी आज नहीं आई है, दया करके मुझे कुछ आगे तक पहुँचा दें तो बहुत अच्छा हो!'

*उस दिन स्नान करके वह कुछ अन्यमनस्क की भाँति लौट रहा था, अचानक उसके कानों में पड़ा, 'एक बात सुनिए!' मुँह उठाकर देखा, रेलवे-लाइन के उस पार वही रमणी खड़ी हुई है। उसकी बाईं बगल में जलपूर्ण छोटा सा पीतल का कलश और दाहिने हाथ में गीला कपड़ा है। उसने सिर झुकाकर इशारे से बुलाया। सत्य इधर-उधर देखकर पास जाकर खड़ा हो गया। उसने उत्सुक नेत्रों से देखते हुए कोमल कंठ से कहा, 'मेरी नौकरानी आज नहीं आई है, दया करके मुझे कुछ आगे तक पहुँचा दें तो बहुत अच्छा हो!'*

और दिन वह दासी को साथ लेकर आती

थी, आज अकेली है। सत्य के मन में द्विविधा होने लगी। यह काम अच्छा नहीं है, मन को एक बार ऐसा भी लगा, परंतु वह, 'ना' नहीं कह सका। रमणी उसके मन के भाव का अनुमान कर कुछ हँस गई। इस हँसी को जो हँसना जानता है, उसके लिए संसार में कुछ भी अप्राप्य नहीं है! सत्य ने तुरंत ही 'चलिए' कहकर उसका अनुसरण किया। दो-चार कदम आगे बढ़कर रमणी ने फिर बात की, 'दासी बीमार है, वह आ नहीं सकती; परंतु मैं भी गंगा-स्नान किए बिना रह नहीं सकती। आपको भी देखती हूँ, यही बुरी आदत है!'...

सत्य ने आहिस्ता से उत्तर दिया, 'जी हाँ, मैं भी प्रायः गंगा-स्नान करता हूँ।'

'यहाँ आप कहाँ रहते हैं?'

'चोरबागान में मेरा घर है।'

'मेरा मकान जोड़ासांकू में है। आप मुझे पथरिया घाट के मोड़ तक पहुँचाकर बड़ी सड़क से चले जाइएगा।'

'ठीक है!'

बहुत देर और कोई बात नहीं हुई, चीतपुर के रास्ते पर आकर रमणा मुड़कर खड़ी होती हुई, फिर वैसी ही हँसी हँसकर बोली, 'पास ही हम लोगों का मकान है, अब चली जाऊँगी नमस्कार!'

'नमस्कार' कहकर सत्य गरदन झुकाए हुए झटपट चला गया। उस दिन भी उसकी छाती के भीतर न जाने क्या होता रहा, वह लिखकर बताना असाध्य है। जवानी में कामदेव के पुष्पबाण का आघात जिन्हें सहना पड़ा है, केवल उन्हीं को अनुमान हो सकेगा, केवल वे ही समझ सकेंगे उस दिन क्या हुआ; सब लोग न समझेंगे। किस उन्माद के नशे में डूबकर जल, स्नान, आकाश, वायु सब रंगीन दिखाई देने लगे, समस्त चैतन्य जगत किस तरह चेतना खो बैठा है, एक मुखड़ा प्राणहीन चुंबक-शलाका की भाँति केवल इसी एक ओर झुक पड़ने के लिए प्रतिक्षण उन्मुख बना रहा।'''

*दूसरे दिन सबेरे सत्य ने जगकर उठते हुए देखा, धूप निकल आई है। एक पीड़ा की लहर उसके कंठ तक को आलोकित करती हुई जम गई। उसने निश्चित रूप से समझा, आज का दिन तो एकदम व्यर्थ हो गया है। नौकर सामने से जा रहा था, उसे बुरी तरह धमकाते हुए कहा, 'हरामजादे, इतनी देर हो गई; मुझे तू हिला भी नहीं सकता था? जा, तुझ पर एक रुपया जुर्माना किया!'*

दूसरे दिन सबेरे सत्य ने जगकर उठते हुए देखा, धूप निकल आई है। एक पीड़ा की लहर उसके कंठ तक को आलोकित करती हुई जम गई। उसने निश्चित रूप से समझा, आज का दिन तो एकदम व्यर्थ हो गया है। नौकर

सामने से जा रहा था, उसे बुरी तरह धमकाते हुए कहा, 'हरामजादे, इतनी देर हो गई; मुझे तू हिला भी नहीं सकता था? जा, तुझ पर एक रुपया जुर्माना किया!'

वह बेचारा हतबुद्धि हो देखता रहा, सत्य दूसरा कपड़ा लिये बिना, नाराज मुँह से घर से निकलकर बाहर चल दिया।

सड़क पर आकर किराए की गाड़ी की एवं गाड़ीवान को पथरिया घाट के भीतर होकर चलने का हुक्म देकर, रास्ते के दोनों ओर प्राणपण से आँखें बिछा रखीं; परंतु गंगा-तट पर आकर घाट की ओर देखते ही उसका संपूर्ण क्षोभ जैसे ठंडा हो गया; अपितु मन को लगा जैसे अचानक ही मार्ग पर पड़े हुए किसी अमूल्य रत्न को उठा लिया।

गाड़ी से उतरते ही वह कोमलतापूर्वक हँसते हुए, अत्यंत परिचित की भाँति बोली, 'इतनी देर क्यों? मैं आधे घंटे से खड़ी हुई हूँ, जल्दी नहा लीजिए, आज भी मेरी दासी नहीं आई!'

'एक मिनट सब्र कीजिए', कहकर सत्य शीघ्रतापूर्वक जल में जा घुसा। तैरना उसका न जाने कहाँ गया! वह किसी प्रकार शरीर को दो-तीन डुबकी देकर लौट आया और बोला, 'मेरी गाड़ी कहाँ गई?'

रमणी ने कहा, 'मैंने उसे भाड़ा देकर विदा कर दिया।'

'आपने भाड़ा दिया?'

'दे ही दिया। चलिए!' कहकर फिर एक भुवनमोहिनी हँसी हँसकर वह आगे बढ़ चली।

सत्य एकदम मर गया कि चाहे यह निरीहता हो, चाहे अनभिज्ञता हो; एक बार में ही संदेह हो जाता है, यह सब क्या है?

रास्ते में चलते-चलते रमणी ने कहा, 'कहाँ घर बताया था, चोरबागान में?'

सत्य ने कहा, 'हाँ!'

'वहाँ क्या केवल चोर ही रहते हैं?'

सत्य ने चकित होकर कहा, 'क्यों?'

'आप तो उन चोरों के राजा हैं!' कहकर रमणी तनिक गरदन घुमाकर कटाक्षपूर्वक हँसती हुई, फिर चुपचाप हंस की चाल से चलने लगी। आज बगल का घट अपेक्षाकृत बड़ा था, भीतर गंगाजल छलाछल-छलाछल शब्द से, अर्थात्—'ओरे मुग्ध अंधे युवक, सावधान! यह सब धोखा है, सब ठगी है,' कहकर उछल-उछलकर बार-बार व्यंग्य तिरस्कार करने लगा।

मोड़ के पास आने पर सत्य ने संकोचपूर्वक कहा, 'गाड़ी-भाड़ा तो…।'

रमणी घूमकर खड़ी हो गई, अस्फुट कोमल-कंठ से उत्तर दिया, 'यह तो आपने ही दिया है।'

सत्य ने इस इशारे को न समझकर पूछा, 'मैंने कैसे दिया?'

'मेरे पास और है क्या, जो दूँगी। जो था, वह सभी तो तुमने चोरी-डकैती से ले लिया।' कहकर उसने आश्चर्य से मुँह फिर लिया; शायद अपनी उच्छ्‌वसित हँसी के वेग को जबरदस्ती रोकने लगी।

*इस अभिनय को सत्य देख नहीं पाया, इसी से इस चोरी के प्रच्छन्न इंगित ने तीव्र तड़ित्-रेखा की भाँति उसके संदेह के जाल को भीतर तक विदीर्ण करते हुए—छाती के अंतःस्थल तक प्रकाशित कर डाला। उसे क्षणभर को इच्छा हुई—उन दोनों महावर लगे पाँवों में लोट जाए; परंतु पलक मारते ही गंभीर लज्जा से उसका माथा इस तरह झुक गया कि वह एक बार प्रियतमा के मुँह की ओर आँख उठाकर देख भी नहीं सका, चुपचाप नीचा मुँह किए धीरे-धीरे चला गया।*

इस अभिनय को सत्य देख नहीं पाया, इसी से इस चोरी के प्रच्छन्न इंगित ने तीव्र तड़ित्-रेखा की भाँति उसके संदेह के जाल को भीतर तक विदीर्ण करते हुए—छाती के अंतःस्थल तक प्रकाशित कर डाला। उसे क्षणभर को इच्छा हुई—उन दोनों महावर लगे पाँवों में लोट जाए; परंतु पलक मारते ही गंभीर लज्जा से उसका माथा इस तरह झुक गया कि वह एक बार प्रियतमा के मुँह की ओर आँख उठाकर देख भी नहीं सका, चुपचाप नीचा मुँह किए धीरे-धीरे चला गया।

उसी फुटपाथ पर, उसके आदेशानुसार दासी उसकी प्रतीक्षा कर रही थी; पास आकर बोली, 'अच्छा दीदीमणि, बाबू को इस तरह क्यों नचाती फिरती हो? कहती हूँ, कुछ है भी या नहीं? दो पैसा खींच सकोगी न?'

रमणी हँसकर बोली, 'सो नहीं जानती! परंतु बेवकूफ लोगों की नाक में रस्सी डालकर घुमाने में मुझे अच्छा लगता है।'

दासी भी कुछ देर तक हँसकर बोली, 'यह भी तुम्हीं कर सकती हो! परंतु कुछ भी कहो दीदीमणि, देखने में जैसे राजकुमार हैं, जैसी आँखें और मुँह है, वैसा ही रंग भी है। तुम दोनों, सच मानो खड़े होकर बातें कर रहे थे तो लगता था, जैसे गुलाब के दो फूल खिले हुए हों।'

रमणी मुँह बिचकाकर हँसती हुई बोली, 'अच्छा चल! पसंद आ गया हो तो, न हो तो तू ही ले लेना।'

दासी भी हारनेवाली नहीं थी, उसने जवाब दिया, 'नहीं दीदीमणि, वह वस्तु प्राण रहते अन्य किसी को नहीं दे सकोगी, यह कहे देती हूँ!...'

## चार

ज्ञानियों ने कहा है—असंभव घटना आँखोंदेखी होने पर भी नहीं कहनी चाहिए। कारण, अज्ञानी लोग उस पर विश्वास नहीं करेंगे। इसी अपराध से श्रीमंत बेचारा किसी श्मशान में जा चुका है। खैर, कुछ भी हो, यह एकदम सच्ची बात है कि सत्य जैसे आदमी ने उस दिन घर लौटकर 'टेनिसन' की कविताएँ पढ़ीं, एवं 'डॉन जॉन' की कविताओं का बँगला अनुवाद करने बैठ गया। वह इतना बड़ा हो चुका था, परंतु इस बार भी इस संशय का कणभर भी उसके मन में नहीं उठा कि दिन के समय में, शहरी राह-घाट में, ऐसे अद्भुत प्रेम की बाढ़ संभव भी हो सकती है या नहीं अथवा उस बाढ़ का प्रवाह यदि सर्वांग को डुबाता हुआ उठा, तो वह निरापद भी रह सकेगा या नहीं!···

दो दिन बाद स्नान करके घर लौटते हुए मार्ग में, अपरिचिता ने अचानक कहा, 'कल रात थियेटर देखने गई थी, सरला का कष्ट देखते ही छाती फटने लगती है, है न!'

सत्य ने सरला का नाटक नहीं देखा था, 'स्वर्णलता' नामक पुस्तक अवश्य पढ़ी थी, धीरे से बोला, 'हाँ, बहुत बार दुःख पाकर ही उसकी मृत्यु हुई।'

रमणी दीर्घ निश्श्वास छोड़ती हुई बोली, 'ओफ! कितना भयानक कष्ट! अच्छा, सरला ने अपने पति को इतना प्यार क्यों किया, और उसकी जिठानी क्यों नहीं कर सकी, कह सकते हैं?'

सत्य ने संक्षेप में उत्तर दिया, 'यह स्वभावजन्य है!'

रमणी बोली, 'ठीक यही बात है! विवाह तो सभी का होता है, परंतु सभी स्त्री-पुरुष क्या परस्पर समान रूप से प्रेम कर पाते हैं? नहीं कर पाते! कितने लोग हैं, जो जीवन-पर्यंत यह नहीं जान पाते कि प्रेम क्या वस्तु है। जानने की क्षमता ही उनमें नहीं होती। देखिए, कितने ही लोग गाने-बजाने को, हजार अच्छा होते हुए भी मन लगाकर नहीं सुन पाते; कितने ही लोग किसी तरह नाराज नहीं होते, नाराज हो ही नहीं सकते! लोग उनके बहुत गुण गाते हैं, परंतु मेरी तो निंदा करने की इच्छा होती है!'

*सत्य ने संक्षेप में उत्तर दिया, 'यह स्वभावजन्य है!' रमणी बोली, 'ठीक यही बात है! विवाह तो सभी का होता है, परंतु सभी स्त्री-पुरुष क्या परस्पर समान रूप से प्रेम कर पाते हैं? नहीं कर पाते! कितने लोग हैं, जो जीवन-पर्यंत यह नहीं जान पाते कि प्रेम क्या वस्तु है। जानने की क्षमता ही उनमें नहीं होती। देखिए, कितने ही लोग गाने-बजाने को, हजार अच्छा होते हुए भी मन लगाकर नहीं सुन पाते; कितने ही लोग किसी तरह नाराज नहीं होते, नाराज हो ही नहीं सकते! लोग उनके बहुत गुण गाते हैं, परंतु मेरी तो निंदा करने की इच्छा होती है!'*

सत्य ने हँसते हुए कहा, 'क्यों?'

रमणी ने उद्दीप्त कंठ से उत्तर दिया, 'उन्हें अक्षम कहकर! अक्षमता में थोड़े-बहुत गुण भी हो सकते हैं, परंतु दोष अधिक हैं। यही जैसे सरला का जेठ—स्त्री के इतने बड़े अत्याचार पर भी उससे नाराज नहीं होता।'

सत्य चुप बना रहा। उसने फिर कहा, 'और उसकी स्त्री, यह प्रमदा भी कितनी शैतान औरत है! मैं होती तो राक्षसी का गला दबा देती।'

सत्य ने हँसते हुए कहा, 'होती किस तरह? प्रमदा नामक सचमुच कोई स्त्री तो थी नहीं, केवल कवि की कल्पना...।'

रमणी बीच में ही रोककर बोली, 'तो ऐसी कल्पना की ही क्यों गई?... अच्छा सब लोग कहते हैं—सभी मनुष्यों के भीतर भगवान् हैं, आत्मा है, किंतु प्रमदा के चरित्र को देखकर नहीं लगता कि उसके भीतर भी भगवान् थे। तुमसे सत्य कहती हूँ। कहीं भी बड़े-बड़े लोगों की पुस्तकें पढ़कर मनुष्य भले बनें, मनुष्य को मनुष्य प्यार करें, सो तो नहीं। ऐसी पुस्तकें लिख दी हैं कि पढ़कर मनुष्य पर मनुष्य की घृणा उत्पन्न होती है, विश्वास नहीं होता कि सचमुच ही सब मनुष्यों के हृदय में भगवान् का निवास होता है।'

सत्य ने चकित होकर उसके मुँह की ओर देखते हुए कहा, 'तुम शायद बहुत पुस्तकें पढ़ती हो?'

रमणी बोली, 'अंग्रेजी तो नहीं जानती, बँगला की जो भी किताबें निकलती हैं, सबको पढ़ती हूँ, किसी-किसी दिन सारी रात पढ़ती हूँ, यही तो बड़ी सड़क है। चलो न हमारे घर, जितनी पुस्तकें हैं, सब दिखाऊँगी।'

सत्य चौंक उठा, 'तुम लोगों के घर?'

'हाँ, हम लोगों के घर, चलो, चलना ही होगा तुम्हें!'

अचानक सत्य का मुँह पीला पड़ गया, वह भयभीत होकर कह उठा, 'नहीं, नहीं, छिह छिह!'

'छिह छिह कुछ नहीं, चलो!'

'नहीं-नहीं, आज नहीं... आज रहने दो,' कहकर सत्य काँपते हुए पाँवों से शीघ्रतापूर्वक चल दिया। इस अपरिचिता प्रेयसी के प्रति गंभीर श्रद्धा-भाव से आज उसका हृदय भर गया।

## पाँच

सवेरे के समय स्नान करके सत्य धीरे-धीरे घर लौटा। उसकी दृष्टि क्लांत-सजल थी। आँखों की पलक उस समय भी गीली थे। आज चार दिन बीत गए, उस

अपरिचिता प्रियतमा को वह देख नहीं पाया है, फिर वह गंगा-स्नान करने नहीं आई।

आकाश-पाताल की न जाने क्या-क्या बातें उसने कुछ दिन से की हैं, उनकी सीमा नहीं। कभी-कभी मन में दुश्चिंता भी उठी है, शायद वह बची ही न हो, शायद वह मृत्यु-शय्या पर! कौन जाने!

वह गली तो जानता है, परंतु और कुछ नहीं पहचानता। किसका मकान है, कहाँ मकान है, कुछ भी नहीं जानता। मन में सोचा—सोच-विचार, आत्मग्लानि से हृदय जला जा रहा है कि उस दिन क्यों नहीं चला गया, क्यों उसके सविनय अनुरोध की उपेक्षा कर दी थी···

*वह सचमुच ही मुझसे प्रेम करती थी। आँखों में नशा नहीं, हृदय में गहरी प्यास थी। उसमें छल-कपट की छाया भी नहीं थी; जो थी, वह सचमुच ही निःस्वार्थ, सचमुच ही पवित्र, हार्दिक स्नेह था।*

*'बाबू!'*

*सत्य ने चौंकते हुए देखा, उसकी वही दासी जो साथ आती थी, सड़क के किनारे खड़ी हुई है।*

वह सचमुच ही मुझसे प्रेम करती थी। आँखों में नशा नहीं, हृदय में गहरी प्यास थी। उसमें छल-कपट की छाया भी नहीं थी; जो थी, वह सचमुच ही निःस्वार्थ, सचमुच ही पवित्र, हार्दिक स्नेह था।

'बाबू!'

सत्य ने चौंकते हुए देखा, उसकी वही दासी जो साथ आती थी, सड़क के किनारे खड़ी हुई है।

सत्य घबराकर समीप आ, भारी गले से बोला, 'क्या हुआ उन्हें ?' कहते ही उसकी आँखों में पानी भर आया, सँभाल नहीं सका। दासी ने मुँह नीचा करके हँसी छिपा ली, शायद हँसी आ जाने के भय से ही मुँह नीचा किए हुए बोली, 'दीदीमणि बहुत बीमार हैं, आपको देखना चाहती हैं।'

'चलो,' कहकर सत्य तुरंत स्वीकृति दे, आँखें पोंछकर साथ चल दिया। चलते-चलते पूछा, 'क्या बीमारी है ? बहुत अधिक बढ़ गई है क्या ?'

दासी ने कहा, 'नहीं, सो तो कहीं, परंतु ज्वर अधिक है।'

सत्य ने मन-ही-मन हाथ जोड़कर मस्तक पर रखे और कुछ नहीं पूछा। मकान के सामने आकर देखा—बहुत बड़ा मकान है, दरवाजे के समीप बैठा एक हिंदुस्तानी दरबान ऊँघ रहा है। दासी से पूछा, 'मेरे जाने से तुम्हारी दीदीमणि के पिता नाराज तो नहीं होंगे ? वे मुझे पहचानते नहीं।'···

दासी ने कहा, 'दीदीमणि के पिता नहीं हैं, केवल माँ हैं। दीदीमणि की भाँति वे भी आपको बहुत प्यार करती हैं।'

सत्य ने और कुछ न कहकर भीतर प्रवेश किया।

सीढ़ियों पर चढ़कर तीसरी मंजिल के बरामदे में आकर देखा—पास-ही-पास कमरे हैं। बाहर से जितना भी दिखाई पड़ता है, लगता है—वे सब चमत्कारपूर्ण ढंग से सजे हुए हैं। किसी कमरे से उच्च-हास्य के साथ तबला और घुंघरू का शब्द आ रहा है। दासी ने हाथ से दिखाते हुए कहा, 'यही घर है—चलिए।' दरवाजे के सामने आकर वह हाथ से परदे को हटाती हुई बहुत उच्च कंठ से बोली, 'दीदीमणि, यह लो अपने नागर को!'

तीव्र हँसी और कोलाहल उठा। भीतर जो कुछ देखा, उससे सत्य का संपूर्ण मस्तिष्क उलट-पुलट हो गया। उसे लगा, जैसे वह अचानक बेहोश होता हुआ गिरा जा रहा है; किसी तरह दीवार को पकड़कर, उसी जगह आँखें बंद करके वह चौखट के ऊपर बैठ गया।

कमरे के भीतर तख्त था, गद्दी-चादर आदि के बिछौने के ऊपर दो-तीन सभ्य वेश-धारी पुरुष बैठे थे। एक आदमी हारमोनियम, एक तबला लिए बैठा था, एक अन्य व्यक्ति दत्तचित हो शराब पी रहा था···और वह? वह शायद, अकेली नाच रही थी। दोनों पाँवों में घुँघरू बँधे हुए थे, संपूर्ण शरीर विविध प्रकार के आभूषणों से भूषित था, सुरा-रंजित दोनों आँखें झूम-झूम रही थीं। झटपट समीप आकर, सत्य का एक हाथ पकड़ खिलखिलाकर हँसती हुई बोली, 'दोस्त को मिरगी की बीमारी है क्या? लो भाई, ऐटयारी मत करो, उठो—इस सबसे मुझे बड़ा डर लगता है।'

*कमरे के भीतर तख्त था, गद्दी-चादर आदि के बिछौने के ऊपर दो-तीन सभ्य वेश-धारी पुरुष बैठे थे। एक आदमी हारमोनियम, एक तबला लिए बैठा था, एक अन्य व्यक्ति दत्तचित हो शराब पी रहा था···और वह? वह शायद, अकेली नाच रही थी। दोनों पाँवों में घुँघरू बँधे हुए थे, संपूर्ण शरीर विविध प्रकार के आभूषणों से भूषित था, सुरा-रंजित दोनों आँखें झूम-झूम रही थीं। झटपट समीप आकर, सत्य का एक हाथ पकड़ खिलखिलाकर हँसती हुई बोली, 'दोस्त को मिरगी की बीमारी है क्या? लो भाई, ऐटयारी मत करो, उठो—इस सबसे मुझे बड़ा डर लगता है।'*

प्रबल तड़ित्-वेग से हतचेतन मनुष्य जिस तरह काँपता हुआ हिलने लगता है, उसके कर-स्पर्श से सत्य नीचे से ऊपर तक उसी प्रकार काँपकर घबराने लगा।

रमणी ने कहा, 'मेरा नाम श्रीमती बिजली है, तुम्हारा नाम क्या है भाई? बाबू? बाबू?'

सब लोगों ने 'हे-हे' करके अट्टहास मचा दिया। दीदीमणि की दासी तो हँसी से भरकर एकदम मेज के ऊपर जा लेटी—'क्या रंग लाती हो दीदीमणि!'

बिजली कृत्रिम रोषभरे स्वर से उसे थोड़ा धमकाती हुई बोली, 'ठहर, बकबक मत कर—आओ, उठ आओ,' कहकर जबरदस्ती सत्य को खींच लाकर, एक चौकी के ऊपर बैठाकर, उसके पाँवों के समीप घुटने टिकाकर बैठ गई और हाथ जोड़कर गाना आरंभ कर दिया—

'आजु रजनी हम भागे पो हायनु
पेखलूँ पिया मुख-चंदा।
जीवन यौवन सफल करि मानलु
दश-दिश भेल निरदंदा।।
आज मझु गेह, गेह करि, मानलु
आजु मझु देह भेल देहा।
आजु वहि मोहे अनुकूल होयल
टूटल सबहुँ संदेहा।।
सोह कोकिल अब लाख-लाख डाकउ
लाख उदय करु चंदा।
पाँच-बाण अब लाख-बाण होउ
प्रलय पवन बहु मंदा।।
अब मझु जबहुँ पिया-संग होयत
तबहुँ मानव निज देहा—

*बिजली हँसती-हँसती बोली, 'वाह, झूठमूठ कैसे ? यह तो सचमुच का तमाशा है, तभी तो ऐसे आमोद के दिन घर लाकर तुम्हें तमाशा दिखा रही हूँ। अच्छा, सिर-फिरे बाबू, सच तो बता भाई—तू मुझे क्या समझता था ? प्रतिदिन गंगास्नान को जाती हूँ, कर्म से ब्राह्म भी नहीं हूँ—मुसलमान, क्रिस्तान भी नहीं हूँ। हिंदू-घर की इतनी बड़ी उम्र की लड़की, सधवा हो सकती है अथवा विधवा—किस मतलब से प्रीति करने चला था, बोल तो ? ब्याह करने के लिए या भुलावा देकर उड़ा ले जाने को ?'*

जिस आदमी ने शराब पी रखी थी, उसने उठकर सत्य के पाँवों के समीप दंडवत् प्रणाम किया। उसे नशा चढ़ रहा था, रोता हुआ बोला, 'पंडितजी महाराज, मैं बड़ा पातकी हूँ, थोड़ी पद-रज दें।' भाग्य की विडंबना से, आज स्नान के उपरांत सत्य कुछ धूलि-भरे कपड़े पहने हुए था।

जो व्यक्ति हारमोनियम बजा रहा था, वह थोड़ा-बहुत होश में था, उसने सहानुभूति के स्वर में कहा, 'क्यों बेचारे का झूठमूठ तमाशा बना रहे हो!'

बिजली हँसती-हँसती बोली, 'वाह, झूठमूठ कैसे ? यह तो सचमुच का तमाशा है, तभी तो ऐसे आमोद के दिन घर लाकर तुम्हें तमाशा दिखा रही हूँ। अच्छा, सिर-फिरे बाबू, सच तो बता भाई—तू मुझे क्या समझता था ? प्रतिदिन गंगास्नान को जाती हूँ, कर्म से ब्राह्म भी नहीं हूँ—मुसलमान, क्रिस्तान भी नहीं हूँ। हिंदू-घर की इतनी बड़ी उम्र की लड़की, सधवा हो सकती है अथवा विधवा—किस मतलब से प्रीति करने चला था, बोल तो ? ब्याह करने के लिए या भुलावा देकर उड़ा ले जाने को ?'

एक भारी हँसी मच गई। तदुपरांत सब लोग मिलकर कितनी ही बातें करने लगे,

सत्य ने एक बार भी मुँह नहीं उठाया। किसी भी बात का जवाब नहीं दिया। वह मन में क्या सोच रहा था, उसे किस तरह कहा जाए और कहने पर भी समझेगा कौन! खैर रहने दो।

बिजली अचानक चकित होकर उठ खड़ी होती हुई बोली, 'वाह, मैं भी खूब हूँ! ओ श्यामा, जल्दी आ! बाबू के लिए खाना ले आ, स्नान करके आए हैं—वाह, मैं केवल तमाशा ही कर रही हूँ।' कहते-कहते उसका थोड़ी देर पहले का व्यंग्य-विद्रूप से जलता कंठ-स्वर, अकृत्रिम स्नेह के अनुपात से सचमुच ही ठंडा हो गया।

थोड़ी देर बाद दासी ने एक थाल में खाने की वस्तुएँ लाकर हाजिर कर दीं।

बिजली अपने हाथ में थाल लेकर फिर घुटने नवाकर बैठती हुई बोली, 'मुँह उठाओ, खाओ!'

अब तक सत्य अपनी संपूर्ण शक्ति को एकत्र कर स्वयं को सँभाले हुए था; इस बार मुँह उठाकर शांत भाव से बोला, 'मैं नहीं खाऊँगा!'

*बिजली अचानक न जाने क्या बात कहने जा रही थी, परंतु उसे दबाकर बोली, 'मेरा छुआ नहीं खाओगे?'*

*'नहीं।'*

*बिजली उठ खड़ी हुई। उसके परिहास के स्वर में इस बार तीव्रता मिली हुई थी, जोर देकर बोली, 'खाओगे! मैं कहे देती हूँ तुमसे, आज न सही कल अन्यथा तुम दो दिन बाद खाओगे।'*

'क्यों? जाति चली जाएगी? मैं क्या भंगिन या चमारिन हूँ?'

सत्य ने उसी भाँति शांत-कंठ से कहा, 'वह होती तो खा लेता। आप जो कुछ हैं, ठीक हैं!'

बिजली खिलखिलाकर हँसती हुई बोली, 'हाय बाबू भी छुरी-छुरा चलाना जानते हैं, देख रही हूँ।' कहकर फिर हँसी, परंतु वह केवल शब्द मात्र था, हँसी नहीं थी; इसी से और कोई उस हँसी में योग नहीं दे पाया।

सत्य ने कहा, 'मेरा नाम सत्य है, हाबू नहीं। मैंने छुरी-छुरा चलाना कभी नहीं सीखा, परंतु अपनी भूल पहचानकर उसे सुधारना सीखा है।'

बिजली अचानक न जाने क्या बात कहने जा रही थी, परंतु उसे दबाकर बोली, 'मेरा छुआ नहीं खाओगे?'

'नहीं।'

बिजली उठ खड़ी हुई। उसके परिहास के स्वर में इस बार तीव्रता मिली हुई थी, जोर देकर बोली, 'खाओगे! मैं कहे देती हूँ तुमसे, आज न सही कल अन्यथा तुम दो दिन बाद खाओगे।'

सत्य गरदन हिलाकर बोला, 'देखो, भूल सभी से होती है। मेरी भूल कितनी

बड़ी थी, उस सबको खूब समझ गया हूँ, आपसे भी भूल हो रही है। आज नहीं, कल नहीं, दो दिन बाद नहीं, इस जनम में नहीं, आगामी जन्म में भी नहीं—किसी भी समय आपका छुआ नहीं खाऊँगा! आज्ञा दीजिए, मैं जाऊँ, आपके निश्श्वास से मेरा रक्त सूखा जा रहा है।'

उसके मुँह पर गंभीर घृणा की ऐसी सुस्पष्ट छाया पड़ी कि वह शराबी की आँखों से भी नहीं छुप सकी। उसने सिर हिलाकर कहा, 'बिजली बीबी, अरसिकेषु रसस्य निवेदनं! जाने दो, जाने दो, सबेरे-सबेरे ही इसने सारा मजा मिट्टी कर दिया।'...

बिजली ने जवाब नहीं दिया, स्तंभित होकर सत्य के मुँह की ओर देखती हुई खड़ी रही। वास्तव में उससे भयानक भूल हो गई थी। वह तो कल्पना भी नहीं कर सकती थी कि ऐसा मुँहचोर व्यक्ति इस तरह भी बोल सकेगा।

सत्य आसन छोड़कर उठ खड़ा हुआ। बिजली मृदु स्वर में बोली, 'थोड़ा और बैठो।'...

शराबी सुनते ही चिल्ला उठा, 'ओ हूँ-हूँ, पहली चोट में थोड़ा जोर दिखाएगा, जाने दो, जाने दो, डोर ढीली करो, डोर ढीली करो... ।'

सत्य कमरे के बाहर आ गया, बिजली ने पीछे से आकर राह रोकते हुए धीरे-धीरे कहा, 'वे लोग देख लेते, इसी से अन्यथा मैं हाथ जोड़कर कहती हूँ, मुझसे बड़ा अपराध हो गया है।'

सत्य दूसरी ओर मुँह करके चुप बना रहा।

उसने दुबारा कहा, 'यह बगलवाला कमरा मेरे लिखने-पढ़ने का कमरा है। एक बार देखोगे नहीं? एक बार आओ, माफी चाहती हूँ!'

'नहीं' कहकर सत्य सीढ़ियों की ओर अग्रसर हुआ। बिजली पीछे-पीछे चलती हुई बोली, 'कल मुलाकात होगी?'

'नहीं।'

'तो क्या कभी मुलाकात नहीं होगी?'

'नहीं।'

*शराबी सुनते ही चिल्ला उठा, 'ओ हूँ-हूँ, पहली चोट में थोड़ा जोर दिखाएगा, जाने दो, जाने दो, डोर ढीली करो, डोर ढीली करो... ।' सत्य कमरे के बाहर आ गया, बिजली ने पीछे से आकर राह रोकते हुए धीरे-धीरे कहा, 'वे लोग देख लेते, इसी से अन्यथा मैं हाथ जोड़कर कहती हूँ, मुझसे बड़ा अपराध हो गया है।'*

रुदन से बिजली का कंठ रुद्ध हो गया। थूक निगलकर जोर लगाकर गले को साफ करती हुई बोली, 'मुझे विश्वास नहीं होता कि फिर मुलाकात नहीं होगी, परंतु तो भी यदि न हो तो बताओ, मेरी इस बात पर विश्वास करोगे?'...

*भग्न स्वर सुनकर सत्य चकित हो गया, परंतु इन पंद्रह-सोलह दिनों से जो अभिनय उसने देखा है, उनके आगे तो यह कुछ भी नहीं है। तो भी वह मुँह फेरकर खड़ा हो गया। उस मुख की प्रत्येक रेखा पर सुदृढ अविश्वास को पढ़कर बिजली की छाती फट गई, परंतु वह क्या करेगी? हाय, हाय! विश्वास कराने के सभी उपाय उसने जैसे कूड़े-करकट की भाँति अपने ही हाथ से झाड़कर फेंक दिए थे।*

भग्न स्वर सुनकर सत्य चकित हो गया, परंतु इन पंद्रह-सोलह दिनों से जो अभिनय उसने देखा है, उनके आगे तो यह कुछ भी नहीं है। तो भी वह मुँह फेरकर खड़ा हो गया। उस मुख की प्रत्येक रेखा पर सुदृढ अविश्वास को पढ़कर बिजली की छाती फट गई, परंतु वह क्या करेगी? हाय, हाय! विश्वास कराने के सभी उपाय उसने जैसे कूड़े-करकट की भाँति अपने ही हाथ से झाड़कर फेंक दिए थे।

सत्य ने पूछा, 'क्या विश्वास करूँ?'

बिजली के होंठ काँप उठे, परंतु स्वर नहीं निकला। आँसुओं के भार से बोझिल दोनों नेत्र क्षणभर के लिए ऊपर उठाकर नीचे कर लिए। सत्य ने उन्हें भी देखा, परंतु आँसू क्या नकली नहीं होते! बिजली मुँह उठाए बिना भी समझ गई, सत्य प्रतीक्षा कर रहा है; परंतु उस बात को वह किसी प्रकार भी मुँह से बाहर नहीं निकाल सकी, जो बाहर निकलने के लिए उसकी छाती के अंजर-पंजरों को तोड़े-फोड़े दे रही थी।

वह प्यार करती थी। उस प्यार की बात को सार्थक करने के लिए वह इस रूप की भंडार देह का भी शायद एक फटे हुए कपड़े के टुकड़े की भाँति त्यागकर सकती थी, परंतु कौन उसका विश्वास करेगा! वह तो दागी आसामी है। अपराधी के सौ करोड़ चिह्न सर्वांग पर लगाए, विचारक के सामने खड़ी होकर आज वह किस प्रकार मुँह पर लाए कि अपराध करना ही उसका पेशा अवश्य है, परंतु इस बार वह निर्दोष है। जितना विलंब होने लगा, उतना ही वह समझने लगी—विचारक उसे फाँसी का हुक्म देने बैठा है; परंतु किस तरह वह रोकेगी उसे? सत्य अधीर हो उठा था, वह बोला, 'जा रहा हूँ!'

बिजली तब भी मुँह नहीं उठा सकी, परंतु इस बार बोली, 'जाओ! परंतु जिस बात पर अपराध में डूबी रहने पर भी मैं विश्वास करती हूँ, उस बात का अविश्वास करके तुम अपराधी मत बनना—विश्वास करो—सभी के शरीर में भगवान् वास करते हैं, जीवनपर्यंत वे शरीर को छोड़कर नहीं जाते।' कुछ ठहरकर कहा, 'सभी मंदिरों में देवता की पूजा नहीं होती, तो भी वे देवता हैं। उन्हें देखकर सिर चाहे न झुक सके, परंतु उन्हें ठुकराकर भी नहीं जाया जा सकता।' कहकर, पद-शब्द सुनकर उसने मुँह उठाकर देखा—सत्य धीरे-धीरे चुपचाप चला जा रहा था।

× × × ×

स्वभाव के विरुद्ध विद्रोह किया जा सकता है, परंतु उसे बदला तो नहीं जा सकता। नारी-शरीर पर सैकड़ों अत्याचार चल सकते हैं, परंतु नारीत्व को अस्वीकार करने से नहीं चलेगा। बिजली नर्तकी है, तथापि वह नारी भी है। जीवनभर हजारों अपराधों की अपराधिनी रही तो भी उसकी यह देह, नारी-देह ही तो है! घंटेभर बाद जब वह कमरे में लौटकर आई, उस समय उसकी लांछित-अर्द्धमृत नारी-प्रकृति अमृत के स्पर्श से जगकर उठ बैठी थी। इस अत्यंत थोड़े से समय के भीतर ही उसके संपूर्ण शरीर में न जाने कैसा अद्‌भुत परिवर्तन हो गया था, उसे शराबी तक खूब समझ गया। वह मुँह खोलकर कह बैठा—'क्यों बिजली, आँखों की पलक तो भीगी हुई हैं! भैया रे, लौंडा भी एक ही जिद्‌दी था; ऐसी वस्तुएँ भी मुँह में नहीं डालीं। दो, दो, थाली जरा आगे तो बढ़ा दो रे!' कहकर स्वयं ही थाली खींचकर खाने लगा।

*स्वभाव के विरुद्ध विद्रोह किया जा सकता है, परंतु उसे बदला तो नहीं जा सकता। नारी-शरीर पर सैकड़ों अत्याचार चल सकते हैं, परंतु नारीत्व को अस्वीकार करने से नहीं चलेगा। बिजली नर्तकी है, तथापि वह नारी भी है। जीवनभर हजारों अपराधों की अपराधिनी रही तो भी उसकी यह देह, नारी-देह ही तो है! घंटेभर बाद जब वह कमरे में लौटकर आई, उस समय उसकी लांछित-अर्द्धमृत नारी-प्रकृति अमृत के स्पर्श से जगकर उठ बैठी थी। इस अत्यंत थोड़े से समय के भीतर ही उसके संपूर्ण शरीर में न जाने कैसा अद्‌भुत परिवर्तन हो गया था, उसे शराबी तक खूब समझ गया।*

उसकी एक भी बात बिजली के कानों में नहीं पड़ी। अचानक अपने पाँवों में बँधे दिखाई देने वाले घुँघरुओं ने जैसे बिच्छुओं की भाँति उसके दोनों पाँवों में डंक मार दिया, उसने झटपट उन्हें खोलकर फेंक दिया।

एक आदमी ने पूछा, 'खोल भी दिए?'

बिजली मुँह उठाकर थोड़ा हँसती हुई बोली, 'अब इन्हें नहीं पहनूँगी!'

'अर्थात्?'

'अर्थात् अब कभी नहीं! बाईजी मर गईं।'

शराबी संदेश* चबा रहा था। बोला, 'किस रोग से बाईजी?'

बाईजी फिर हँसीं। यह वही हँसी थी। हँसती हुई बोली, 'जिस रोग से दीपक जलने पर अँधेरा मर जाता है, सूर्य निकलने पर रात्रि मर जाती है, आज उसी रोग से तुम लोगों की बाईजी सदैव के लिए मर गईं भाई!'

# छह

चार वर्ष बाद की बात कह रहा हूँ। कलकत्ता के एक बड़े मकान में जमींदार के लड़के का अन्नप्राशन है। खाने-पीने का विशाल आयोजन समाप्त हो चुका है। संध्या के बाद बाहर वाले मकान में, प्रशस्त आँगन में महफिल का प्रबंध करके आमोद-आह्लाद, नृत्य-गायन का आयोजन चल रहा है।

एक ओर तीन-चार नर्तकियाँ हैं; यही नृत्य-गायन करेंगी। दूसरी मंजिल के बरामदे में चिक की आड़ में बैठी राधारानी अकेले नीचे के जन-समागम को देख रही थी। निमंत्रिता महिलाओं का अभी शुभागमन नहीं हुआ था।

चुपचाप पीछे से आकर सत्येंद्र ने कहा, 'इतना मन लगाकर क्या देख रही हो, बताओ तो?'

राधारानी अपने स्वामी की ओर मुड़कर देखती हुई मुसकराकर बोली, 'जिसे सब लोग देखने आए हैं, बाईजी की साज-सज्जा···परंतु अचानक तुम यहाँ?'

पति ने हँसकर जवाब दिया, 'अकेली बैठी हो, इसी से एक बात कहने आया हूँ।'

'ऐसा?'

'सचमुच! अच्छा देख रही हो तो बताओ तो, उनमें सबकी अपेक्षा तुम्हें कौन सी अधिक पसंद है?'

'इधरवाली' कहकर राधारानी ने उँगली उठाकर जो स्त्री सबसे पीछे, अत्यंत सीधी-सादी पोशाक पहने बैठी थी, उसे दिखा दिया।

पति ने कहा, 'वह तो अत्यंत रुग्ण है।'

*पति ने हँसकर जवाब दिया, 'अकेली बैठी हो, इसी से एक बात कहने आया हूँ।'*
*'ऐसा?'*
*'सचमुच! अच्छा देख रही हो तो बताओ तो, उनमें सबकी अपेक्षा तुम्हें कौन सी अधिक पसंद है?'*
*'इधरवाली' कहकर राधारानी ने उँगली उठाकर जो स्त्री सबसे पीछे, अत्यंत सीधी-सादी पोशाक पहने बैठी थी, उसे दिखा दिया।*

'सो भले ही हो, यही सबसे अधिक सुंदरी है! परंतु बेचारी गरीब है, शरीर में गहने-वहने इन सबकी भाँति नहीं हैं।'

सत्येंद्र गरदन हिलाकर बोला, 'यह होगा, परंतु इन सबकी मजदूरी कितनी है, जानती हो?'

'नहीं।'

सत्येंद्र ने हाथ से दिखाते हुए कहा, 'ये तीस-तीस रुपए की हैं और जिसे गरीब कहती हो, उसके दो सौ रुपए!'

राधारानी चौंक उठी, 'दो सौ! क्यों, वह क्या बहुत अच्छा गाती है?'

'कान से कभी सुना नहीं। लोग कहते हैं—चार-पाँच वर्ष पहले बहुत अच्छा गाती थी; परंतु अब गा सकेगी या नहीं, कहा नहीं जा सकता।'

'तब इतने रुपए देकर क्यों लाए?'

'इससे कम पर वह नहीं आती। इतने पर भी आने को राजी नहीं थी, बहुत मना-मनूकर लाई गई।'

राधारानी और अधिक चकित होकर पूछने लगी, 'रुपए देकर भी मनाना-मनूना क्यों?'

सत्येंद्र समीप ही एक चौकी खींचकर बैठता हुआ बोला, 'उसका पहला कारण, उसने व्यवसाय छोड़ दिया है। गुण उसका कितना भी हो, इतना रुपया कोई सहज ही देना भी नहीं चाहता, उसका भी आना नहीं होता, यही उसकी बात है। दूसरा कारण मेरी अपनी ही गरज है।'

इस बात पर राधारानी ने विश्वास नहीं किया। तो भी आग्रह से आगे खिसककर बैठती हुई बोली, 'तुम्हारी गरज लाख होगी, परंतु व्यवसाय क्यों छोड़ दिया?'

'सुनोगी?'

'हाँ, बोला।'

सत्येंद्र क्षणभर चुप रहकर बोला, 'उसका नाम बिजली है। एक समय, किंतु यहाँ पर लोग आ जाएँगे रानी, घर में चलोगी?'

'चलूँगी, चलो', कहकर राधारानी उठकर खड़ी हो गई।

*पति के पाँवों के पास बैठकर, सबकुछ सुनकर, राधारानी ने आँचल से आँखें पोंछ लीं। अंत में बोली, 'इसीसे आज उसका अपमान करके बदला लोगे? यह बुद्धि तुम्हें किसने दी?' इधर सत्येंद्र की आँखें भी शुष्क नहीं थीं, बहुत बार गला भी भर आया था। वह बोला, 'अपमान अवश्य है, परंतु उस अपमान को हम तीन लोगों के अतिरिक्त और कोई नहीं जान सकेगा। कोई जानेगा भी नहीं।'*

× × × ×

पति के पाँवों के पास बैठकर, सबकुछ सुनकर, राधारानी ने आँचल से आँखें पोंछ लीं। अंत में बोली, 'इसीसे आज उसका अपमान करके बदला लोगे? यह बुद्धि तुम्हें किसने दी?'

इधर सत्येंद्र की आँखें भी शुष्क नहीं थीं, बहुत बार गला भी भर आया था। वह बोला, 'अपमान अवश्य है, परंतु उस अपमान को हम तीन लोगों के अतिरिक्त और कोई नहीं जान सकेगा। कोई जानेगा भी नहीं।'

राधारानी ने जवाब नहीं दिया। एक बार फिर आँचल से आँखें पोंछकर बाहर चली गई।

निमंत्रित भद्रपुरुषों से महफिल भर गई थी एवं ऊपर बरामदे में बहुत सी स्त्रियों के कंठ का सलज्ज चीत्कार चिक के आवरण को भेदता हुआ आ रहा था। अन्यान्य नर्तकियाँ तैयार हो चुकी थीं, केवल बिजली उस समय भी सिर झुकाए बैठी थी। उसकी आँखों से पानी गिर रहा था। लंबे पाँच वर्षों में उसका संचित किया हुआ धन प्रायः समाप्त हो चुका था, उसी के अभाव की ताड़ना से बाध्य होकर फिर वही कार्य अंगीकार करके आई थी, जिसे उसने शपथ करके त्याग दिया था, परंतु वह मुँह उठाकर खड़ी नहीं हो पा रही थी। अपरिचित पुरुषों की तृष्णा दृष्टि के सम्मुख शरीर जैसे पत्थर की भाँति भारी हो उठेगा, पाँव इस तरह दुहरे होकर टूट पड़ना चाहेंगे। इसकी वजह दो घंटे पहले कल्पना तक नहीं कर सकी थी।

'आपको बुला रही हैं।' बिजली ने मुँह उठाकर देखा, पास ही खड़ा हुआ है एक बारह-तेरह वर्ष का लड़का। उसने ऊपर के बरामदे की ओर निर्देश करते हुए दुबारा कहा, 'माँजी आपको बुला रही हैं।'

बिजली विश्वास नहीं कर पाई। जिज्ञासा की, 'कौन बुला रही हैं?'

'माँजी बुला रही हैं।'

'तुम कौन हो?'

'मैं घर का नौकर हूँ।'

बिजली गरदन हिलाकर बोली, 'मुझे नहीं, तुम फिर पूछकर आओ।'

बालक थोड़ी देर बाद लौट आकर बोला, 'आपका नाम बिजली है न? आप ही को बुला रही हैं, आइए मेरे साथ, माँजी खड़ी हुई हैं।'

'चलो', कहकर बिजली झटपट पाँवों के घुँघरू खोलकर उनका अनुसरण करती हुई अंदर प्रविष्ट हो गई। मन में सोचा, गृहिणी की कोई विशेष फरमाइश है, इसलिए वहाँ बुलाया गया है।

शयन-गृह के दरवाजे के समीप राधारानी बालक को गोद में लिए खड़ी हुई थी, त्रस्त-कुंठित पाँवों से बिजली के सामने खड़े होते ही वह आदरपूर्वक हाथ पकड़कर उसे भीतर खींच लाई, एक चौकी के ऊपर जबरदस्ती बैठाकर मुसकराती हुई बोली, 'दीदी, पहचानती हो?'

*शयन-गृह के दरवाजे के समीप राधारानी बालक को गोद में लिए खड़ी हुई थी, त्रस्त-कुंठित पाँवों से बिजली के सामने खड़े होते ही वह आदरपूर्वक हाथ पकड़कर उसे भीतर खींच लाई, एक चौकी के ऊपर जबरदस्ती बैठाकर मुसकराती हुई बोली, 'दीदी, पहचानती हो?'*

बिजली आश्चर्य से हतबुद्धि हो रही। राधारानी गोद के लड़के को दिखाती हुई बोली, 'छोटी बहन को शायद पहचाना नहीं दीदी, इसका दुःख नहीं है, परंतु इसे न

पहचान पाने पर सचमुच ही झगड़ा करूँगी।' कहकर मुँह दबाकर मंद-मंद मुसकराने लगी।

ऐसी हँसी देखकर भी बिजली कोई बात न कह सकी, परंतु उसका अंधकारपूर्ण आकाश धीरे-धीरे स्वच्छ हो आने लगा। उस अनिंद्य सुंदर मातृमुख से सद्यःविकसित गुलाब जैसे शिशु के मुख की ओर उसकी दृष्टि बँधी रह गई। राधारानी निस्तब्ध थी। बिजली निर्निमेष आँखों से देख-देखकर अचानक उठ खड़ी हुई, दोनों हाथ फैलाकर शिशु को गोद में लेकर, जोर से छाती से चिपटाकर झर-झर करती हुई रो पड़ी।

राधारानी ने कहा, 'दीदी, समुद्र को मथकर विष तो स्वयं पी लिया और समस्त अमृत इस छोटी बहन को दे दिया है। उन्होंने तुमसे प्यार किया था, इसीलिए मैंने उन्हें पाया है।'

*ऐसी हँसी देखकर भी बिजली कोई बात न कह सकी, परंतु उसका अंधकारपूर्ण आकाश धीरे-धीरे स्वच्छ हो आने लगा। उस अनिंद्य सुंदर मातृमुख से सद्यःविकसित गुलाब जैसे शिशु के मुख की ओर उसकी दृष्टि बँधी रह गई। राधारानी निस्तब्ध थी। बिजली निर्निमेष आँखों से देख-देखकर अचानक उठ खड़ी हुई, दोनों हाथ फैलाकर शिशु को गोद में लेकर, जोर से छाती से चिपटाकर झर-झर करती हुई रो पड़ी।*

सत्येंद्र के एक छोटे से फोटोग्राफ को हाथ में उठाए बिजली टकटकी बाँधे देख रही थी। मुँह उठाकर मुसकराती हुई बोली, 'विष का विष ही तो अमृत है बहन! मैं वंचित नहीं रह आई! उसी विष ने इस घोर पापिनी को ऊपर कर दिया है।'

राधारानी ने इस बात का उत्तर न देते हुए कहा, 'मुलाकात करोगी दीदी?'

बिजल क्षणभर आँखें बंद करके निश्चय करती हुई बोली, 'नहीं दीदी। चार वर्ष पहले जिस दिन वे अछूत को पहचानकर घोर घृणा से मुँह फेरकर चले गए थे, उस दिन घमंड में भरकर मैंने कहा था, 'फिर मुलाकात होगी, तुम फिर आओगे, परंतु मेरा वह घमंड रहा नहीं और वे नहीं आए, परंतु आज देख रही हूँ, क्यों दर्पहारी ने मेरा वह दर्प नष्ट कर दिया। वे नष्ट करके अब किस तरह गढ़ेंगे, निकालकर अब किस तरह लौटाएँगे, इस बात को मेरी तरह और कोई नहीं जानता बहन!' कहकर वह फिर एक बार अच्छी तरह आँचल से आँखें पोंछकर बोली, 'प्राणों की ज्वाला से भगवान् को निर्दय, निष्ठुर कहकर अनेकों दोष दिए हैं, परंतु अब देख रही हूँ, इस पापिष्ठा पर उन्होंने कैसी दया की है। उस दिन उन्हें लौटाकर ले जाती तो मैं तो सब ओर से मिट्टी हो जाती! उन्हें भी नहीं पाती, स्वयं को भी हार जाती!'

रुदन से राधारानी का गला अवरुद्ध हो गया था, वह कुछ भी नहीं बोल पा रही थी। बिजली ने फिर कहा, 'सोचा था, कभी मुलाकात होने पर उनके पाँव पकड़कर एक

बार और माफी माँगकर देखूँगी, परंतु उसकी अब जरूरत नहीं है। इस चित्र को केवल दे दो दीदी, मैं जा रही हूँ।' कहकर वह उठ खड़ी हुई।

राधारानी ने भारी स्वर से पूछा, 'फिर कब भेंट होगी दीदी!'

'भेंट अब नहीं होगी बहन! मेरा एक छोटा सा मकान है, उसे बेचकर जितनी जल्दी हो सकेगा, चली आऊँगी। अच्छी बात है, बता सकती हो बहन, उन्होंने क्यों अचानक इतने दिनों बाद मुझे स्मरण किया? जब उनका आदमी मुझे बुलाने गया था, तब तो कोई एक झूठा नाम बताया था?'

लज्जा से राधारानी का मुँह लाल हो उठा, वह नीचा मुँह किए चुप रह गई।

बिजली क्षणभर सोचकर बोली, 'समझ गई। शायद मेरा अपमान करने के लिए ही न! नहीं! इसके अतिरिक्त इतनी चेष्टा करके मुझे बुलवाने का तो कोई अन्य कारण दिखाई नहीं देता।'

राधारानी का मस्तक और भी झुक गया। बिजली हँसकर बोली, 'तुम क्यों लजाती हो बहन, तो भी उनसे भूल हो गई। उनके चरणों में मेरा शतकोटि प्रणाम कहकर बता देना, यह नहीं हो सकता। मेरा अपना अब कुछ नहीं है। अपमान करने पर, संपूर्ण पाप उन्हीं के शरीर से लगेगा।'

'नमस्कार दीदी।'

'नमस्कार बहन! आयु में बहुत बड़ी होने पर भी तुम्हें आशीर्वाद देने का अधिकार तो मुझे नहीं है, मैं तन-मन से प्रार्थना करती हूँ बहन, तुम्हारे हाथ का नोया* अक्षय बना रहे, जा रही हूँ।'

□

*रुदन से राधारानी का गला अवरुद्ध हो गया था, वह कुछ भी नहीं बोल पा रही थी। बिजली ने फिर कहा, 'सोचा था, कभी मुलाकात होने पर उनके पाँव पकड़कर एक बार और माफी माँगकर देखूँगी, परंतु उसकी अब जरूरत नहीं है। इस चित्र को केवल दे दो दीदी, मैं जा रही हूँ।' कहकर वह उठ खड़ी हुई। राधारानी ने भारी स्वर से पूछा, 'फिर कब भेंट होगी दीदी!'*

# बालकों का चोर

उन दिनों चारों ओर यह खबर फैल गई कि रूपनारायण-नद के ऊपर रेल का पुल बनेगा, परंतु पुल का काम रुका पड़ा है, इसका कारण यह है कि पुल की देवी तीन बच्चों की बलि चाहती है, बलिदान दिए बिना पुल नहीं बन सकता। तत्पश्चात् खबर फैली कि दो बच्चे पकड़कर जीवित ही पुल के खंभे के नीचे गाड़ दिए गए हैं, अब केवल एक लड़के की खोज है, उसके मिल जाने पर पुल तैयार हो जाएगा। यह भी सुना गया कि रेलवे-कंपनी के आदमी लड़के की खोज में शहर तथा गाँवों में चक्कर लगा रहे हैं। कोई नहीं कह सकता कि वे कब कहाँ जा पहुँचेंगे, उन्हें पहचानना कठिन है, क्योंकि उनमें से कोई भिखारी के वेश में है, कोई साधु-संन्यासी का बाना धारण किए हुए है और कोई गुंडों-डकैतों की भाँति लाठी बाँधे घूम रहा है। यह अफवाह बहुत दिनों से फैली हुई थी, अत: आसपास के ग्राम-निवासी अत्यधिक भयभीत थे एवं संदेह का यह हाल था कि वे हर किसी को रेलवे-कंपनी का लड़का पकड़नेवाला आदमी ही समझ बैठते थे। प्रत्येक यही समझता था कि अबकी बार उसकी ही बारी है, संभवत: उसी का बच्चा पकड़कर पुल के नीचे गाड़ दिया जाएगा।

किसी के मन में शांति नहीं थी, सभी घरों में सनसनी फैली हुई थी। इस सबके ऊपर अखबारों की भी खबरें थीं। जो लोग कलकत्ता में नौकर थे, वे आकर बतलाया करते थे कि उस दिन बहू बाजार में एक लड़का पकड़नेवाला आदमी गया था। कल की ही तो बात है, कलकत्ता की गली में एक और आदमी पकड़ा गया है—वह एक छोटे से बच्चे को पकड़कर अपनी झोली में डाल रहा था। इसी प्रकार नित्य कई कितनी ही खबरें सुनने को मिलती थीं। कलकत्ता के गली-कूचों में संदेह के शिकार बेचारे कितने ही निरपराध व्यक्ति पकड़े और पीटे गए, किसी प्रकार बड़ी कठिनाई से उनके प्राण बचे और इस अत्याचार की खबरें लोगों के मुँह से हमारे देश में, हमारे गाँव में भी पहुँचने लगीं। ऐसे ही समय में एक दिन अचानक एक घटना हमारे गाँव में भी घट गई।

गाँव की सड़क के पास ही थोड़ी दूरी पर, एक बाग के भीतर एक बूढ़ा ब्राह्मण और उसकी ब्राह्मणी दोनों रहते थे। वे मुखर्जी थे। उनके बाल-बच्चा कोई नहीं था;

परंतु दुनिया में और दुनिया के सभी मामलों में उनकी आसक्ति सोलह आने के स्थान पर अठारह आने थी। उनका एक सगा भतीजा था। उसे उन्होंने अलग कर दिया, परंतु उसका हिस्सा नहीं दिया। देने की कल्पना भी उन्होंने कभी नहीं की। भतीजा कभी-कभी आकर कहा-सुनी करता, लड़ता-झगड़ता और अपने हिस्से के कपड़े, बरतन तथा गृहस्थी की अन्य सामग्री पर दावा करता था। 'मैं कोई भीख नहीं माँगता। सब मेरे पुरुषों की कमाई है, तुम मेरे पिता का हिस्सा हजम करनेवाले कौन होते हो ?'

यह सुनकर उसकी चाची हो-हल्ला मचा, चिल्ला-चिल्लाकर लोगों की भीड़ जमा कर लेती और कहती, 'हीरू हमें मारने आया है। यह गुंडा है, हमें मारने आया है, यह गुंडा हमें मार डालने की धमकी देता है।'

हीरालाल कहता, 'अच्छी बात है, किसी दिन तुम्हें मारकर ही सब वसूल करूँगा।'

इसी प्रकार दिन बीत रहे थे।

उस दिन झगड़े की हद हो गई। दोनों ओर से गरमा-गरमी बढ़ चली। हीरू ने आँगन में खड़े होकर कहा, 'यह अंतिम बार कहे देता हूँ चाचा। मेरा हिस्सा मुझे मिलना चाहिए। दोगे या नहीं ?'

*हीरू ने कहा, 'तुम झूठ कहते हो। मैं अपना हिस्सा लेकर ही छोड़ूँगा।'*
*चाची रसोईघर में थीं। बाहर निकलकर बोलीं, 'तो फिर जा, अपने बाप को बुला ला।'*
*हीरालाल बोला, 'मेरे पिता तो स्वर्ग में चले गए, वे अब नहीं आ सकेंगे। मैं जाकर तुम्हारे बाप-दादों को बुला लाऊँगा, उनमें शायद अभी कोई जीवित है। वही आकर मेरा रत्ती-रत्ती हिस्सा बाँट देगा।'*

चाचा ने झिड़कते हुए कहा, 'जा जा, तेरा कुछ नहीं है।'

हीरू भी तमककर बोला, 'नहीं है ?'

चाचा ने कहा, 'हाँ, हाँ, नहीं है।'

हीरू ने कहा, 'तुम झूठ कहते हो। मैं अपना हिस्सा लेकर ही छोड़ूँगा।'

चाची रसोईघर में थीं। बाहर निकलकर बोलीं, 'तो फिर जा, अपने बाप को बुला ला।'

हीरालाल बोला, 'मेरे पिता तो स्वर्ग में चले गए, वे अब नहीं आ सकेंगे। मैं जाकर तुम्हारे बाप-दादों को बुला लाऊँगा, उनमें शायद अभी कोई जीवित है। वही आकर मेरा रत्ती-रत्ती हिस्सा बाँट देगा।'

इसके पश्चात् कई मिनटों तक दोनों ओर से जिस भाषा का प्रयोग किया गया, उसे यहाँ लिखा नहीं जा सकता।

जाने से पूर्व हीरालाल कह गया था, 'आज ही इसका निबटारा करके रहूँगा, यह तुमसे कहे जाता हूँ। सावधान रहना।'

रसोईघर के भीतर से चाची गरजती हुई बोली, 'तू बड़ा तीसमारखाँ है न! जा, जो

किया जाए, सो कर लेना।'

हीरालाल वहाँ से सीधा राहीपुर गाँव में जा पहुँचा। इस गाँव में कुछ गरीब मुसलमान रहते थे। वे मुहर्रम में ताजिये निकालते, उनके आगे बड़ी-बड़ी लाठियाँ लेकर चलते एवं अपनी कसरत और करतब दिखाते थे। उनकी लाठियों ने सेरों तेल पिया था तथा उनकी गाँठों में खूबसूरती के लिए पीतल की कड़ियाँ जड़ी हुई थीं। इसी से बहुत लोग यह समझते थे कि उन जैसा लाठी चलानेवाला इस अंचल में और कोई नहीं है। ऐसा कोई कार्य नहीं था, जिसे वे न कर सकते हों। केवल पुलिस के भय से ही शांत बने रहते थे।

हीरालाल ने लतीफ मियाँ के पास पहुँचकर कहा, 'ये दो रुपए पेशगी लो, एक तुम्हारा और दूसरा तुम्हारे भाई का। काम पूरा कर दो, तब और भी इनाम मिलेगा।'

दोनों रुपए हाथ में लेते हुए लतीफ मियाँ ने हँसकर कहा, 'क्या काम करना है बाबू?'

हीरालाल बोला, 'इस देश में तुम दोनों भाइयों को कौन नहीं जानता। तुम लोगों की लाठी के जोर से विश्वास-वंश के बाबुओं ने कितनी जमींदारी पर अपना अधिकार कर लिया है। तुम यदि चाहो तो क्या नहीं कर सकते।'

लतीफ मियाँ आँख का इशारा करते हुए बोले, 'चुप रहो बाबू, थाने का दरोगा सुन लेगा तो फिर हमारी जान नहीं बचेगी। पुलिस को यह पता है कि वीरनगर गाँव पर हम दोनों भाइयों ने ही लाठी के जोर से विश्वास बाबू का कब्जा कराया है, परंतु मौके पर हमें कोई पहचान नहीं सका, इसी से उस बार हम लोग बच गए।'

हीरालाल ने अत्यंत आश्चर्य से कहा, 'कोई पहचान नहीं सका?'

लतीफ बोला, 'कोई पहचानता कैसे! सिर पर बहुत बड़ा पग्गड़ बँधा था, गालों पर गलपट्टे लगे थे, माथे पर बड़ा सा सिंदूर का टीका था और हाथ में छह हाथ की लाठी थी। लोगों ने समझा, हिंदुओं की यमराजपुरी से साक्षात् यमदूत आ उपस्थित हुए हैं। पहचानते क्या, सब लोग अपनी-अपनी जान लेकर न जाने कहाँ भाग छिपे रहे।'

हीरालाल ने उसका हाथ पकड़ लिया। बोला, 'ऐसा ही एक काम एक बार और करना होगा तुम्हें लतीफ मियाँ! मेरे चाचा तो मेरा

*हीरालाल ने अत्यंत आश्चर्य से कहा, 'कोई पहचान नहीं सका?'*

*लतीफ बोला, 'कोई पहचानता कैसे! सिर पर बहुत बड़ा पग्गड़ बँधा था, गालों पर गलपट्टे लगे थे, माथे पर बड़ा सा सिंदूर का टीका था और हाथ में छह हाथ की लाठी थी। लोगों ने समझा, हिंदुओं की यमराजपुरी से साक्षात् यमदूत आ उपस्थित हुए हैं। पहचानते क्या, सब लोग अपनी-अपनी जान लेकर न जाने कहाँ भाग छिपे रहे।'*

थोड़ा-बहुत हिस्सा देने को फिर भी तैयार हो सकते हैं, परंतु हरामजादी चाची ऐसी शैतान है कि वह फूटी हाँडी से भी हाथ नहीं लगाने देना चाहती। वही पग्गड़, वही गलपट्टा, वही सिंदूर का टीका और वही हाथ में लंबी लाठी लिए एक बार चाचा के आँगन में जा खड़े हो और वही डाकुओं जैसी घुड़की दिखा दो। बस, फिर मैं देख लूँगा, ठीक संध्या होने से पहले झुटपुटे में चलो। बस, कार्य सिद्ध हो जाएगा।'

लतीफ मियाँ तैयार हो गए। निश्चित हुआ, लतीफ और महमूद दोनों भाई वही पोशाक पहनकर, वैसा ही वेश बनाकर आज दीया जलने से पहले ही चाचा के घर जा धमकेंगे। उनके पीछे हीरालाल रहेगा।

एकादशी का दिन था। दिनभर व्रत रखने के बाद हीरू की चाची जगदंबा ने अपने पति को भोजन कराने के लिए आँगन से मिले हुए चबूतरे पर आसन बिछाया एवं थाली लगाकर सामने रख दी। मुखर्जी चाचा फलाहार करने के लिए बैठे। सामान्य कंद-मूल और दूध, यही फलाहार का सामान था। मुखर्जी वादी प्रकृतिवाले मनुष्य थे, अतः अन्न का आहार करने से उनकी तबीयत खराब हो जाने का भय था। पत्थर के पात्र में डाब का पानी रखा था, उसे पीने के लिए जैसे ही पात्र उठाया, वैसे ही ठीक उसी समय दरवाजा ठेलते हुए लतीफ तथा महमूद, दोनों भाई सामने आ खड़े हुए। वही सिर पर बड़ा सा पग्गड़, वही भयानक गलपट्टा, वही संपूर्ण माथे पर लगा हुआ सिंदूर का बड़ा टीका और हाथ में वही छह-छह हाथ की ऊँची, मोटी लाठियाँ। चाचा के हाथ से पत्थर का वही पात्र धमाक् से नीचे गिर पड़ा। जगदम्बा जोर से चीख पड़ी, 'अरे मोहल्लेवाले दौड़ो, आओ, बच्चे पकड़नेवाले आए हैं, बालकों के चोर, बालकों के चोर!'

सामनेवाले छोटे से मैदान में प्रतिदिन मोहल्ले के गाँव के छोटे-छोटे बालक इकट्ठे होकर भाँति-भाँति के खेल खेला करते थे, आज भी खेल रहे थे। वे भी चिल्लाते हुए इधर-उधर भाग खड़े हुए, 'बालकों को पकड़नेवाले आए हैं! बच्चों को चुरानेवाले आए हैं। लड़कों को पकड़े लिये जा रहे हैं!'

घर बताने के लिए हीरू भी लतीफ और महमूद के साथ आया था तथा दरवाजे की आड़ में छिपा हुआ था। उसने ढंग देखा तो धीरे से कहा, 'मियाँ, देखते क्या हो, जान बचाकर भागो। मोहल्ले के लोगों ने घेरकर पकड़ लिया तो जान बचाना मुश्किल हो जाएगा।'

इतना कहकर वह वहाँ से भाग गया।

लतीफ मियाँ ने शहर की ओर कोई खबर चाहे सुनी हो या न सुनी हो, परंतु बालकों को पकड़े जाने का हंगामा, उन्हें गायब करने की अफवाह उसके कानों तक भी पहुँच चुकी थी। क्षणभर में ही उसकी समझ में आ गया कि उस अपरिचित अनजाने स्थान में ऐसे वेश में विशेषकर सिंदूर का लंबा-चौड़ा टीका लगाए हुए, यदि उन दोनों

को पकड़ लिया गया तो एक की भी हड्डी साबुत नहीं बचेगी।

यह विचार आते ही दोनों भाई जान लेकर भागे, परंतु भागने से अब क्या हो सकता था? रास्ता पहचाना हुआ नहीं था। दिन का उजाला समाप्त हो चुका था—संध्या का अंधकार मुँह बाए हुए उसे निगलता चला जा रहा था। चारों ओर से बहुत से लोगों की सम्मिलित एक पुकार सुनाई पड़ रही थी, 'पकड़ो! मार डालो साले को!'

*लतीफ मियाँ ने शहर की ओर कोई खबर चाहे सुनी हो या न सुनी हो, परंतु बालकों को पकड़े जाने का हंगामा, उन्हें गायब करने की अफवाह उसके कानों तक भी पहुँच चुकी थी। क्षणभर में ही उसकी समझ में आ गया कि उस अपरिचित अनजाने स्थान में ऐसे वेश में विशेषकर सिंदूर का लंबा-चौड़ा टीका लगाए हुए, यदि उन दोनों को पकड़ लिया गया तो एक की भी हड्डी साबुत नहीं बचेगी।*

छोटा भाई महमूद किधर भाग गया, कुछ पता नहीं, परंतु बड़े भाई लतीफ को लोगों ने चारों ओर से घेर लिया। वह अपने प्राण बचाने के लिए काँटों से भरे जंगल को रौंदता हुआ एक पानी से भरे गड्ढे में कूद पड़ा। इसके पश्चात् सब लोग उस गड्ढे के चारों ओर किनारे पर खड़े हो उसे ताक-ताककर ईंट-कंकड़ मारने लगे। लतीफ जब भी सिर ऊपर उठाता, उसके सिर पर ढेला पड़ता था। वह फिर पानी के भीतर अपना सिर कर लेता। ऊबकर जब फिर सिर निकालता तभी दूसरा ढेला आ लगता था।

लतीफ मियाँ इस प्रकार ईंट और ढेले खाकर तथा पानी पीकर अधमरे हो गए। वे जितना ही हाथ जोड़कर कहना चाहते कि वह लड़का पकड़नेवाला चोर नहीं है, लड़का पकड़ने नहीं आया है, उतना ही लोगों का क्रोध तथा संदेह बढ़ता जाता था। सोचते और कहते, 'तो यह गलपट्टा क्यों लगाए है? यह पग्गड़ क्यों बाँधे है? इसके मुँह पर सिंदूर कहाँ से आया?'

लतीफ का पग्गड़ खुल गया था, गलपट्टा भी खुलकर एक ओर झूल रहा था, और माथे का सिंदूर भी धुलकर सारे मुँह पर फैल गया था।

लतीफ बेचारा क्या कैफियत देता और उसकी बात सुनता भी कौन?

इसी बीच कुछ अधिक उत्साही लोग पानी में उतरकर लतीफ को किनारे पर घसीट लाए। वह रो-रोकर केवल यही कह रहा था कि वह लतीफ मियाँ है और उसका दूसरा भाई महमूद मियाँ है। वे लोग बच्चे पकड़नेवाले नहीं हैं, वे लड़कों को चुरानेवाले नहीं हैं।

इसी समय मैं भी उसी मार्ग से निकला, उधर एक काम से जा रहा था। हो-हल्ला सुनकर उस गड्ढे के किनारे जा पहुँचा। मुझे देखते ही उत्तेजित भीड़ आपे से बाहर हो गई। सब लोग एक स्वर से चिल्ला उठे, 'हमने बच्चों का एक चोर पकड़ लिया है।'

बेचारे लतीफ मियाँ की वह दुर्दशा देखकर मेरी आँखों में आँसू आ गए। उसमें बोलने तक की शक्ति नहीं रही थी। गलपट्टा, पग्गड़, सिंदूर और रक्त; सबने मिलकर उसकी विचित्र शक्ल बना रखी थी। वह केवल सबके हाथ जोड़ता हुआ रो रहा था।

मैंने लोगों से पूछा, 'इसने किसी का लड़का चुराया है क्या? किसने अपने लड़के को इसके द्वारा चुराए जाने की नालिश की है?'

उन लोगों ने कहा, 'इसे कौन जाने?'

मैं बोला, 'अच्छा, वह लड़का कहाँ है, जिसे इसने पकड़ा था?'

लोगों ने कहा, 'हम लोग यह नहीं जानते।'

मैंने कहा, 'तब फिर तुम लोग इसे क्यों मार रहे हो?'

उसमें से एक व्यक्ति, जो संभवत: अधिक बुद्धि रखता था, कहने लगा, 'लगता है, इसने रात में किसी लड़के को इस गड्ढे के भीतर कीचड़ में गाड़ रखा है।'

दूसरे ने कहा, 'हाँ, हाँ, अवसर मिलते ही वहाँ से निकाल ले जाएगा और बलि देने के लिए पुल के खंभे के नीचे गाड़ देगा।'

मैंने कहा, 'जरा सोचो तो सही, कहीं मरे हुए प्राणी की भी बलि दी जाती है?'

वे बोले, 'मरा क्यों होगा, अब तक जीवित होगा।'

मैं बोला, 'भला, लड़के को दलदल में गाड़ देने से वह कभी जीवित बच सकता है?'

तब मेरी युक्ति तथा बात उनमें से बहुत लोगों को ठीक जान पड़ी। पहले तो जोश में रहने के कारण किसी को यह सोचने का अवसर ही नहीं मिला था।

मैंने कहा, 'इसे छोड़ दो।' फिर उस आदमी से पूछा, 'लतीफ मियाँ, बात क्या है, सब सच्चा-सच्चा हाल बताओ।'

अब अभय-दान पाकर लतीफ रो-रोकर सब सच्चा हाल कह सुनाया। हीरू के चाचा मुखर्जी और उसकी स्त्री के साथ किसी को सहानुभूति नहीं थी। सुनकर कुछ लोगों को लतीफ मियाँ पर भी तरस आ गया।

मैंने कहा, 'लतीफ मियाँ, अब अपने घर जाओ, आइंदा कभी ऐसा काम मत करना।'

लतीफ मियाँ ने कान पकड़े, नाक रगड़ी, तदुपरांत कहा, 'खुदा की कसम बाबूजी, अब

*बहुत रात बीते एक बार फिर समीप के ही दूसरे मुहल्ले घोषालटोला में जोर का हल्ला और शोरगुल सुनाई दिया। घोषाल बाबू के घर की नौकरानी गौशाला में गौ की सानी करने गई हुई थी। उसने गौ की कर्बी काटने के लिए हरी ज्वार का गट्ठा खींचा तो वह उससे खींचा नहीं जा सका। अचानक उसके भीतर से एक भयानक शक्लवाला आदमी निकला और उसने शीघ्रता से झुककर उस नौकरानी के दोनों पाँव पकड़ लिये।*

ऐसा काम कभी नहीं करूँगा, मगर मेरा भाई कहाँ गया?'

मैंने कहा, 'भाई की फिक्र घर जाकर करना लतीफ मियाँ। अभी तो यही बहुत समझो कि तुम्हारी अपनी जान बच गई।'

लतीफ किसी प्रकार लँगड़ाता-लड़खड़ाता हुआ अपने घर जा पहुँचा।

बहुत रात बीते एक बार फिर समीप के ही दूसरे मुहल्ले घोषालटोला में जोर का हल्ला और शोरगुल सुनाई दिया। घोषाल बाबू के घर की नौकरानी गौशाला में गौ की सानी करने गई हुई थी। उसने गौ की कर्बी काटने के लिए हरी ज्वार का गट्ठा खींचा तो वह उससे खींचा नहीं जा सका। अचानक उसके भीतर से एक भयानक शक्लवाला आदमी निकला और उसने शीघ्रता से झुककर उस नौकरानी के दोनों पाँव पकड़ लिये।

नौकरानी जितना ही चिल्लाती कि अरे दौड़ो, भूत मुझे खाए लेता है, भूत उतना ही अपने हाथ से उसका मुँह बंद करते हुए कहता, 'भैया चिल्लाओ नहीं, मुझे बचाओ, मैं भूत-प्रेत नहीं हूँ, मैं आदमी हूँ!'

नौरानी का चिल्लाना सुनकर गृहस्वामी घोषाल बाबू हाथ में लालटेन तथा साथ में अन्य नौकर-चाकरों को लिए गौशाला में दौड़े चले आए।

इसके पूर्व जो घटना घट चुकी थी, उसे गाँव के सब लोग जान चुके थे, अत: बड़े भाई के समान छोटे भाई की दुर्गति नहीं हुई। सबने सहज ही समझ लिया कि वह लतीफ का भाई महमूद है, भूत नहीं है।

घोषाल बाबू ने उसे छोड़ दिया, केवल उसकी उस पके बाँस की खूबसूरत लाठी को अपने लिए छीनकर रखते हुए कहा, 'छोटे मियाँ, तुम्हें जीवनभर याद रहे, इसीलिए इसे रखे लेता हूँ। मुँह का यह सब रंग-वंग धो डालो और चुपचाप घर भाग जाओ!'

अहसान मानकर, कृतज्ञ होकर तथा सैकड़ों सलाम झुकाकर महमूद वहाँ से चल दिया।

यह कोई मनगढ़ंत कहानी नहीं, अपितु हमारे गाँव में घटी एक सच्ची घटना है।

□

# अनुपमा का प्रेम

## विरह

ग्यारह वर्ष की आयु से ही अनुपमा उपन्यास पढ़-पढ़कर मस्तिष्क को एकदम बिगाड़ बैठी थी। वह समझती थी, मनुष्य के हृदय में जितना प्रेम, जितनी माधुरी, जितनी शोभा, जितना सौंदर्य, जितनी तृष्णा है, सब छान-बीनकर, साफकर उसने अपने मस्तिष्क के भीतर जमा कर रखी है। मनुष्य-स्वभाव, मनुष्य-चरित्र उसका नख-दर्पण हो गया है। संसार में उसके लिए सीखने योग्य वस्तु और कोई नहीं है, सबकुछ जान चुकी है, सबकुछ सीख चुकी है। सतीत्व की ज्योति को वह जिस प्रकार देख सकती है, प्रणय की महिमा को वह जिस प्रकार समझ सकती है, संसार में और भी कोई उस जैसा समझदार है, अनुपमा इस बात पर किसी तरह भी विश्वास नहीं कर पाती। अनु ने सोचा, 'वह एक माधवी लता है, जिसमें मंजरियाँ आ रही हैं, इस अवस्था में किसी शाखा की सहायता लिए बिना उसकी मंजरियाँ किसी भी तरह प्रफुल्लित होकर विकसित नहीं हो सकतीं। इसलिए ढूँढ़-खोजकर एक नवीन व्यक्ति को सहयोगी की तरह उसने मनोनीत कर लिया एवं दो-चार दिन में ही उसे मन प्राण, जीवन, यौवल सबकुछ दे डाला। मन-ही-मन देने अथवा लेने का सबको समान अधिकार है, परंतु ग्रहण करने से पूर्व सहयोगी की भी कुछ आवश्यकता होती है। यहीं आकर माधवीलता कुछ विपत्ति में पड़ गई। नवीन नीरोदकांत को वह किस प्रकार जताए कि वह उसकी माधवीलता है, विकसित होने के लिए खड़ी हुई है, उसे आश्रय न देने पर इसी समय मंजरियों के पुष्पों के साथ वह पृथ्वी पर लोटती-लोटती प्राण त्याग देगी।

परंतु सहयोगी इसे नहीं जान सका। न जानने पर भी अनुमान का प्रेम उत्तरोत्तर वृद्धि पाने लगा। अमृत में विष, सुख में दुःख, प्रणय में विच्छेद चिर-प्रसिद्ध हैं। दो-चार दिनों में ही अनुपमा विरह-व्यथा से जर्जर-शरीर होकर मन-ही-मन बोली, 'स्वामी, तुम मुझे ग्रहण करो या न करो, बदले में प्यार दो या न दो, मैं तुम्हारी चिर-दासी हूँ। प्राण चले जाएँ, यह स्वीकार है, परंतु तुम्हें किसी भी प्रकार नहीं छाड़ूँगी। इस जनम में न पा सकूँ

तो अगले जनम में अवश्य पाऊँगी, तब देखोगे, सती-साध्वी की क्षुद्र भुजाओं में कितना बल है, अनुपमा बड़े आदमियों की लड़की है, घर से संलग्न बगीचा भी है, मनोरम सरोवर भी है, वहाँ चाँद भी उठता है, कमल भी खिलते हैं, कोयल भी गीत गाती है, भौंरे भी गुंजारते हैं, यहाँ पर वह घूमती-फिरती विरह-व्यथा का अनुभव करने लगी। सिर के बाल खोलकर, अलंकार उतार फेंके, शरीर में धूलि मलकर प्रेम-योगिनी बन, कभी सरोवर के जल में अपना मुँह देखने लगी, कभी आँखों से पानी बहाती हुई गुलाब के फूल को चूमने लगी, कभी आँचल बिछाकर वृक्ष के नीचे सोती हुई हाय की हुताशन और दीर्घश्वास छोड़ने लगी, भोजन में रुचि नहीं रही, शयन की इच्छा नहीं, साज-सज्जा से बड़ा वैराग्य हो गया, कहानी-किस्सों की भाँति विरक्ति हो आई—अनुपमा दिन-प्रतिदिन सूखने लगी, देख-सुनकर अनु की माता को मन-ही-मन चिंता होने लगी, एक ही तो लड़की है, उसे भी यह क्या हो गया? पूछने पर वह जो कुछ कहती, उसे कोई भी समझ नहीं पाता, ओठों की बात ओठों में रह जाती। अनु की माता फिर एक दिन जगबंधु बाबू से बोलीं, 'अजी, एक बार क्या ध्यान से नहीं देखोगे? तुम्हारी एक ही लड़की है, वह जैसे बिना इलाज के मरी जा रही है।'

जगबंधु बाबू चकित होकर बोले, 'क्या हुआ उसे?'

'सो कुछ नहीं जानती। डाक्टर आया था, देख-सुनकर बोला, 'बीमारी-वीमारी कुछ नहीं है।'

'तब ऐसी क्यों हुई जा रही है?' जगबंधु विरक्त होते हुए बोले, 'फिर हम किस तरह जानें?'

'तो मेरी लड़की मर ही जाए?'

'यह तो बड़ी कठिन बात है! ज्वर नहीं, खाँसी नहीं, बिना बात के ही यदि मर जाए, तो मैं किस तरह बचाए रहूँगा?' गृहिणी सूखे मुँह से बड़ी बहू के पास लौटकर बोली, 'बहू, मेरी अनु इस तरह क्यों घूमती रहती है?'

'किस तरह जानूँ माँ?'

'तुमसे क्या कुछ भी नहीं कहती?'

*जगबंधु बाबू चकित होकर बोले, 'क्या हुआ उसे?' 'सो कुछ नहीं जानती। डाक्टर आया था, देख-सुनकर बोला, 'बीमारी-वीमारी कुछ नहीं है।' 'तब ऐसी क्यों हुई जा रही है?' जगबंधु विरक्त होते हुए बोले, 'फिर हम किस तरह जानें?' 'तो मेरी लड़की मर ही जाए?' 'यह तो बड़ी कठिन बात है! ज्वर नहीं, खाँसी नहीं, बिना बात के ही यदि मर जाए, तो मैं किस तरह बचाए रहूँगा?' गृहिणी सूखे मुँह से बड़ी बहू के पास लौटकर बोली, 'बहू, मेरी अनु इस तरह क्यों घूमती रहती है?'*

'कुछ नहीं।'

गृहिणी प्राय: रो पड़ी, 'तब क्या होगा?' बिना खाए, बिना सोए, इस तरह सारे दिन बगीचे में कितने दिन घूमती-फिरती रहेगी और कितने दिन बचेगी? तुम लोग उसे किसी भी तरह समझाओ, नहीं तो मैं बगीचे के तालाब में किसी दिन डूब मरूँगी।'

बड़ी बहू कुछ देर सोचकर चिंतित होती हुई बोली, 'देख-सुनकर कहीं विवाह कर दो; गृहस्थी का बोझ पड़ने पर अपने आप सब ठीक हो जाएगा।'

'ठीक बात है, तो आज ही यह बात मैं पति को बताऊँगी।'

पति यह बात सुनकर थोड़ा हँसते हुए बोले, 'कलिकाल है! कर दो, ब्याह करके ही देखो, यदि ठीक हो जाए।' दूसरे दिन घटक आया। अनुपमा बड़े आदमियों की लड़की है, उस पर सुंदरी भी है; वर के लिए चिंता नहीं करनी पड़ी। एक सप्ताह के भीतर ही घटक महाराज ने वर निश्चित करके जगबंधु बाबू को समाचार दिया। पति ने यह बात पत्नी को बताई। पत्नी ने बड़ी बहू को बताई, क्रमश: अनुपमा ने भी सुनी।

दो-एक दिन बाद, एक दिन दोपहर के समय सब मिलकर अनुपमा के विवाह की बातें कर रहे थे। इसी समय वह खुले बाल, अस्त-व्यस्त वस्त्र किए, एक सूखे गुलाब के फूल को हाथ में लिए चित्र की भाँति आ खड़ी हुई। अनु की माता कन्या को देखकर तनिक हँसती हुई बोली, 'मेरी बेटी योगिनी बनी हुई है।' बड़ी बहू भी तनिक हँसती हुई बोली, 'ब्याह हो जाने पर यह सब कहीं अन्यत्र चला जाएगा। दो-एक लड़का-लड़की होने पर तो कोई बात ही नहीं!' अनुपमा चित्रलिखित की भाँति सब बातें सुनने लगी। बहू ने फिर कहा, 'माँ, ननदरानी के विवाह का दिन कब निश्चित हुआ है?'

*'दिन अभी कोई निश्चित नहीं हुआ।'*
*'ननदोईजी क्या पढ़ रहे हैं?'*
*'इस बार बी.ए. की परीक्षा देंगे।'*
*'तब तो बहुत अच्छा वर है।' इसके पश्चात् थोड़ा सा हँसकर मजाक करती हुई बोली, 'परंतु देखने में खूब अच्छा न हुआ, तो हमारी ननदजी को पसंद नहीं आएगा।*
*'क्यों पसंद नहीं आएगा? मेरा जमाई तो देखने में खूब अच्छा है!'*

'दिन अभी कोई निश्चित नहीं हुआ।'

'ननदोईजी क्या पढ़ रहे हैं?'

'इस बार बी.ए. की परीक्षा देंगे।'

'तब तो बहुत अच्छा वर है।' इसके पश्चात् थोड़ा सा हँसकर मजाक करती हुई बोली, 'परंतु देखने में खूब अच्छा न हुआ, तो हमारी ननदजी को पसंद नहीं आएगा।

'क्यों पसंद नहीं आएगा? मेरा जमाई तो देखने में खूब अच्छा है!'

इस बार अनुपमा ने कुछ गरदन घुमाई, थोड़ा सा हिलकर पाँव के नख से मिट्टी खोदने की भाँति लँगड़ाती-लँगड़ाती बोली, 'विवाह मैं नहीं करूँगी!' माँ ने अच्छी तरह न सुन पाने के कारण पूछा, 'क्या है बेटी?' बड़ी बहू ने अनुपमा की बात सुन ली थी। खूब जोर से हँसती हुई बोली, 'ननदजी कहती हैं, वे कभी विवाह नहीं करेंगी।'

'विवाह नहीं करेगी?'

'नहीं।'

'न करे!' अनु की माता मुँह बनाकर कुछ हँसती हुई चली गई। गृहिणी के चले जाने पर बड़ी बहू बोली, 'तुम विवाह नहीं करोगी?'

अनुपमा पूर्ववत् गंभीर मुँह किए बोली, 'किसी प्रकार भी नहीं!'

'क्यों?'

'चाहे जिसे हाथ पकड़ा देने का नाम ही विवाह नहीं है। मन का मिलन न होने पर विवाह करना भूल है!' बड़ी बहू चकित होकर अनुपमा के मुँह की ओर देखती हुई बोली, 'हाथ पकड़ा देना क्या बात होती है? पकड़ा नहीं देंगे, तो क्या लड़कियाँ स्वयं ही देख-सुनकर पसंद करने के बाद विवाह करेंगी?'

'अवश्य!'

'तब तो तुम्हारे मत के अनुसार, मेरा विवाह भी एक तरह की भूल हो गया? विवाह के पहले तो तुम्हारे भाई का नाम तक मैंने नहीं सुना था।'...

'सभी क्या तुम्हारी ही भाँति हैं?'

बहू एक बार फिर हँसकर बोली, 'तब क्या तुम्हारे मन का कोई आदमी मिल गया है?' अनुपमा बड़ी बहू के हास्य-विद्रूप से चिढ़कर अपने मुँह को पहले की अपेक्षा चौगुना गंभीर करती हुई बोली, 'भाभी, मजाक क्यों कर रही हो—यह क्या मजाक का समय है?'

'क्यों, क्या हो गया?'

'क्या हो गया? लो सुनो...' अनुपमा के मन को लगा, उसके सामने ही उसके पति का वध किया जा रहा है, अचानक कतलू खाँ के किले में, वध के मंच के सामने खड़े हुए विमला और वीरेंद्रसिंह का दृश्य उसके मन में जग उठा—अनुपमा ने सोचा, वे लोग जैसा कर सकते हैं, वैसा क्या वह भी नहीं कर सकती? सती स्त्री संसार में किसका भय करती है? देखते-देखते उसकी आँखें अनैसर्गिक प्रभा से धक्-धक् करके जल उठीं; देखते-देखते उसने आँचल को कमर में लपेटकर कमरबंद बाँध लिया। यह दृश्य देखकर बड़ी बहू तीन हाथ पीछे हट गई। क्षणभर में अनुपमा बगलवाले पलंग के पाये को अच्छी तरह जकड़कर आँखें ऊपर कर, चीत्कार करती हुई कहने लगी, 'प्रभु, स्वामी प्राणनाथ! संसार के सामने आज मैं मुक्त-कंठ से चीत्कार करती हूँ—तुम्हीं मेरे प्राणनाथ हो! प्रभु,

*बड़ी बहू चीत्कार करती हुई दौड़ती बाहर आ पड़ी, 'अरे, देखते हो, ननदरानी कैसा ढंग अपना रही हैं।' देखते-देखते गृहिणी भी दौड़ी आई। बहूरानी का चीत्कार बाहर तक जा पहुँचा था, 'क्या हुआ, क्या हुआ, क्या हो गया?' कहते गृह-स्वामी और उनके पुत्र चंद्रबाबू भी दौड़े आए। कर्त्ता-गृहिणी, पुत्र, पुत्रवधू और दास-दासियों से क्षणभर में घर में भीड़ हो गई। अनुपमा मूर्छित होकर खाट के समीप पड़ी हुई थी। गृहिणी रो उठी, 'मेरी अनु को क्या हो गया? डॉक्टर को बुलाओ, पानी लाओ, हवा करो,' इत्यादि। इस चीत्कार से आधे पड़ोसी घर में जमा हो गए।*

तुम मेरे हो, मैं तुम्हारी हूँ। यह खाट के पाये नहीं, ये तुम्हारे दोनों चरण हैं, मैंने धर्म को साक्षी करके तुम्हें पतिरूप में वरण किया है; इस समय भी तुम्हारे चरणों को स्पर्श करती हुई कह रही हूँ, 'इस संसार में तुम्हें छोड़कर अन्य कोई भी मुझे स्पर्श नहीं कर सकता। किसमें शक्ति है कि प्राण रहते हमें अलग कर सके। अरी माँ, जगत्-जननी··· !'

बड़ी बहू चीत्कार करती हुई दौड़ती बाहर आ पड़ी, 'अरे, देखते हो, ननदरानी कैसा ढंग अपना रही हैं।' देखते-देखते गृहिणी भी दौड़ी आई। बहूरानी का चीत्कार बाहर तक जा पहुँचा था, 'क्या हुआ, क्या हुआ, क्या हो गया?' कहते गृह-स्वामी और उनके पुत्र चंद्रबाबू भी दौड़े आए। कर्त्ता-गृहिणी, पुत्र, पुत्रवधू और दास-दासियों से क्षणभर में घर में भीड़ हो गई। अनुपमा मूर्छित होकर खाट के समीप पड़ी हुई थी। गृहिणी रो उठी, 'मेरी अनु को क्या हो गया? डॉक्टर को बुलाओ, पानी लाओ, हवा करो,' इत्यादि। इस चीत्कार से आधे पड़ोसी घर में जमा हो गए।

बहुत देर बाद आँखें खोलकर अनुपमा धीरे-धीरे बोली, 'मैं कहाँ हूँ?' उसकी माँ उसके पास मुँह लाती हुई स्नेहपूर्वक बोली, 'कैसी हो बेटी? तुम मेरी गोद में लेटी हो।'

अनुपमा दीर्घ निश्श्वास छोड़ती हुई धीरे-धीरे बोली, 'ओह, तुम्हारी गोद में? मैं समझ रही थी, कहीं अन्यत्र, स्वप्न-नाट्य में उनके साथ बही जा रही थी।' पीड़ा-विगलित अश्रु उसके कपोलों पर बहने लगे। माता उन्हें पोंछती हुई कातर-सवर में बोली, 'क्यों रो रही हो बेटी?'

अनुपमा दीर्घ निश्श्वास छोड़कर चुप रह गई। बड़ी बहू चंद्रबाबू को एक ओर बुलाकर बोली, 'सबको जाने को कह दो, अब कोई भी डर नहीं है, ननदरानी ठीक हो गई है।' क्रमशः सब लोग चले गए।

रात को बहू अनुपमा के पास बैठकर बोली, 'ननदरानी, किसके साथ विवाह होने पर तुम सुखी होओगी?' अनुपमा आँखें बंद करके बोली, 'सुख-दुःख मुझे कुछ नहीं

है, वे मेरे स्वामी हैं···।'

'सो तो समझती हूँ, परंतु वे कौन हैं?'

'सुरेश! मेरे सुरेश··।'

'सुरेश! राखाल मजूमदार के लड़के?'

'हाँ, वे ही!'

रात में ही गृहिणी ने यह बात सुनी। दूसरे दिन सवेरे ही मजूमदार के घर जा उपस्थित हुईं। बहुत सी बातों के बाद सुरेश की माता से बोलीं, 'अपने लड़के के साथ मेरी लड़की का विवाह कर लो।' सुरेश की माँ हँसती हुई बोलीं, 'बुरा क्या है!'

'बुरे-भले की बात नहीं, विवाह करना ही होगा!'

'तो सुरेश से एक बार पूछ आऊँ। वह घर में ही है, उसकी सम्मति होने पर पति को असहमति नहीं होगी।' सुरेश घर में रहकर उस समय बी.ए. की परीक्षा की तैयारी कर रहा था। एक क्षण उसके लिए एक वर्ष के समान था। उसकी माँ ने विवाह की बात कही, मगर उसके कान में भी नहीं पड़ी। गृहिणी ने फिर कहा, 'सुनो, तुझे विवाह करना होगा।' सुरेश मुँह उठाकर बोला, 'वह तो होगा ही! परंतु अभी क्यों? पढ़ने के समय ये सब बातें अच्छी नहीं लगतीं।' गृहिणी अप्रतिभ होकर बोली, 'नहीं नहीं, पढ़ने के समय क्यों? परीक्षा समाप्त हो जाने पर विवाह होगा।'

'कहाँ?'

'इसी गाँव में जगबंधु बाबू की लड़की के साथ।'

'क्या? चंद्र की बहन के साथ? जिसे मैं बच्ची कहकर पुकारता हूँ?'

'बच्ची कहकर क्यों पुकारेगा, उसका नाम अनुपमा है।'

सुरेश थोड़ा हँसकर बोला, 'हाँ अनुपमा! दुर वह? दुर, वह तो बड़ी कुत्सित है!'

'कुत्सित कैसे हो जाएगी? वह देखने में तो अच्छी है!'

'भले ही हो देखने में अच्छी! एक ही जगह ससुराल और पिता का घर होना, मुझे अच्छा नहीं लगता।'

*'इसी गाँव में जगबंधु बाबू की लड़की के साथ।'*

*'क्या? चंद्र की बहन के साथ? जिसे मैं बच्ची कहकर पुकारता हूँ?'*

*'बच्ची कहकर क्यों पुकारेगा, उसका नाम अनुपमा है।'*

*सुरेश थोड़ा हँसकर बोला, 'हाँ अनुपमा! दुर वह? दुर, वह तो बड़ी कुत्सित है!'*

*'कुत्सित कैसे हो जाएगी? वह देखने में तो अच्छी है!'*

*'भले ही हो देखने में अच्छी! एक ही जगह ससुराल और पिता का घर होना, मुझे अच्छा नहीं लगता।'*

'क्यों, उसमें और क्या दोष है?'

'दोष की बात का कोई मतलब नहीं! तुम इस समय जाओ माँ, मैं थोड़ा पढ़ लूँ, इस समय कुछ भी नहीं होगा!' सुरेश की माता लौट आकर बोलीं, 'सुरो तो एक ही गाँव में किसी प्रकार भी विवाह नहीं करना चाहता।'

'क्यों?'

'सो तो नहीं जानती!'

अनु की माता, मजूमदार की गृहिणी का हाथ पकड़कर कातर भाव से बोलीं, 'यह नहीं होगा बहन! यह विवाह तुम्हें करना ही पड़ेगा।'

'लड़का तैयार नहीं है; मैं क्या करूँ, बताओ?'

'न होने पर भी मैं किसी तरह नहीं छोड़ूँगी।'

'तो आज ठहरो, कल फिर एक बार समझा देखूँगी, यदि सहमत कर सकी।'···

अनु की माता घर लौटकर जगबंधु बाबू से बोलीं, 'उनके सुरेश के साथ हमारी अनुपमा का जिस तरह विवाह हो सके, वह करो!'

'पर क्यों, बताओ तो? राम गाँव में तो एक तरह से सब निश्चित हो चुका है! उस संबंध को तोड़ दोगी क्या?'

'कारण है।'

'क्या कारण है?'

'कारण कुछ नहीं, परंतु सुरेश जैसा रूप-गुण-संपन्न लड़का कहीं मिल सकता है? फिर, मेरी एक ही लड़की है, उसे दूर नहीं ब्याहूँगी। सुरेश के साथ विवाह होने पर, जब चाहूँगी, तब उसे देख सकूँगी।'

'अच्छा, प्रयत्न करूँगा!'

'प्रयत्न नहीं, निश्चित रूप से करना होगा!' पति नथ का हिलना-डुलना देखकर हँस पड़े। बोले—

'यही होगा जी!'

'संध्या के समय पति मजूमदार के घर से लौट आकर गृहिणी से बोले, 'वहाँ विवाह नहीं होगा।'···मैं क्या करूँ, बताओ! उनके तैयार न होने पर मैं जबरदस्ती तो उन लोगों के घर में लड़की को नहीं फेंक आऊँगा!'

'करेंगे क्यों नहीं?'

*'संध्या के समय पति मजूमदार के घर से लौट आकर गृहिणी से बोले, 'वहाँ विवाह नहीं होगा।'···मैं क्या करूँ, बताओ! उनके तैयार न होने पर मैं जबरदस्ती तो उन लोगों के घर में लड़की को नहीं फेंक आऊँगा!'*
*'करेंगे क्यों नहीं?'*
*'एक ही गाँव में विवाह करने का उनका विचार नहीं है।'*
*गृहिणी अपने मस्तक पर हाथ मारती हुई बोलीं, 'मेरे ही भाग्य का दोष है।'*

'एक ही गाँव में विवाह करने का उनका विचार नहीं है।'

गृहिणी अपने मस्तक पर हाथ मारती हुई बोलीं, 'मेरे ही भाग्य का दोष है।'

दूसरे दिन वह फिर सुरेश की माँ के पास जाकर बोलीं, 'दीदी, विवाह कर लो।'

'मेरी भी इच्छा है; परंतु लड़का किस तरह तैयार हो?'

'मैं छिपाकर सुरेश को और भी पाँच हजार रुपए दूँगी।'

रुपयों का लोभ बड़ा प्रबल होता है। सुरेश की माँ ने यह बात सुरेश के पिता को जताई। पति ने सुरेश को बुलाकर कहा, 'सुरेश, तुम्हें यह विवाह करना ही होगा!'

'क्यों?'

'क्यों, फिर क्यों? इस विवाह में तुम्हारी माँ का मत ही मेरा भी मत है, साथ-ही-साथ एक कारण भी हो गया है।'

सुरेश सिर नीचा किए बोला, 'यह पढ़ने-लिखने का समय है, परीक्षा की हानि होगी।'

'उसे मैं जानता हूँ बेटा! पढ़ाई-लिखाई की हानि करने के लिए तुमसे नहीं कह रहा हूँ। परीक्षा समाप्त हो जाने पर विवाह करो।'

'जो आज्ञा!'

अनुपमा की माता के आनंद की सीमा नहीं रही। फौरन यह बात उन्होंने पति से कही। मन के आनंद के कारण दास-दासी सभी को यह बात बताई। बड़ी बहू ने अनुपमा को बुलाकर कहा, 'यह लो! तुम्हारे मनचाहे वर को पकड़ लिया है।'

अनुपमा लज्जापूर्वक थोड़ा हँसती हुई बोली, 'यह तो मैं जानती थी!'

'किस तरह जाना? चिट्ठी-पत्री चलती थी क्या?'

'प्रेम अंतर्यामी है! हमारी चिट्ठी-पत्री हृदय में चला करती है।'

'धन्य हो, तुम जैसी लड़की!'

अनुपमा के चले जाने पर बड़ी बहू ने धीरे-धीरे मानो अपने आपसे कहा, 'देख-सुनकर शरीर जलने लगता है। मैं तीन बच्चों की माँ हूँ और यह आज मुझे प्रेम सिखाने आई है!'

□

# प्यार का परिणाम

श्री दुर्लभ बसु बहुत धन छोड़कर जब परलोक चले गए, तब उनका बीस वर्षीय एकमात्र पुत्र ललितमोहन उनकी श्राद्ध-शांति समाप्त कर, एक दिन स्कूल में जाकर मास्टर से बोला, 'मास्टरजी, मेरा नाम काट दीजिए!'

'क्यों बेटे?'

'व्यर्थ पढ़ने-लिखने से क्या होगा? जिसके लिए पढ़ा-लिखा जाता है, वह मेरे पास बहुत है—पिताजी मेरे लिए बहुत कुछ छोड़ गए हैं।'

मास्टर आँखें नचाकर कुछ हँसता हुआ बोला, 'तब और क्या चिंता है, अब खूब चरो-खाओ!' यहाँ आकर ललितमोहन का विद्याभ्यास समाप्त हो गया।

ललितमोहन की कच्ची उमर है, उस पर बहुत धन होने के कारण स्कूल छोड़ते ही बहुत से मित्र आ जुटे। क्रमशः तंबाकू, भाँग, गाँजा, शराब, गायक, गायिका इत्यादि ने एक के बाद एक करके ललितमोहन की बैठक को संपूर्ण कर दिया। इधर पितृ-संचित धन-राशि भी जल के समान लहरें खाती हुई, कल-कल करती हुई समुद्र की ओर बहकर चलने लगी। उसकी माँ ने रो-पीटकर बहुत कुछ समझाया, बहुत कुछ कहा, परंतु उसने उस पर कान भी नहीं दिया।

एक दिन लाल आँखें किए ललित अपनी माँ के पास आकर बोला, 'माँ, इसी समय मुझे पचास रुपए दो!' माँ बोली, 'मेरे पास तो एक भी पैसा नहीं है।' ललित दूसरी बार कुछ न कहकर एक कुल्हाड़ी ले आया और माँ के हाथ-बक्स को तोड़-फोड़कर पचास रुपए लेकर चल दिया। वह खड़ी-खड़ी सब देखती रही, परंतु कुछ भी कहा नहीं।

दूसरे दिन वह पुत्र के हाथ में लोहे के संदूक की चाबी देकर बोली, 'बेटा, यह लोहे के संदूक की चाबी लो, अपने 'बाप के रुपयों' को जिस तरह चाहो, खर्च करो, मैं बाधा देने नहीं आऊँगी; परंतु ईश्वर के समीप प्रार्थना करती हूँ कि मेरे चले जाने के बाद, तुम्हारी आँखें खुल जाएँ!'

ललित चकित होकर बोला, 'तुम कहाँ जाओगी?'

'सो नहीं जानती! आत्महत्या करके कहाँ जाना पड़ता है, इसे कोई नहीं जानता, तो भी यह सुना है कि सद्गति नहीं होती, पर करूँ भी क्या, मेरा भाग्य ही ऐसा है!'

'आत्महत्या करोगी?'

'अन्यथा और उपाय ही क्या है! तुम्हें पेट में धारणकर मुझे सब सुख मिल चुके! अब रोज-रोज तुम्हारी लात-फटकार खाने की अपेक्षा यमदूतों का अग्नि-कुंड अच्छा है।'

ललितमोहन अपनी माँ को पहचानता था। वह अच्छी तरह जानता था कि उसकी माँ झूठा भय दिखानेवाली स्त्री नहीं है। वह रोता हुआ धरती पर लोटकर माँ के पाँव पकड़ता हुआ बोला, 'माँ, तुम मुझे माफ करो, ऐसा काम अब कभी नहीं करूँगा। तुम यहीं रहो, तुम जाओ मत!'

जननी रुक्षभाव से बोली, 'यह कैसे होगा? तुम्हारे बंधु-बांधव, वे सब कहाँ जाएँगे?'

'मैं किसी को नहीं चाहता! मैं रुपया-पैसा, बंधु-बांधव कुछ भी नहीं चाहता, केवल तुम्हीं रहो।'

'तुम्हारी बात का विश्वास क्या?'

'क्यों माँ, मैं तुम्हारी संतान हूँ और फिर क्या मैंने अविश्वास का कोई काम कभी किया है? तुम यहाँ रहकर अपनी इच्छा से जो दोगी, उससे अधिक एक पैसा भी नहीं चाहूँगा।'

'इच्छानुसार तो तुम्हें एक भी पैसा देने की इच्छा नहीं होती, क्योंकि, एक-डेढ़ वर्ष के भीतर ही तुमने जितना रुपया उड़ाया है, उसका आधा भी कभी तुम अपने जीवन में पैदा नहीं कर सकते!'

'तुम मुझे कुछ भी मत देना।'

जननी कोमल हो गई, 'नहीं, यह तुम नहीं सह सकोगे! मैं भी ऐसा नहीं चाहती। कहो, महीने में सौ रुपया पाने से तुम्हारा काम चल जाएगा क्या?'

*'इच्छानुसार तो तुम्हें एक भी पैसा देने की इच्छा नहीं होती, क्योंकि, एक-डेढ़ वर्ष के भीतर ही तुमने जितना रुपया उड़ाया है, उसका आधा भी कभी तुम अपने जीवन में पैदा नहीं कर सकते!'*

*'तुम मुझे कुछ भी मत देना।'*

*जननी कोमल हो गई, 'नहीं, यह तुम नहीं सह सकोगे! मैं भी ऐसा नहीं चाहती। कहो, महीने में सौ रुपया पाने से तुम्हारा काम चल जाएगा क्या?'*

'अच्छी तरह!'

'तब ऐसा ही होगा!'

दो-एक दिन के भीतर ही उसके सारे बंधु-बांधव एक-एक करके खिसकने लगे। ललितमोहन दो-एक के घर भी बुलाने गया, किसी ने कहा, 'कल आऊँगा—' किसी ने कहा, 'आज काम है!' फलतः फिर कोई नहीं आया। अब वह बिल्कुल अकेला है।

अकेला शराब पीता है, अकेला घूमता-फिरता है। एक बार मन में सोचा, अब शराब नहीं पिऊँगा, परंतु समय किस तरह कटेगा? अतः शराब नहीं छूट सकी।

एक ही रास्ते पर वह प्रायः घूमा करता था। यह मार्ग जगबंधु बाबू के मकान के बगीचे के बगल में होकर अपेक्षाकृत निर्जन था। अतः शराब पीकर इसी जगह घूमने में अधिक सुविधा थी। शराबी कहकर उसकी गाँव में कुख्याति थी, किसी के घर जाना उसे भी अच्छा नहीं लगता था, इसलिए शराब पीकर अपने साथ स्वयं ही (अकेला ही) घूमता रहता।

आजकल उसका साथी एक व्यक्ति और हो गया है—वह अनुपमा है! आते-जाते वह प्रायः देखता है, उसी की भाँति अनुपमा भी बगीचे के भीतर अकेली घूमती रहती है! अनुपमा को वह बचपन से देखता आ रहा है, परंतु आजकल उसमें जैसे कुछ नवीनता दिखाई पड़ती है! जगबंधु बाबू के बगीचे की दीवार का एक हिस्सा टूट गया था, वहीं एक वृक्ष के समीप खड़ा होकर वह देखता है—अनुपमा बगीचे भर में घूमती-फिरती है, कभी वह वृक्ष के नीचे बैठकर माला गूँथती है, कभी फूल तोड़ती है, कभी-कभी सरोवर के पानी में दोनों पाँव डालकर छोटी बच्ची की भाँति क्रीडा करती है। देखने में उसे अच्छा लगता, इधर-उधर बिखरे हुए केश, लापरवाही से रखी जानेवाली सरलता, अस्त-व्यस्त वस्त्राभूषण और सबके ऊपर सुंदर मुँह, उसकी शराबी आँखों को किसी कमल जैसा लगता था। कभी-कभी उसे लगता—संसार में वह सबकी अपेक्षा अनुपमा को अधिक प्यार करता है। रात होने पर वह घर जाकर सो जाता, मगर जब तक नींद नहीं आती, तब तक अनुपमा का मुख ही याद आता रहता। स्वप्न में भी कभी-कभी उसका अनिंद्य, सुंदर मुख-मंडल हृदय में जगमगा उठता।

*इसी तरह कितने ही दिन बीत गए, जगबंधु बाबू के उद्यान के उस भग्न अंश पर शाम से ही बैठे रहना, आजकल उसका नित्य-कर्म हो गया है। वह बालक नहीं है, थोड़े दिनों में ही समझ गया कि अनुपमा को वह सचमुच ही बहुत अधिक प्यार कर उठा है, परंतु इस तरह के प्यार से कोई लाभ नहीं, वह जानता है, वह शराबी है, वह अयोग्य और मूर्ख है, वह सबके लिए घृणित प्राणी है, अनुपमा के लिए किसी प्रकार योग्य पात्र नहीं है।*

इसी तरह कितने ही दिन बीत गए, जगबंधु बाबू के उद्यान के उस भग्न अंश पर शाम से ही बैठे रहना, आजकल उसका नित्य-कर्म हो गया है। वह बालक नहीं है, थोड़े दिनों में ही समझ गया कि अनुपमा को वह सचमुच ही बहुत अधिक प्यार कर उठा है, परंतु इस तरह के प्यार से कोई लाभ नहीं, वह जानता है, वह शराबी है, वह अयोग्य

और मूर्ख है, वह सबके लिए घृणित प्राणी है, अनुपमा के लिए किसी प्रकार योग्य पात्र नहीं है—सौ प्रयत्न करने पर भी उसे पाना संभव नहीं है, तब फिर इस तरह मन खराब करने से क्या लाभा ? कल से फिर नहीं आएगा, परंतु वह रह नहीं पाता—सूर्यास्त होते ही वह शराब पीकर, टूटी हुई दीवार के ऊपर आ बैठता, तो भी उसके मन में एक बात थी, मैं किसी को प्यार करूँ, वह भी मुझे क्यों नहीं करेगा ? परंतु सचमुच ही यह बात प्रमाणित नहीं की जा सकती।

× × × ×

एक दिन ललितमोहन दीवार पर चढ़ा ही था कि इसी समय चंद्रबाबू ने देख लिया।

उन्होंने दरबान को पुकारकर कहा, '···को पकड़ो !' दरबान पहले तो समझ नहीं सका; किसे पकड़ना है, फिर जब समझा तो ललितबाबू को सलाम करके तीन हाथ पीछे हटकर खड़ा हो गया। चंद्रबाबू दुबारा चीत्कार करते हुए बोले, '···को पकड़कर थाने में दे दो !'

दरबान आधी बंगला और आधी हिंदी में बोला, 'हाम नेहि पारबे बाबू !' ललितमोहन उसी क्षण धीरे-धीरे दीवार से उतरकर चला गया। उसके चले जाने पर चंद्रबाबू बोले, 'काहे नहीं पकड़ा उसे ?' दरबान चुप रह गया। एक माली ललित को अच्छी तरह पहचानता था, वह बोला, 'उस बेटा भोजपुरी की क्या ताकत है, जो ललितबाबू को पकड़े ? उस-जैसे चार दरबानों का माथा उसके एक ही घूँसे से फट जाएगा !' दरबान ने भी उसे अस्वीकार नहीं किया, बोला, 'बाबू, नौकरी करने आया है कि जान देने आया है ?'

परंतु चंद्रबाबू छोड़ देनेवाले व्यक्ति नहीं हैं। उन्हें ललित के ऊपर पहले से ही बहुत गुस्सा था, अब समय पाकर, साक्षी एकत्रकर उन्होंने अनधिकार प्रवेश एवं और भी कितने ही अपराधों की अदालत में नालिश कर दी। जगबंधु बाबू और उनकी पत्नी, दोनों ने मुकद्दमा चलाने को मना किया, परंतु चंद्रनाथ किसी तरह न माना। विशेष मर्मपीड़िता अनुपमा जिद करके बोली, 'पापी को दंड दिए बिना, मेरा मन किसी तरह भी सुस्थिर नहीं होगा !'

इंस्पेक्टर ने घर आकर अनुपमा का बयान लिया। अनुपमा ने सब बातें ठीक-ठीक कहीं। अंत में यही हुआ कि ललित की माता, बहुत धन खर्च करके भी अपने पुत्र को किसी तरह नहीं बचा सकीं। ललितमोहन को तीन वर्ष सश्रम-कारावास का दंड मिल गया।

× × × ×

बी.ए. की परीक्षा का परिणाम निकल गया। सुरेशचंद्र मजूमदार सर्वप्रथम आए। गाँव भर में तारीफ के पुल बँधने लगे। अनुपमा की माँ के आनंद की सीमा न रही। प्रसन्न

होकर उन्होंने सुरेश की माता के पास जाकर कहा, 'अपनी बात आप नहीं कहनी चाहिए, परंतु देखो एकदम मेरी लड़की का सौभाग्य!'

सुरेश की माँ हँसकर बोली, 'सो तो देख रही हूँ!'

'एक बार विवाह हो जाने दो, उसके बाद देखना तुम्हारा लड़का राजा होगा! अनुपमा जब जन्मी थी, तब एक ज्योतिषी ने आकर हिसाब लगाते हुए कहा था कि यह लड़की रानी होगी। इतने सुख में कोई कभी नहीं रही होगी भी नहीं—जितना सुख तुम्हारी लड़की को मिलेगा!'

'किसने कहा था?'

'एक संन्यासी ने!'

'परंतु तुम अपने जमाई के लिए एक मकान तो खरीद दो!'

'क्यों नहीं खरीदूँगी? चंद्र को मैं अपने पेट का लड़का ही समझती हूँ, परंतु अनु को भी तो पिता की आधी संपत्ति मिलनी चाहिए, मैं जीवित रही तो पाएगी भी!'

*'एक बार विवाह हो जाने दो, उसके बाद देखना तुम्हारा लड़का राजा होगा! अनुपमा जब जन्मी थी, तब एक ज्योतिषी ने आकर हिसाब लगाते हुए कहा था कि यह लड़की रानी होगी। इतने सुख में कोई कभी नहीं रही होगी भी नहीं—जितना सुख तुम्हारी लड़की को मिलेगा!'*
*'किसने कहा था?'*
*'एक संन्यासी ने!'*
*'परंतु तुम अपने जमाई के लिए एक मकान तो खरीद दो!'*
*'क्यों नहीं खरीदूँगी? चंद्र को मैं अपने पेट का लड़का ही समझती हूँ, परंतु अनु को भी तो पिता की आधी संपत्ति मिलनी चाहिए, मैं जीवित रही तो पाएगी भी!'*

'यही हो! वे दोनों राजा-रानी बनकर सुख से रहें और हम लोग वह देखकर ही मरें!'

'दो दिन बाद राखाल मजूमदार पुत्र को बुलाकर बोले, 'इसी बैसाख में तुम्हारा विवाह करना स्थिर किया है।'

'अभी विवाह हो, ऐसी मेरी बिल्कुल इच्छा नहीं है!'

'क्यों?'

'मुझे 'गिलक्रिस्ट स्कॉलरशिप' मिला है। इससे मैं चाहूँ तो विलायत पढ़कर आ सकता हूँ।'

'तुम विलायत जाओगे?'

'इच्छा है!'

'पढ़-पढ़कर तुम्हारा माथा खराब हो गया है। ऐसी बात मुँह पर कभी मत लाना!'

'बिना पैसे के जब यह सुविधा मिली है, तब इसमें दोष क्या है?'

राखाल बाबू इस बात से एकदम गरम हो उठे, 'नास्तिक बेटा! दोष क्या है?

दूसरे के पैसे से यदि विष मिले, तो क्या खाया जाएगा?'

'उस बात और इस बात में बहुत अंतर है!'—

'अंतर फिर कहाँ है? एक ओर जाति खोना, म्लेच्छ होना और दूसरी ओर विष-भोजन ठीक एक बात नहीं है क्या? दोनों के सिरे नहीं मिल गए क्या?'

सुरेश फिर कोई प्रतिवाद न कर, चुपचाप चला गया। उसके चले जाने पर राखाल बाबू अपने आप हँसते हुए बोले, 'बेटा, दो पन्ने अंग्रेजी के पढ़कर मेरे साथ तर्क करने आता है! कैसी बात कही, दूसरे के पैसे से विष मिले, तो क्या खाया जाएगा? बेटा फिर दूसरी बात नहीं कह सका। इस अकाट्य युक्ति को भला वह काट सकता था!'

विवाह की सब बातें निश्चित हो जाने पर बड़ी बहू ने एक दिन अनुपमा से कहा, 'क्योंजी, वर की प्रशंसा तो सारे गाँव में ही नहीं समाती।'

अनुपमा मृदु कंठ से मुसकराती हुई बोली, 'जितनी स्त्री सती-साध्वी है, उसके लिए संसार में सुख के सभी मार्ग खुले हुए हैं!'

'परंतु अभी तो विवाह हुआ नहीं लल्ली!'

'विवाह हमारा बहुत पहले ही हो गया! संसार चाहे न जाने, परंतु हृदय-ही-हृदय में बहुत पहले से ही हमारा पूर्ण मिलन हो चुका है।'

बड़ी बहू कुछ हँस गई, होंठों को थोड़ा सिकोड़कर तनिक रुकती हुई बोली, 'यह बात और कहीं मत कहना! मैं तो बूढ़ी औरत हूँ, मुझसे कहना तो दूर की बात है, इस तरह की बात सुनने में भी लज्जा आती है, सब बातों में तुम जैसे थियेटर में एक्टिंग करती हो। ऐसा करने से लोग तुम्हें पागल कहेंगे।'

'मैं प्रेम की पागल हूँ भी तो…'

*विवाह की सब बातें निश्चित हो जाने पर बड़ी बहू ने एक दिन अनुपमा से कहा, 'क्योंजी, वर की प्रशंसा तो सारे गाँव में ही नहीं समाती।'*
*अनुपमा मृदु कंठ से मुसकराती हुई बोली, 'जितनी स्त्री सती-साध्वी है, उसके लिए संसार में सुख के सभी मार्ग खुले हुए हैं!'*
*'परंतु अभी तो विवाह हुआ नहीं लल्ली!'*
*'विवाह हमारा बहुत पहले ही हो गया! संसार चाहे न जाने, परंतु हृदय-ही-हृदय में बहुत पहले से ही हमारा पूर्ण मिलन हो चुका है।'*

## विवाह

आज बैसाख शुक्ला पंचमी है। अनुपमा के विवाह के उत्सव में आज गाँव में धूमधाम हो रही है। जगबंधु बाबू के मकान में आज भीड़ नहीं समाती। कितने ही लोग आ रहे हैं, कितने ही लोग चीख-पुकार कर रहे हैं। कहीं खाने-पीने की छटा है, कहीं वाद्यगायन की धूम है। ज्यों-ज्यों संध्या होने लगी, त्यों-त्यों धूमधाम भी बढ़ चली। संध्या के लग्न में ही विवाह है, अब वर भी आनेवाला ही है, सभी उत्साह से मुँह उठाए हुए हैं, परंतु वर कहाँ? राखाल बाबू के मकान में संध्या से पहले चीख-पुकार मच उठी है, 'सुरेश कहाँ गया?' यहाँ भी ढूँढ़, वहाँ भी ढूँढ़—इधर देख, उधर देख, परंतु कोई भी सुरेश को ढूँढ़कर बाहर नहीं निकाल सका। कुसंवाद पहुँचने में विलम्ब नहीं होता, वज्राग्नि की भाँति यह बात जगबंधु बाबू के मकान तक भी उड़कर आ पहुँची। घर के सभी लोग माथे पर हाथ रखकर बैठ गए—यह क्या बात है?

आठ बजे के समय विवाह का लगन था, परंतु नौ बज चले, कहीं भी वर की खोज-खबर नहीं मिल सकी। जगबंधु बाबू सिर धुनते हुए इधर से उधर फिरने लगे। गृहिणी रोती हुई उन्हीं के पास आ गिरीं, 'क्या होगा जी?' पति की उस समय अर्द्ध-विक्षिप्तावस्था थी। वे चिल्लाते हुए कह उठे, 'होगा मेरा श्राद्ध और क्या होगा? इस अभागी लड़की के लिए वृद्धावस्था में मेरा मान गया, यश गया, जाति गई; अब से अकेले घर में रहना पड़ेगा! न जाने क्यों, मरते हुए वृद्धावस्था में तुमसे दूसरा ब्याह किया, तुम्हारे ही कारण आज यह अपमान हुआ। शास्त्र भी कहते हैं, स्त्री-बुद्धि प्रलयंकारी! तुम्हारी बातें मानकर मैंने अपने शरीर में स्वयं कुल्हाड़ी मार ली। जाओ, अपनी लड़की को लेकर मेरे सामने से दूर हो जाओ।'

आह! गृहिणी के दु:ख का वर्णन करने की जरूरत नहीं। इस ओर यह और उस ओर एक और विपत्ति; अनुपमा पल-पल पर बेहोश हो रही है।

इधर रात बढ़ती चली जा रही है—दस, ग्यारह, बारह करके क्रमशः एक-दो बज गए, परंतु कहीं भी सुरेश का पता नहीं चला।

सुरेश मिले या न मिले, परंतु अनुपमा का विवाह करना ही होगा! क्योंकि रात को विवाह

*आह! गृहिणी के दु:ख का वर्णन करने की जरूरत नहीं। इस ओर यह और उस ओर एक और विपत्ति; अनुपमा पल-पल पर बेहोश हो रही है।*

*इधर रात बढ़ती चली जा रही है—दस, ग्यारह, बारह करके क्रमशः एक-दो बज गए, परंतु कहीं भी सुरेश का पता नहीं चला।*

*सुरेश मिले या न मिले, परंतु अनुपमा का विवाह करना ही होगा! क्योंकि रात को विवाह न होने पर जगबंधु बाबू की जाति चली जाएगी।*

न होने पर जगबंधु बाबू की जाति चली जाएगी।

रात के प्राय: तीन बजे के समय, पचास वर्षीय कास-रोगी रामदुलाल दत्त को मुहल्ले के पाँच व्यक्ति; जगबंधु बाबू के हितैषी बंधु, दूल्हे के वेश में खड़ा करके ले आए।

अनुपमा ने जब सुना, इस तरह उसकी बलि देने का उद्योग हो रहा है, तब बेहोशी छोड़कर माँ के पाँवों में गिर पड़ी; ओ माँ! मेरी रक्षा करो, इस तरह मेरे गले पर छुरी मत रखो। यह विवाह होने पर मैं अवश्य ही आत्महत्या कर लूँगी!' माँ रोती हुई बोली, 'मैं क्या करूँ बेटी!' मुँह से चाहे न कहा जा सके, कन्या के दु:ख और आत्मग्लानि से उनका हृदय फटा जा रहा है; अत: वे रोती-पीटती फिर पति के पास आ पहुँची, 'सुनो, एक बार फिर सोच लो, यह विवाह करने पर मेरी लड़की विष खा लेगी!' पति कोई बात न कहकर एकदम अनुपमा के पास आकर गंभीर भाव से बोले, 'उठो, सबेरा हुआ जाता है!'

'कहाँ चलूँ पिताजी!'

'इसी समय कन्यादान करूँगा!'

अनुपमा रो पड़ी, पिताजी, मुझे मार डालो, मैं विष खा लूँगी।'

'जो इच्छा हो, कल खाना बेटी, आज विवाह करके अपनी जाति बचा लूँ, उसके बाद जो खुशी हो, करना! विष खाना, पानी में डूब मरना; मैं एक बार भी नहीं रोकूँगा।' कैसी दारुण बात है! इस बार सचमुच ही अनुपमा का हृदय तक सिहर उठा, 'पिताजी, मेरी रक्षा करो!' कैसी कातरोक्ति, कैसा क्रंदन; परंतु किसी बात से काम नहीं चला। दृढ-प्रतिज्ञ जगतबाबू ने उसी रात में वृद्ध रामदुलाल दत्त के हाथों अनुपमा का दान कर दिया।

***'जो इच्छा हो, कल खाना बेटी, आज विवाह करके अपनी जाति बचा लूँ, उसके बाद जो खुशी हो, करना! विष खाना, पानी में डूब मरना; मैं एक बार भी नहीं रोकूँगा।' कैसी दारुण बात है! इस बार सचमुच ही अनुपमा का हृदय तक सिहर उठा, 'पिताजी, मेरी रक्षा करो!' कैसी कातरोक्ति, कैसा क्रंदन; परंतु किसी बात से काम नहीं चला। दृढ-प्रतिज्ञ जगतबाबू ने उसी रात में वृद्ध रामदुलाल दत्त के हाथों अनुपमा का दान कर दिया।***

बहुत समय से पत्नी-हीन वृद्ध रामदुलाल का, अपना कहने के लिए संसार में और कोई नहीं था। दो पुराने ईंट के बने कमरे, एक साग-सब्जी का बगीचा, यही दत्तजी की सांसारिक संपत्ति थी। बड़े कष्ट से उनके दिन गुजरते थे। विवाह करके दूसरे दिन वे अनुपमा को घर ले आए। साथ-ही-साथ बहुत सी खाद्य-सामग्री आई, बहुतेरे दास-दासी आए, कोई भी कष्ट नहीं, छह-सात दिन उनके बड़े सुख से बीत गए। ससुर बड़े आदमी हैं, फिर उन्हें कोई भी चिंता नहीं, विवाह करके उनका भाग्य बदल गया! परंतु अनुपमा की बात अलग है और दो दिन

*अनुपमा को याद आया—एक अन्य दिन भी वह इसी जगह मरने आई थी, उसे भी अधिक दिन नहीं हुए। तब वह मर नहीं सकी, न जाने किस एक व्यक्ति ने पकड़ लिया था। आज वह कहाँ है? जेलखाने में सजा काट रहा है। किस अपराध में? केवल यही तो कहने आया था कि वह उसे प्यार करता है। किसने उसे जेल भेजा? चंद्रबाबू ने! क्यों? उसे 'देख नहीं सकते' कहकर, उसे शराबी कहकर। परंतु अनुपमा क्या बचा नहीं सकती थी? बचा सकती थी, परंतु वैसा किया नहीं, अपितु जेल भिजवाने में सहायता ही की।*

रहकर वह अपने पिता के घर लौट आई। उस समय उसका मुँह देखकर दास-दासियों ने भी चुपचाप आँखें पोंछ लीं।

'घर आकर प्राण त्याग दूँगी,' यह निश्चय अनुपमा ने पति के घर में ही कर रखा था। इस बार उसे सचमुच मरने की इच्छा हुई। बहुत रात बीते, सब लोगों के सो जाने पर वह चुपचाप खिड़की के दरवाजे खोलकर तालाब के तट पर आ बैठी—आज उसे मरना होगा, मुँह से मरना नहीं, कार्यरूप में मरना पड़ेगा! अनुपमा को याद आया—एक अन्य दिन भी वह इसी जगह मरने आई थी, उसे भी अधिक दिन नहीं हुए। तब वह मर नहीं सकी, न जाने किस एक व्यक्ति ने पकड़ लिया था। आज वह कहाँ है? जेलखाने में सजा काट रहा है। किस अपराध में? केवल यही तो कहने आया था कि वह उसे प्यार करता है। किसने उसे जेल भेजा? चंद्रबाबू ने! क्यों? उसे 'देख नहीं सकते' कहकर, उसे शराबी कहकर। परंतु अनुपमा क्या बचा नहीं सकती थी? बचा सकती थी, परंतु वैसा किया नहीं, अपितु जेल भिजवाने में सहायता ही की। आज उसने सोचा, ललित सचमुच ही मुझे प्यार करता था? शायद करता था, शायद नहीं करता था, न करता हो, परंतु उसे दंडित करके मुझे क्या इष्ट-सिद्धि हई? जेल में पत्थर तोड़ रहा होगा, कोल्हू चला रहा होगा और भी कितने ही नीच काम करने पड़ते होंगे, इससे शायद चंद्रबाबू को लाभ हुआ, परंतु उसे क्या? वह दंडित न होने पर क्या उसे पा सकता था। उसने मन की आँखों से देखा—वे इस समय मन में आनंदित होकर, अपनी उन्नति के लिए जहाज पर चढ़कर विलायत जा रहे हैं। अनुपमा वहीं बैठी, बहुत देर तक सोचती-रोती रही; तदुपरांत पानी में घुस गई, घुटने तक, छाती, गले तक करके क्रमशः डुबान पानी में आ पहुँची। आधी मिनट तक पानी की तलहटी में रहकर, बहुत सा पानी पीकर वह फिर ऊपर उठ आई, दोबारा डुबकी लगाई, फिर ऊपर उछल आई। वह अपने तैरती रहने का कारण जानती थी कि उस संपूर्ण तालाब में तन्न-मन्न करके भी कहीं डूबने योग्य जल नहीं मिलेगा। बहुत बार डुबकी लगाई, बहुत पानी भी पिया, परंतु किसी भी तरह एकदम डूब नहीं पाई। उसने देखा—मरने का स्थिर संकल्प करके भी, डुबकी लगाने पर

श्वास अटक जाने का उपक्रम होते ही श्वास लेने के लिए उसे ऊपर उठ आना होता है। इस तरह ताल में तैरते रहकर, प्राय: रात्रि की समाप्ति में जब वह अपने क्लांत अवसन्न, निर्जीव शरीर को किसी प्रकार खींचकर सीढ़ियों पर आई, तो देखा—किसी भी अवस्था अथवा किसी भी कारण से हो, इस तरह धीरे-धीरे करके प्राण त्यागना बहुत सरल बात नहीं है। पहले वह विरह-व्यथा से जर्जर होकर पूरा कार्यक्रम बनाकर दिन में सौ बार मरने जाती थी, तब सोचती थी प्राणों को रखना, न रखना नायक-नायिकाओं की मुट्ठी में रहता है; परंतु आज सारी रात अपने प्राणों के साथ खींचतान करके भी वह उन्हें बाहर नहीं निकाल सकी। आज वह अच्छी तरह समझ गई। उसके जनम की भाँति, विदा होना भी उसकी ग्यारह वर्षीय विरह-व्यथा से भी संभव नहीं है।

सवेरे के समय जब वह घर आई, तब उसका संपूर्ण शरीर ठंड से काँप रहा था, माँ ने पूछा, 'अनु, इतने सवेरे ही नहा आई बेटी ?' अनु ने गरदन झुकाकर जताया, 'हाँ!'

इधर दत्त महाशय ने एक प्रकार से, चिरस्थायी रूप से श्वसुर के घर में आश्रय ग्रहण कर लिया। पहले-पहले उन्हें जमाई होने का बड़ा आदर मिला, परंतु क्रमश: वह भी कम होने लगा। घर का प्राय: कोई भी व्यक्ति उन्हें देख नहीं सकता था, चंद्रबाबू हर बात में उनका मजाक बनाते, अपदस्थ-लांछित हैं—उसका एक कारण भी था, एक तो चंद्रबाबू का हृदय हिंसक वृत्ति का था; उस पर फिर अकर्मण्य जमाई होने से, जगबंधु बाबू उन्हें कुछ धन-संपत्ति दे जाएँगे, सब यही सोचते हैं, इसीलिए अनुपमा कभी नहीं आती, सास भी कभी इस संबंध में चिंता नहीं करती तो भी रामदुलाल के दिन आनंद से कटने लगे। सम्मान और आत्मीयता के लिए वे कोई विशेष चिंता नहीं करते, जो मिलता, उसी से संतुष्ट हो जाते। उसके अलावा दोनों समय संतोषजनक भोजन मिलता था। वृद्धावस्था में दत्त महाशय इसी को यथेष्ट समझ लेते, परंतु उनके सुखभोग करने के अधिक दिन भी नहीं बचे थे। एक तो जीर्ण-शीर्ण शरीर, उस पर पुराना मित्र काम-रोग बहुत दिनों से उनके शरीर में आसन ग्रहण किए बैठा

*घर का प्राय: कोई भी व्यक्ति उन्हें देख नहीं सकता था, चंद्रबाबू हर बात में उनका मजाक बनाते, अपदस्थ-लांछित हैं—उसका एक कारण भी था, एक तो चंद्रबाबू का हृदय हिंसक वृत्ति का था; उस पर फिर अकर्मण्य जमाई होने से, जगबंधु बाबू उन्हें कुछ धन-संपत्ति दे जाएँगे, सब यही सोचते हैं, इसीलिए अनुपमा कभी नहीं आती, सास भी कभी इस संबंध में चिंता नहीं करती तो भी रामदुलाल के दिन आनंद से कटने लगे। सम्मान और आत्मीयता के लिए वे कोई विशेष चिंता नहीं करते, जो मिलता, उसी से संतुष्ट हो जाते।*

था—प्रतिवर्ष शीतकाल में उन्हें स्वर्ग ले जाने के लिए, खींचतान करता। इस बार भी वह शीतकाल में बड़ी खींचतान करने लगा। जगबंधु बाबू ने देखा–यक्ष्मा ने रामदुलाल की अस्थि–मज्जा की प्रत्येक गाँठ को खोल डाला है। देहात में उनकी ठीक चिकित्सा नहीं हो सकती, यह जानकर उन्हें कलकत्ता भेज दिया। वहाँ कुछ दिनों तक अच्छे इलाज के बाद, सती–साध्वी अनुपमा के कल्याण के लिए दो वर्ष बीतते–न–बीतते रामदुलाल सानंद यह संसार त्यागकर चले गए।

## वैधव्य

अनुपमा थोड़ा–बहुत रोई। पति के मरने पर बंगाली लड़कियों को रोना पड़ता है, इसी से रोई। तदुपरांत स्वेच्छा से उसने सफेद कपड़े पहनकर समस्त अलंकार उतार दिए। माँ रोती–रोती बोली, 'अनु, तेरा यह वेश तो मैं आँखों से नहीं देख सकती और कुछ नहीं तो हाथों में एक जोड़ी कड़े ही पहने रह।'

'नहीं होगा, विधवाएँ आभूषण नहीं पहनतीं!'

'पर तू तो छोटी बच्ची है!…'

'सो भले हो, बंगालियों की लड़की विधवा हो जाने पर छोटी–बड़ी एक हो जाती हैं।' माता और क्या कहतीं? केवल रोने लगीं। दो–एक वर्ष में ही वह विधवा हो जाएगी, इसे सभी जानते थे। किसी ने कहा, 'मुर्दे के साथ विवाह करने पर कौन सधवा रह सकती है?' पिता भी इस बात को जानते थे, इसी से उन्हें कोई विशेष शोक नहीं हुआ। जो होना था, वह तो विवाह की रात में ही हो गया था, पति को प्यार नहीं करती थी, जानती नहीं थी, सुना नहीं था; तो भी अनुपमा कठोर वैधव्य–व्रत का पालन करने लगी। रात में पानी नहीं छूती, दिन में एक मुट्ठी अपने हाथ से पका लेती। एकादशी के दिन निर्जल व्रत रखती। आज पूर्णिमा है, कल अमावस्या है, परसों शिवरात्रि है, इस तरह महीने के पंद्रह दिनों में वह कुछ नहीं खाती। किसी से कोई बात करने पर कहती, 'मेरा इहलोक गया, अब परलोक

*आज पूर्णिमा है, कल अमावस्या है, परसों शिवरात्रि है, इस तरह महीने के पंद्रह दिनों में वह कुछ नहीं खाती। किसी से कोई बात करने पर कहती, 'मेरा इहलोक गया, अब परलोक के लिए कुछ करने दो।' परंतु इतना सहेगी कैसे? उपवास से, अनियम से अनुपमा सूखकर आधी रह गई। देख–देखकर गृहिणी ने सोचा, इस बार वह मर ही जाएगी! पिता ने भी सोचा—यह कोई विचित्र बात न होगी!…उन्होंने एक दिन स्त्री को बुलाकर कहा, 'अनु का फिर विवाह कर दिया जाए।' गृहिणी ने चकित होकर पूछा, 'फिर क्या होगा? धर्म चला जाएगा सो?'*

के लिए कुछ करने दो।' परंतु इतना सहेगी कैसे? उपवास से, अनियम से अनुपमा सूखकर आधी रह गई। देख-देखकर गृहिणी ने सोचा, इस बार वह मर ही जाएगी! पिता ने भी सोचा—यह कोई विचित्र बात न होगी!···उन्होंने एक दिन स्त्री को बुलाकर कहा, 'अनु का फिर विवाह कर दिया जाए।' गृहिणी ने चकित होकर पूछा, 'फिर क्या होगा? धर्म चला जाएगा सो?'

'बहुत कुछ सोचकर देखा है, दुबारा विवाह कर देने से धर्म नहीं जाता। विवाह के साथ धर्म का, इस मामले में कोई संबंध नहीं है अपितु अपनी कन्या का इस तरह खून कर देने से, धर्म-हानि की संभावना अधिक है।'

'तो कर दो!'

परंतु अनुपमा इस बात को सुनकर गरदन हिलाती हुई दृढ स्वर में बोली, 'यह नहीं हो सकता है!'

तब पिता ने स्वयं अनुपमा को बुलाकर कहा, 'खूब होगा बेटी!'

'तब तो मेरा इहलोक और परलोक, दोनों लोक चले जाएँगे।'

'कुछ नहीं जाता, नहीं जाएगा, अपितु न होने पर ही जाने की संभावना है। मन में सोचो, तुम यदि गुणवान पति को पाओगी, तो दोनों लोकों का लाभ कर सकोगी।'

'अकेले क्या नहीं हो सकता?'

'नहीं बेटी, नहीं हो सकता! अंततः बंगालियों के घरों की लड़कियों द्वारा नहीं होता। धर्म-कर्म की बात छोड़ दो, कोई एक सामान्य काम करने पर भी उसमें दूसरे की सहायता लेनी पड़ती है, पति के अतिरिक्त वैसी सहायता और कौन कर सकता है, बताओ? फिर किस दोष का तुम्हें इतना दंड मिले?'···

अनुपमा नीचा मुँह किए बोली, 'मेरे पूर्व-जन्म का फल है!' कट्टर हिंदू जगबंधु बाबू के कानों में यह बात खट् से लगी। कुछ क्षण स्तब्ध रहकर बोले, 'यह भी यदि हो, तो भी तुम्हें एक अभिभावक की आवश्यकता है। मेरे न रहने पर तुम्हें कौन देखेगा?'

'भैया देखेंगे।'

'ईश्वर न करे, परंतु यदि वह न देखे? वह तुम्हारी माँ के पेट का भाई नहीं है; विशेषतः मैं जहाँ तक जानता हूँ, उसका मन भी अच्छा नहीं है।'

अनुपमा ने मन-ही-मन कहा, 'तब विष खा लूँगी!'

'एक और भी बात है अनु, पिता होने पर भी वह बात मुझे कहनी उचित है···मनुष्य का मन हर समय ठीक एक-जैसा ही बना रहेगा, यह कोई नहीं कह सकता। विशेषकर युवावस्था की प्रवृत्तियों को सदैव वशीभूत रखने में ऋषि-मुनि भी समर्थ नहीं हुए।'···

कुछ समय तक निस्तब्ध रहकर अनुपमा ने कहा, 'जाति जो चली जाएगी!'

*'नहीं बेटी, जाति कहीं नहीं जाएगी, अब मेरा समय बीत चुका है, आँखें भी खुल चुकी हैं!'*
*अनुपमा ने गरदन झुका ली। मन-ही-मन बोली, 'तब जाति चली जाती और अब नहीं जाएगी? जब आँख-कान बंद करके तुम लोगों ने मेरा बलिदान किया था, उस समय यह बात क्यों नहीं सोची थी? आज मेरी भी आँखें खुल गई हैं, मैं भी अच्छी तरह बदला लूँगी!'*

'नहीं बेटी, जाति कहीं नहीं जाएगी, अब मेरा समय बीत चुका है, आँखें भी खुल चुकी हैं!'

अनुपमा ने गरदन झुका ली। मन-ही-मन बोली, 'तब जाति चली जाती और अब नहीं जाएगी? जब आँख-कान बंद करके तुम लोगों ने मेरा बलिदान किया था, उस समय यह बात क्यों नहीं सोची थी? आज मेरी भी आँखें खुल गई हैं, मैं भी अच्छी तरह बदला लूँगी!'

किसी भी प्रकार उसे न डिगा पाने पर जगबंधु बाबू ने कहा, 'तो बेटी, यह ठीक है।' तुम्हारी इच्छा के विरुद्ध मैं विवाह नहीं करना चाहता। तुम्हें खाने-पहनने का कष्ट न हो, यह प्रबंध मैं कर जाऊँगा। तदुपरांत, धर्म में मन लगाकर जिस तरह सुखी हो सको, करना!'

## चंद्रबाबू की गृहस्थी

तीन वर्ष बीत जाने पर भी ललितमोहन घर नहीं लौटा। कोई बोला, 'लज्जा के मारे नहीं आया!' कोई बोला, 'वह क्या गाँव में फिर मुँह दिखा सकता है?' ललितमोहन अनेक स्थानों पर घूमता हुआ जेल से छूटकर दो वर्ष बाद अचानक एक दिन घर आ उपस्थित हुआ। उसकी माँ ने आनंद से पुत्र के मस्तक पर चुंबन कर आशीर्वाद दिया, 'बेटा, इस बार विवाह करके गृहस्थ बनो! जो भाग्य में था, वह तो हो चुका, अब उसके लिए मन में और दुःख मत करो।' ललित ने भी, जो भी हो, कुछ करना स्थिर कर लिया।···

पाँच वर्ष बाद लौटकर ललित ने गाँव में अनेक परिवर्तन देखे, विशेष रूप से देखा, जगबंधु बाबू के मकान में—गृहपति और गृहिणी कोई जीवित नहीं थे। चंद्रबाबू ही इस समय गृहस्थी के संचालक थे। अनुपमा विधवा होकर यहाँ चली आई थी, क्योंकि उसके लिए अन्यत्र स्थान नहीं था। माँ की मृत्यु पहले ही हो चुकी थी; तदुपरांत पिता की मृत्यु के पश्चात् अनुपमा ने सोचा था कि पिताजी जो कुछ दे गए हैं, उसे लेकर किसी तीर्थस्थान में रहेगी एवं उन रुपयों से पुण्य-धर्म, नियम-व्रत करती हुई शेष जीवन काट देगी, परंतु श्राद्ध-शांति हो जाने पर वसीयतनामा देखकर वह एकदम मर्माहत हो गई।

पिता ने उसके नाम केवल पाँच सौ रुपए रखे थे। वे लोग बड़े आदमी थे, यह सामान्य रूप से उनके निकट कुछ रुपए ही न थे, वास्तव में तो इस धन से किसी का जीवनभर भोजन-निर्वाह भी नहीं हो सकता था। गाँव में बहुतों ने काना-फूसी की, 'यह वसीयत जगबंधु बाबू नहीं है, इसके भीतर कुछ कारसाजी है!' परंतु इस बातचीत से नतीजा क्या निकले? निरुपाय होकर अनुपमा चंद्रबाबू के घर पर ही रही।

लोग कहते हैं—पिता की मृत्यु न होने तक सौतेली माँ को नहीं जाना जा सकता, सौतेले भाई को भी उसी तरह पिता के जीवन-काल में पहचानना कठिन है। इतने दिनों बाद अनुपमा जान सकी, उसके भाई चंद्रनाथ किस चरित्र के मनुष्य हैं। जितने प्रकार के अधम श्रेणी के मनुष्य देखे जा सकते हैं, चंद्रबाबू उन सबमें निकृष्ट थे। हृदय में तिलभर दया-माया नहीं, आँखों में एक बूँद लज्जा तक नहीं। अनुपमा की इस निराश्रय अवस्था में उन्होंने उसके साथ जैसा व्यवहार करना आरंभ किया, उसे कहकर समाप्त नहीं किया जा सकता। हर बात में, यही क्यों उठते-बैठते में भी तिरस्कृत, लांछित करते थे। बहुत दिनों से वे अनुपमा को देख भी नहीं सकते थे, परंतु आजकल तो विशेष रूप से न देख पाने का कारण वे ही अच्छी तरह जानते थे। बड़ी बहू पहले उसे प्यार करती थी, परंतु अब वे भी उसे नहीं देख सकती थीं। इस समय वह दुखिया है, अपना कहने को भी कोई नहीं है, रुपया-पैसा नहीं है, दूसरे का अन्न खाए बिना उसके दिन नहीं कट सकते, अब उसे कौन प्यार करेगा? कौन इस समय देखभाल करेगा? बड़ी बहू के तीन-चार लड़के-लड़कियों का भार अनु के ऊपर है, उन सबको खिलाना पड़ता है, स्नान कराना पड़ता है, कपड़े पहनाना पड़ता है, पास लेकर सोना पड़ता है, तो भी किसी भी विषय में जरा सी त्रुटि होने पर बड़ी बहू नाराज होकर बाकायदा पाँच बातें सुना देती हैं। इसके अतिरिक्त अनुपमा को प्रतिदिन दोनों समय, चंद्रबाबू के लिए दो-चार अच्छी तरकारी राँधनी पड़ती हैं, रसोइया ब्राह्मण वैसी बना नहीं पाता और न हो तो चंद्रबाबू का भी कुछ भोजन नहीं हो पाता।

*लोग कहते हैं—पिता की मृत्यु न होने तक सौतेली माँ को नहीं जाना जा सकता, सौतेले भाई को भी उसी तरह पिता के जीवन-काल में पहचानना कठिन है। इतने दिनों बाद अनुपमा जान सकी, उसके भाई चंद्रनाथ किस चरित्र के मनुष्य हैं। जितने प्रकार के अधम श्रेणी के मनुष्य देखे जा सकते हैं, चंद्रबाबू उन सबमें निकृष्ट थे। हृदय में तिलभर दया-माया नहीं, आँखों में एक बूँद लज्जा तक नहीं। अनुपमा की इस निराश्रय अवस्था में उन्होंने उसके साथ जैसा व्यवहार करना आरंभ किया, उसे कहकर समाप्त नहीं किया जा सकता।*

एकादशी हो, द्वादशी हो, और कोई उपवास हो, वह भोजन उसको बनाना ही पड़ेगा। विधवा होकर अनुपमा सवेरे स्नान करके बड़ी देर तक पूजा करती थी, अब उसे वह समय भी नहीं दिया जाता। थोड़ी भी देर होने पर बड़ी बहू कह उठती हैं, 'ननदरानी, थोड़ा सा हाथ चलाओ, लड़के रो रहे हैं, अब तक कुछ खाया नहीं है!' अनुपमा जैसे-तैसे करके उठ जाती है, एक बात भी वह मुँह खोलकर नहीं कह सकती। एकादशी का दीर्घ उपवास किए रहने पर भी उसे रात में ही रसोई बनाने जाना पड़ता है। प्यास से छाती फट रही हो, तो भी कुछ नहीं कहती। हालत में परिवर्तन हो जाने पर उसे सहन करने की क्षमता भी आ जाती है, जगदीश्वर यह किसे नहीं सिखा देते, अन्यथा अनुपमा अब तक मर जाती।

इस गृहस्थी में उसकी अपेक्षा दास-दासियाँ श्रेष्ठ हैं—चिल्लाकर उनसे दो बात कहने पर वे भी दो बातें चिल्लाकर कह सकती हैं; परंतु अनु उस तरह नहीं बोल सकती, वह बिना दाम खरीदी हुई दासी है, मारो, काटो, उसे यहाँ रहना ही होगा! और कहीं जाने की जगह नहीं। वह विधवा है, वह बड़े आदमी की लड़की है। अनुपमा की अवस्था शब्दों से समझी नहीं जा सकती—बंगाली के घर की, दूसरे के अन्न पर पलनेवाली विधवा ही उसकी अवस्था समझ सकती है, अन्य कोई नहीं समझ सकता!···

*इस गृहस्थी में उसकी अपेक्षा दास-दासियाँ श्रेष्ठ हैं—चिल्लाकर उनसे दो बात कहने पर वे भी दो बातें चिल्लाकर कह सकती हैं; परंतु अनु उस तरह नहीं बोल सकती, वह बिना दाम खरीदी हुई दासी है, मारो, काटो, उसे यहाँ रहना ही होगा! और कहीं जाने की जगह नहीं। वह विधवा है, वह बड़े आदमी की लड़की है। अनुपमा की अवस्था शब्दों से समझी नहीं जा सकती—बंगाली के घर की, दूसरे के अन्न पर पलनेवाली विधवा ही उसकी अवस्था समझ सकती है, अन्य कोई नहीं समझ सकता!···*

आज द्वादशी है। सबेरे-सबेरे स्नान करके अनुपमा पूजा करने बैठी। तब तक पंद्रह मिनट नहीं हुए थे, बड़ी बहू घर के बाहर से बड़ी जोर से बोली, 'ननदरानी, तुम्हें क्या आज सारा दिन लग जाएगा? ऐसा करने से नहीं चलेगा भाई!' अनुपमा शिवजी के मस्तक पर जल चढ़ा रही थी, उत्तर नहीं दिया। बड़ी बहू दस मिनट बाद दुबारा लौटकर उसी जगह से चिल्लाई, इतना पुण्य-पूजा करने से नहीं चलेगा जी, इतना पुण्य मत करो और इतने ही पुण्य-धर्म का शौक है तो वन-जंगल में जाकर करो जी, गृहस्थी में रहकर इतना झंझट नहीं सहा जा सकता!' तो भी अनुपमा ने कोई बात नहीं कही।

बड़ी बहू दुगुने जोर से चिल्ला उठीं, 'कहती हूँ, कोई खाएगा-बाएगा नहीं?'

'नहीं!' अनुपमा हाथ का विल्प-पात्र नीचे रखती हुई बोली, 'मेरी तबीयत ठीक नहीं है, आज मैं कुछ भी नहीं कर सकूँगी।'

'नहीं कर सकोगी? तो आज सब लोग उपवास करें?'

'क्यों, मेरे अतिरिक्त क्या और लोग नहीं हैं? रसोइए को क्या हुआ?'

'उसे बुखार आ गया है और वे क्या रसोइए का बनाया भोजन खा सकते हैं?'

'नहीं खा सकते, तो तुम बना दो!'

'मैं बनाऊँ? सिर-दर्द के मारे प्राण निकले जा रहे हैं, एक कविराज चौबीसों घंटे मेरे पीछे लगे हुए हैं, फिर मैं आग के समाने जाऊँ?'

अनुपमा जल उठी। बोली, 'तब सभी को उपवास करने को कह दो!'

'अच्छा, जाती हूँ, तुम्हारे भाई से यही बात कहती हूँ। फिर तुम्हें बीमारी कैसी हुई? अभी नहा-धाकर आई हो, अभी खाओगी-पिओगी भी, पर बड़े भाई को थोड़ा सा बनाकर खिला नहीं सकतीं?'

'नहीं खिला सकती। बड़ी भाभी, मैं तुम लोगों की खरीदी हुई बाँदी नहीं हूँ कि जो मुँह में आए, वही कहोगी। मैं ये सब बातें दादा से कहूँगी!'

बड़ी बहू मुँह बनाकर बोलीं, 'तो कह दो न, तुम्हारे दादा आकर मेरा माथा काट ले जाएँ!'

अनुपमा कुछ देर स्तब्ध बैठी रही, तत्पश्चात् बोली, 'सो जानती हूँ, दादा अच्छे होते तो तुम्हारा इतना साहस न होता।'

'क्यों, उन्होंने क्या किया है? खाने को देते हैं, पहनने को देते हैं और क्या करेंगे! सचमुच में तो मुझे निकालकर तुम्हें माथे पर बिठाकर नहीं रख सकेंगे, इसके लिए और झूठी नाराजी करने से कैसे चलेगा?'...

सभी वस्तुओं की सीमा है, अनुपमा की सहिष्णुता की भी सीमा है। उसने इतने दिनों तक जो नहीं कहा था, आज उसे कह बैठी। बोली, 'दादा मुझे क्या खिलाएँगे-पहनाएँगे, जिन पिताजी के रुपयों को वे खाते हैं, मैं भी उन्हीं पिताजी के रुपयों को खाती हूँ!' बड़ी बहू क्रुद्ध हो उठीं, 'ऐसा ही यदि होता तो बाप की राह की भिखारिनी बनाकर नहीं छोड़ जाते!'

*सभी वस्तुओं की सीमा है, अनुपमा की सहिष्णुता की भी सीमा है। उसने इतने दिनों तक जो नहीं कहा था, आज उसे कह बैठी। बोली, 'दादा मुझे क्या खिलाएँगे-पहनाएँगे, जिन पिताजी के रुपयों को वे खाते हैं, मैं भी उन्हीं पिताजी के रुपयों को खाती हूँ!' बड़ी बहू क्रुद्ध हो उठीं, 'ऐसा ही यदि होता तो बाप की राह की भिखारिनी बनाकर नहीं छोड़ जाते!'*

'राह की भिखारिनी वे नहीं बना गए, तुम्हीं ने बनाया है। सारे गाँव के लोग जानते

हैं, वे मुझे असहाय छोड़कर नहीं गए। उन रुपयों को दादा नहीं चुरा लेते, तो आज मुझे तुम्हारी फटकार नहीं खानी पड़ती।' बड़ी बहू का मुँह पहले तो सूख गया, परंतु दूसरे ही क्षण दुगुने तेज से जल उठा, 'गाँव भर के सब जानते हैं, वे चोर हैं? तब यह बात उन्हें जता दूँ!'

'जताना और यह भी कहना कि इस पाप का फल उन्हें भोगना ही पड़ेगा।'

वह दिन इसी तरह बीता। यह बात चंद्रबाबू ने अवश्य सुन ली, परंतु किसी तरह का ऊँचा बोल नहीं बोले।

चंद्रनाथ बाबू की गृहस्थी में भोला नामक एक लड़का सा नौकर था। पाँच-छह दिन बाद चंद्रनाथ बाबू एक दिन उसे घर के भीतर बुलाकर बेभाव की मार मारने लगे। चीत्कार के शब्द से अन्यान्य दास-दासी भी दौड़े आए। उस समय भयंकर मार चल रही थी। अनुपमा घर के भीतर पूजा कर रही थी, पूजा छोड़कर वह दौड़ आई। उस समय भोला के नाक-मुँह से खून बह रहा था। अनुपमा चीत्कार कर उठी, 'दादा, क्या करते हो, मर गया तो?' चंद्रबाबू चीख उठे, 'आज बेटा को एकदम मार ही डालूँगा! तुझे भी साथ-साथ मार डालता, परंतु केवल लड़की होने के कारण ही तू बच गई। अपनी गृहस्थी में इतना पाप मैं बर्दाश्त नहीं करूँगा। पिताजी तुझे पाँच सौ रुपए दे गए हैं, उन्हें लेकर तू आज ही हमारे घर से दूर हो जा!'

अनुपमा कुछ समझ नहीं सकी, केवल बोली, 'यह क्या?'

'कुछ भी नहीं! आज ही रुपए लेकर भोला के साथ दूर हो जाओ। बाहर जाकर जो खुशी हो, करो!'

अनुपमा उसी जगह मूर्च्छित हो गई। यह रहस्यभरी बात सभी दास-दासियों ने सुनी। कोई हँसी दबाकर भले आदमी की तरह हट गया, कोई दौड़कर अनुपमा को उठाने लगा। चंद्रबाबू मृतप्राय भोला के मुँह पर एक और लात मारकर बाहर चले गए।

## अंतिम दिन

आज अनुपमा का अंतिम दिन है। इस गृहस्थी में वह और नहीं रहेगी। होश सँभालने से अब तक उसे यहाँ कोई सुख नहीं मिला था। बचपन में प्रेम करने के कारण अपनी शांति स्वयं खो बैठी। अधिक बड़बड़ाहट की थी, इसलिए विधाता ने उसे तिलभर भी सुख नहीं दिया। जिसे मन-ही-मन प्यार करती थी, उसे पाया नहीं; जो प्यार करने आया था, उसे फटकार दिया। पिया नहीं, माता नहीं, खड़े होने का स्थान नहीं; स्त्रियों का एकमात्र आधार सतीत्व का सुयश था, उसे भी ईश्वर ले बैठे। इसी से अब वह इस घर में नहीं रहेगी। बड़े क्षोभ के कारण उसका हृदय फटा जा रहा था। निस्तब्ध-निद्रित कौमुदी-रजनी

में खिड़की का द्वार खोलकर, फिर बार-बार, तीसरी बार ताल की उन्हीं पुरानी सीढ़ियों पर आ बैठी। इस बार अनुपमा चतुर हो गई है और दफे तैरने की शिक्षा उसे मरने नहीं देती थी, इस बार उसे विफल करने के लिए वह काँख में कलशी ले आई थी। इस बार ताल में जहाँ डुबन पानी है, उसे निकाल फेंकेगी। इस बार अवश्य ही डूब मरेगी! मरने से पूर्व पृथ्वी बड़ी सुंदर दिखने लगती है। आकाश, मेघ, चंद्र, तारा, जल, फूल, लता, वृक्ष, सब सुंदर लग उठते हैं, जिधर भी देखो, उधर ही मनोरम लग उठता है। सभी जैसे उँगली उठाकर कहते हैं—मरना मत! देखो, हमें कितना सुख है, तुम भी सहिष्णु बनकर रहो, एक दिन सुखी होंगे। न हो तो हमारे पास आओ, हम सब तुम्हें सुखी बनाएँगे, अनर्थक विधातृदंड से आत्मा को तर्क में मत डालो, मरने के लिए आने पर भी मनुष्य इसीलिए बहुत बार लौट जाता है। फिर जब लौटकर देखता है—संसार में उसे तिलभर भी सुख नहीं, असीम संसार में खड़े होने को रत्तीभर स्थान नहीं, अपना कहने को एक भी आदमी नहीं, तब फिर मरना चाहता है; परंतु दूसरे ही क्षण, न जाने कौन भीतर से कहने लगता है, 'छिह छिह! लौट जाओ, ऐसा काम मत करना, मरने से ही क्या दुःखों की समाप्ति हो जाएगी? किस तरह जाना कि इसकी अपेक्षा और भी अधिक दुःख में नहीं गिरोगे?' मनुष्य इस तरह संकुचित होकर पीछे हटकर खड़ा हो जाता है, मगर अनुपमा तो आज अवश्य मरेगी, किसी तरह भी नहीं बचेगी!'... उसे पिता की बात याद आई, माँ की बात याद आई, साथ-ही-साथ एक अन्य व्यक्ति की बात याद आई। जिसकी बात याद आई, वह ललित था। जो लोग उसे प्यार करते थे, वे सभी एक-एक करके चले गए, केवल एक व्यक्ति अब भी जीवित है। उसने मुझे प्यार किया था। प्यार पाने को आया, हृदय की देवी समझकर पूजा करने आया था; अनुपमा ने वह पूजा ग्रहण नहीं की, अपमानित करके फटकार दिया था। केवल क्या इतना ही? जेल तक भेज दिया। ललित ने वहाँ कष्ट पाए, शायद अनुपमा को कितना कोसा होगा। उसे लगा, निश्चित ही उसी पाप से मुझे इतना क्लेश, इतनी यंत्रणा हुई है। वह लौट आया है। भला हो गया

***निस्तब्ध-निद्रित कौमुदी-रजनी में खिड़की का द्वार खोलकर, फिर बार-बार, तीसरी बार ताल की उन्हीं पुरानी सीढ़ियों पर आ बैठी। इस बार अनुपमा चतुर हो गई है और दफे तैरने की शिक्षा उसे मरने नहीं देती थी, इस बार उसे विफल करने के लिए वह काँख में कलशी ले आई थी। इस बार ताल में जहाँ डुबन पानी है, उसे निकाल फेंकेगी। इस बार अवश्य ही डूब मरेगी! मरने से पूर्व पृथ्वी बड़ी सुंदर दिखने लगती है। आकाश, मेघ, चंद्र, तारा, जल, फूल, लता, वृक्ष, सब सुंदर लग उठते हैं, जिधर भी देखो, उधर ही मनोरम लग उठता है।***

है, शराब छोड़ दी है, देश का उपकार करके फिर यश कमा रहा है। वह क्या आज भी उसे याद करता है?··· शायद न करता हो, शायद करता हो, परंतु उससे क्या?···आज मुझे तो झूठा कलंक लग गया है। क्या उसने यह सुना है? जब गाँव में चर्चा फैलेगी कि मैं कलंकिनी होकर डूबी हूँ, कल जब मेरी देह पानी के ऊपर तैरने लगेगी..छिह छिह! कितनी घृणा से उसके ओठ कुंचित हो उठेंगे।···

*अनुपमा ने आँचल से अपने कंठ में कलशी बाँध ली। इसी समय किसी एक व्यक्ति ने पीछे से पुकारा, 'अनुपमा!' अनुपमा ने चौंकते हुए मुड़कर देखा। एक दीर्घाकृति पुरुष स्थिर होकर खड़ा हुआ है। आगंतुक ने फिर पुकारा। अनुपमा को लगा यह स्वर पहले भी कहीं सुना है, परंतु याद नहीं आ सका। चुप रह गई। 'अनुपमा! आत्महत्या मत करो!' अनुपमा कभी भी लज्जानत छुईमुई लता नहीं रही थी। वह साहस करके बोली, 'मैं आत्महत्या करूँगी, यह आपने कैसे जाना?'*

अनुपमा ने आँचल से अपने कंठ में कलशी बाँध ली। इसी समय किसी एक व्यक्ति ने पीछे से पुकारा, 'अनुपमा!' अनुपमा ने चौंकते हुए मुड़कर देखा। एक दीर्घाकृति पुरुष स्थिर होकर खड़ा हुआ है। आगंतुक ने फिर पुकारा। अनुपमा को लगा यह स्वर पहले भी कहीं सुना है, परंतु याद नहीं आ सका। चुप रह गई।

'अनुपमा! आत्महत्या मत करो!'

अनुपमा कभी भी लज्जानत छुईमुई लता नहीं रही थी। वह साहस करके बोली, 'मैं आत्महत्या करूँगी, यह आपने कैसे जाना?'

'तब गले में कलशी क्यों बाँधी है?'

अनुपमा चुप रही, आगंतुक तनिक हँसते हुए बोला, 'आत्मघात करने से क्या होता है, जानती हो?···'

'क्या?'

'अनंत नरक!' अनुपमा सिहर उठी। धीरे-धीरे कलशी को खोलकर रखती हुई बोली, 'मेरे लिए इस संसार में कोई स्थान नहीं है।'

'भूल गई? मैं याद दिलाए देता हूँ। प्राय: छह वर्ष पूर्व, ठीक इसी स्थान पर एक व्यक्ति ने तुम्हें चिर-जीवन के लिए स्थान देना चाहा था, याद है?'

अनुपमा लज्जा से रक्तमुखी होती हुई बोली, 'है!'

'यह संकल्प छोड़ दो!'

'मुझे कलंक लग गया है, मेरा जीवित रहना संभव नहीं होगा!'

'मरने से ही क्या कलंक चला जाता है?'

'जाए या न जाए, मैं तो सुनने नहीं आऊँगी।'

'गलत समझती हो अनुपमा! मरने पर यह कलंक सदैव छाया की भाँति तुम्हारे

नाम के आस-पास घूमता फिरेगा। जीवित रह देखो, यह मिथ्या कलंक कभी चिरस्थायी न होगा!'

'परंतु कहाँ जाकर जीवित रहूँ?'

'मेरे साथ चलो!'

अनुपमा ने एक बार सोचा—यही करूँ!···चरणों में गिर पड़ूँगी, कहूँगी, मुझे क्षमा करो! कहूँगी, तुम्हारे पास बहुत धन है, मुझे कुछ भिक्षा दो, मैं जाकर कहीं भी छिपकर रहूँगी। बाद में बहुत देर तक मौन रहकर सोच-विचारकर बोली, 'मैं कहीं नहीं जाऊँगी।'

बात समाप्त होते-न-होते अनुपमा पानी में कूद पड़ी।

होश आने पर अनुपमा ने देखा, सुसज्जित कमरे में पलंग के ऊपर वह शयन कर रही है, बगल में ललितमोहन है। अनुपमा आँखें मलती हुई कातर स्वर में बोली, 'मुझे क्यों बचा लिया?'···

□

# दर्पचूर्ण

संध्या के पश्चात् इंदुमती ने कुछ अधिक बनाव-श्रृंगार करके अपने पति के कमरे में प्रवेश करते हुए कहा, 'क्या हो रहा है ?'

नरेंद्र एक बँगला मासिक-पत्र पढ़ रहा था, मुँह उठाकर चुपचाप क्षणभर स्त्री के मुँह की ओर देखते हुए, पत्रिका उसके हाथ में पकड़ा दी।

इंदु ने खुले हुए पन्ने पर निगाह दौड़ाकर दोनों भौंहों को तनिक सिकोड़ते हुए आश्चर्य प्रकट किया, 'ऐसा, यह कविता तो देख रही हूँ! ठीक है, बैठे न रहकर, बेगार ही करो!'''देखूँ, यह कौन सी पत्रिका है ? 'सरस्वती' ! 'स्वप्रकाश' ने नहीं छापी शायद ?'

नरेंद्र की दृष्टि व्यथा से म्लान हो गई।

इंदु ने दोबारा प्रश्न किया, ' 'स्वप्रकाश' ने लौटा दी ?'

'वहाँ भेजी ही नहीं !'

'भेजकर एक बार देख क्यों नहीं लिया ? 'स्वप्रकाश' 'सरस्वती' नहीं है, उसे अपनी जिम्मेदारी का ज्ञान है। इसीलिए मैं ऐसी-वैसी पत्रिका कभी नहीं पढ़ती !'

थोड़ा सा हँसकर इंदु ने फिर कहा, 'अच्छा, अपनी ही लिखी चीज, स्वयं ही मन लगाकर पढ़ते हो ? अच्छी बात है, आज शनिवार है, उस घर की ननदजी को लेकर सिनेमा देखने जा रही हूँ; कमला सोई पड़ी है, काम से फुरसत निकालकर लड़की की ओर भी थोड़ी निगाह रखना, जा रही हूँ !'''

नरेंद्र ने पत्रिका बंद करके टेबुल के एक कोने में रख दी, बोला, 'जाओ !'

इंदु जा रही थी, अचानक एक गहरा निश्श्वास कान में पड़ते ही वह लौटकर खड़ी होती हुई बोली, 'अच्छा, मेरे जरा भी कुछ करने को जाते ही तुम ऐसी दीर्घ निश्श्वास क्यों छोड़ते हो, बताओ तो ? इतनी ही यदि तुम्हें दुःख की जलन है, तो मुँह खोलकर कहते क्यों नहीं ? मैं पिताजी को पत्र लिखकर, जो भी हो, एक उपाय कर लूँ!'

नरेंद्र एक क्षण मुँह उठाए इंदु की ओर देखता रहा। लगा, जैसे कुछ कहेगा; परंतु कुछ बोला नहीं, चुपचाप मुँह झुका लिया।

नरेंद्र की ममेरी बहन विमला, इंदु की सखी है। उस रास्ते के मोड़ पर ही उसका मकान है। इंदु गाड़ी खड़ी करके भीतर प्रवेश करते ही विस्मित एवं विरक्त होती हुई बोली, 'यह क्या ननदरानी! कपड़े नहीं पहने? खबर नहीं मिली क्या?'...

विमला लज्जित हो मुसकराती हुई बोली, 'मिल तो गई थी, परंतु कुछ देर हो गई भाभी। वे अभी जरा घूमने चले गए हैं, उनके लौटकर आने तक तो मैं कहीं नहीं जा सकूँगी।'...

इंदु मन-ही-मन अत्यंत नाराज हुई। एक चुटकी भरकर पूछने लगी, 'प्रभु की आज्ञा नहीं मिली शायद?'

विमला का सुंदर मुख स्निग्ध-मधुर हँसी से भर गया। इस चुटकी का मानो खूब उपभोग किया उसने; कहा, 'नहीं, दासी ने अर्जी अभी तक पेश नहीं की है; करने पर वह नामंजूर नहीं होगी, यह विश्वास है!'

इंदु और भी विरक्त हो गई। पूछा, 'तब पेश क्यों नहीं हुई? खबर तो मैं तुम्हें समय रहते ही भेज दी थी।'

'तब साहस नहीं हुआ, भाभी! ऑफिस से आते ही बोले, सिर दुःख रहा है। सोचा, जलपान करके थोड़ा घूम आवें, मन प्रसन्न हो जाए, तभी कहूँगी। अभी तो देर है, थोड़ा बैठो न भाभी, वे लौटनेवाले ही होंगे!'

'क्या पता, तुम्हें कैसी हँसी आ रही है, ननदरानी! मैं तो ऐसा होने पर लज्जा से मर जाती। अच्छा, दासी से अथवा बेयरा से कहकर क्या नहीं चल सकती हो?'

विमला भयभीत होकर बोली, 'बाप रे! तब तो घर से निकाल बाहर कर देंगे, इस जन्म में फिर मुँह नहीं देखेंगे!'

इंदु क्रोध और विस्मय से अवाक् होती हुई बोली, 'दूर कर देंगे? किस कानून से, किस अधिकार से, सुनूँ तो?'

विमला ने अत्यंत सहज भाव से जवाब दिया, 'बाधा क्या है, भाभी? वे मालिक हैं, मैं दासी से बढ़कर तो नहीं! वे निकाल दें तो उन्हें कौन रोकेगा, बताओ?'

*विमला भयभीत होकर बोली, 'बाप रे! तब तो घर से निकाल बाहर कर देंगे, इस जन्म में फिर मुँह नहीं देखेंगे!' इंदु क्रोध और विस्मय से अवाक् होती हुई बोली, 'दूर कर देंगे? किस कानून से, किस अधिकार से, सुनूँ तो?' विमला ने अत्यंत सहज भाव से जवाब दिया, 'बाधा क्या है, भाभी? वे मालिक हैं, मैं दासी से बढ़कर तो नहीं! वे निकाल दें तो उन्हें कौन रोकेगा, बताओ?'*

'रोकेगा, राजा—राजा का कानून! यह सब चूल्हे में जाए ननदरानी, परंतु अपने मुँह से स्वयं को दासी कहने में क्या तुम्हें कुछ लज्जा नहीं लगती? पति क्या मुगल

बादशाह हैं और स्त्री क्या उनकी खरीदी हुई गुलाम है, जो अपने को इतना हीन, इतना तुच्छ जानकर गौरव अनुभव करे?'

इस क्रोध को देखकर विमला को आमोद अनुभव हुआ। कहा, 'तुम्हारी ननदरानी तो एक मूर्ख स्त्री है भाभी! इसलिए स्वयं को पति की दासी कहकर गौरव अनुभव करती है। अच्छा, पूछती हूँ भाभी, तुमने इतनी बातें कहीं, तुम्हीं क्या भैया से हुकुम लिए बिना घर से चली आई हो?'

*'हुकुम?''क्यों किसलिए?''वे स्वयं कहीं भी जाएँ, मेरे हुकुम की अपेक्षा करते हैं क्या? मैं जा रही हूँ, केवल यही बात उन्हें बताकर आई हूँ।' क्षणभर मौन रहकर, अचानक उद्दीप्त होकर बोली, 'तो भी यह बात मानती हूँ कि मेरे जैसे गुणी स्वामी; कम स्त्रियों के भाग्य से ही मिलते हैं। मेरी किसी भी इच्छा में वे बाधा नहीं देते; परंतु, ऐसा यदि न भी होता, वे यदि अत्यंत अविवेकी होते, तो भी तुमसे कहती हूँ ननदरानी, मैं अपने सम्मान को सोलहों आने सुरक्षित रख सकती।''*

'हुकुम?...क्यों किसलिए?...वे स्वयं कहीं भी जाएँ, मेरे हुकुम की अपेक्षा करते हैं क्या? मैं जा रही हूँ, केवल यही बात उन्हें बताकर आई हूँ।' क्षणभर मौन रहकर, अचानक उद्दीप्त होकर बोली, 'तो भी यह बात मानती हूँ कि मेरे जैसे गुणी स्वामी; कम स्त्रियों के भाग्य से ही मिलते हैं। मेरी किसी भी इच्छा में वे बाधा नहीं देते; परंतु, ऐसा यदि न भी होता, वे यदि अत्यंत अविवेकी होते, तो भी तुमसे कहती हूँ ननदरानी, मैं अपने सम्मान को सोलहों आने सुरक्षित रख सकती। किसी प्रकार तुम्हारी तरह मैं यह बात भूल नहीं सकती कि मैं संगिनी, सहधर्मिणी हूँ, उनकी क्रीता दासी नहीं! जानती हो ननदरानी, इसी तरह से हमारे देश की समस्त स्त्रियाँ पुरुषों के पाँवों में सिर मुड़ाकर इतनी तुच्छ, ऐसी कठपुतली बनी हुई हैं। अपना सम्मान स्वयं न रखने पर माँगने पर कौन देता है ननदरानी? कोई नहीं! मेरे तो ऐसे पति हैं, तो भी कभी उन्हें मैं यह बात सोचने का अवकाश नहीं देती कि वे प्रभु हैं और मैं स्त्री होने से उनकी बाँदी हूँ। मेरे नारी-शरीर में भी भगवान् का वास है, यह बात मैं स्वयं भी नहीं भूलती, उन्हें भी नहीं भूलने देती!'...

विमला ने चुपचाप सुनकर एक निश्श्वास छोड़ी, परंतु उसमें लज्जा अथवा अनुशोचना कुछ भी प्रकट नहीं हुई। कहा, 'जानती नहीं भाभी कि आत्मसम्मान वसूल करना क्या है, किंतु उनके चरणों में आत्मविसर्जन करना जानती हूँ! लो, वे आ गए, तनिक बैठो भाभी, मैं जल्दी ही आज्ञा लिये आती हूँ।' कहकर, थोड़ा सा मुसकराती हुई शीघ्रतापूर्वक चली गई।

इंदु ने इस हँसी को देख लिया। उसका सर्वांग क्रोध से धू-धू करके जलने लगा।

× × × ×

बायस्कोप से लौटते समय रास्ते में इंदु अचानक कह उठी, 'ननदरानी हुक्म न पाने पर तो तुम आ नहीं सकती थीं ?'

विमला सड़क की ओर देखती हुई, अन्यमनस्क हो न जाने क्या सोच रही थी, बोली, 'नहीं!'

'इसी से मुझे लगता है ननदरानी, मैं जब-तब आकर तुम्हें पकड़ ले जाती हूँ, उससे तुम्हारे पति शायद नाराज होते होंगे।'

*बायस्कोप से लौटते समय रास्ते में इंदु अचानक कह उठी, 'ननदरानी हुक्म न पाने पर तो तुम आ नहीं सकती थीं?' विमला सड़क की ओर देखती हुई, अन्यमनस्क हो न जाने क्या सोच रही थी, बोली, 'नहीं!' 'इसी से मुझे लगता है ननदरानी, मैं जब-तब आकर तुम्हें पकड़ ले जाती हूँ, उससे तुम्हारे पति शायद नाराज होते होंगे।'*

विमला ने मुँह फिराते हुए कहा, 'ऐसा होने पर मैं स्वयं ही क्यों आऊँगी भाभी! अपितु मुझे भय लगता है, तुम्हारे इस तरह आने पर दादा शायद मन-ही-मन मेरे ऊपर नाराज होते होंगे।'

इंदु ने सगर्व कहा, 'तुम्हारे दादा का ऐसा स्वभाव नहीं है! पहले तो वे कभी अपने अधिकार से बाहर पाँव नहीं रखते। इसके अतिरिक्त मेरे काम से नाराज हों, मैं ठीक जानती हूँ, ऐसी स्पर्द्धा उन्हें स्वप्न में भी नहीं होगी!'

विमला दो मिनट स्थिर रहकर, एक गंभीर निश्श्वास छोड़ती हुई मृदु स्वर से बोली, 'भाभी, दादा क्या तुम्हें प्यार नहीं करते? किंतु तुम शायद… !'

इतनी देर में इंदु के मुँह से हँसी निकली। कहा, 'उनकी बात अस्वीकार नहीं करती; परंतु मेरे संबंध में तुम्हें संदेह हुआ, सो… ।'

'सो नहीं जानती भाभी! परंतु लगता है ऐसा, क्यों ?'…

'क्यों होता है, जानती हो ननदरानी, तुम लोगों की भाँति पाँव पर लोटनेवाला प्रेम मेरा नहीं है और भगवान् करें, मेरी नारी-मर्यादा को भंग कर किसी भी दिन मेरा प्रेम मस्तक न उठा सके। जो प्रेम मेरी स्वाधीन-सत्ता का लंघन करे, उस प्रेम से मैं आंतरिक घृणा करती हूँ।'

विमला चुपचाप सिहर उठी।

मिनटभर तक चुप रहकर इंदु ने कहा, 'बात करो न, ननदरानी! क्या सोच रही हो ?'

'कुछ नहीं! प्रार्थना करती हूँ, दादा तुम्हें सदैव इसी भाँति प्यार करें। कारण, कुछ भी क्यों न कहो भाभी, स्त्रियों के लिए पति के प्यार की अपेक्षा विश्व-ब्रह्मांड भी बड़ा नहीं है।' क्षणभर मौन रहकर विमला ने फिर कहा, 'मैं क्या जानूँ तुम्हारी नारी-मर्यादा

और जानूँ तुम्हारी स्वाधीन-सत्ता को। मैं तो स्वयं को पूर्णरूपेण उनके पाँवों में डालकर जीवित हूँ। सच कहती हूँ भाभी, मेरी तो ऐसी दशा हो गई है, अपनी इच्छा कहने को और कुछ नहीं बचा है। उनकी इच्छा ही… !'

'छिह छिह, चुप रहो… !'

विमला चौंककर चुप हो रही। इंदु घृणा के भाव से कहने लगी, 'हमारे देश की स्त्रियाँ क्या मिट्टी की पुतली हैं? प्राण नहीं, आत्मा नहीं, कुछ भी नहीं! अच्छा, पूछती हूँ—ऐसा करने से क्या मिलेगा? मेरी अपेक्षा अधिक प्यार पा सकी हो क्या? ननदरानी, प्यार मापने का कोई यंत्र नहीं है, नहीं तो दिखा देती, रहने दो यह बात; परंतु क्यों? जानती हो? स्वयं को तुम लोगों की भाँति मैं छोटा नहीं बनाया, इसलिए तुम लोगों की इस कंगाल-वृत्ति को सिर पर नहीं चढ़ाया, इसलिए! मुझे बहुत दुःख होता है ननदरानी, क्यों वे इतने शांत, इतने निरीह हैं? क्यों कभी एक भी बात नहीं कहते अथवा दिखा देती कि वे जिसे ग्रहण नहीं करते, वह भी मनुष्य है, वह भी अग्राह्य करना जानता है। वह भी आत्म-मर्यादा गँवाकर प्यार नहीं चाहता। अरे, यह क्या? मुँह फेरकर हँस रही हो!'…

*विमला चौंककर चुप हो रही। इंदु घृणा के भाव से कहने लगी, 'हमारे देश की स्त्रियाँ क्या मिट्टी की पुतली हैं? प्राण नहीं, आत्मा नहीं, कुछ भी नहीं! अच्छा, पूछती हूँ—ऐसा करने से क्या मिलेगा? मेरी अपेक्षा अधिक प्यार पा सकी हो क्या? ननदरानी, प्यार मापने का कोई यंत्र नहीं है, नहीं तो दिखा देती, रहने दो यह बात; परंतु क्यों? जानती हो? स्वयं को तुम लोगों की भाँति मैं छोटा नहीं बनाया, इसलिए तुम लोगों की इस कंगाल-वृत्ति को सिर पर नहीं चढ़ाया, इसलिए! मुझे बहुत दुःख होता है ननदरानी, क्यों वे इतने शांत, इतने निरीह हैं?*

विमला जबरदस्ती हँसी को दबाती हुई बोली, 'कौन, नहीं तो!'

'नहीं क्यों? अब भी तो तुम्हारे होंठों पर हँसी लगी हुई है।'

विमला हँस पड़ी, बोली, 'लगी हुई है, तुम्हारी बातें सुनकर! अरी भाभी, बहुत मिला है न, इसीलिए इतनी बातें निकल रही हैं।…'

इंदु ने क्रुद्ध मुख से जिज्ञासा की, 'न मिलता तो?'

'निकलती नहीं!'

'भूल, खालिस भूल! ननदरानी, सभी तुम्हारी भाँति नहीं, सभी भीख माँगती नहीं घूमतीं। आत्मगौरव समझनेवाली स्त्रियाँ भी संसार में हैं!'

इस बार विमला के मुँह की हँसी धीरे-धीरे बिलखा गई, बोली, 'यह जानती हूँ!'

'जानतीं तो फिर नहीं कहतीं। जो भी हो, अब से जान लो कि जो भीख नहीं

माँगती, जोर से वसूल करती हैं, ऐसी भी संसार में हैं!'

विमला व्यवस्थित स्वर में बोली, 'अच्छा! लो, यह घर आ गया। एक बार उतरोगी नहीं क्या?'

'नहीं, मैं भी घर जाती हूँ। ऐ, उस गली से…।'

'दादा को मेरा प्रणाम कहना भाभी!'

'कह दूँगी, गाड़ीवान, चलो…।'

## दो

'सुना नहीं?… गृहस्थी के खर्च को कुछ रुपए देने होंगे।'…

स्त्री की प्रार्थना से नरेंद्र को आश्चर्य हुआ। कहा, 'इसी बीच दो सौ रुपए खर्च हो गए?'

'न होने पर क्या झूठ बात कहती? नहीं तो क्या छिपा रखना चाहती हूँ?'

नरेंद्र की आँखों में एक भय की छाया पड़ गई, 'रुपए कहाँ हैं? किस तरह प्रबंध किया जाए?'

उसके मुँह का भाव इंदु ने देखा तो सही, परंतु गलत देखा। कहा, 'विश्वास नहीं होता, अब से एक बही ला दो, हिसाब लिख रखूँगी! अन्यथा एक काम करो न, खर्च के रुपए-पैसे अपने पास रखो, जिससे तुम्हें भी कोई भय न रहे, मैं भी अविश्वास की लज्जा से रिहाई पा लूँ!' कहकर तीव्र दृष्टि से देखा, उसके मुँह की गाढ़ी छाया वेदना से और अधिक गाढ़ी हो उठी।

*उसके मुँह का भाव इंदु ने देखा तो सही, परंतु गलत देखा। कहा, 'विश्वास नहीं होता, अब से एक बही ला दो, हिसाब लिख रखूँगी! अन्यथा एक काम करो न, खर्च के रुपए-पैसे अपने पास रखो, जिससे तुम्हें भी कोई भय न रहे, मैं भी अविश्वास की लज्जा से रिहाई पा लूँ!' कहकर तीव्र दृष्टि से देखा, उसके मुँह की गाढ़ी छाया वेदना से और अधिक गाढ़ी हो उठी।*

नरेंद्र धीरे-धीरे बोला, 'अविश्वास नहीं करता, परंतु…।'

'परंतु क्या? विश्वास भी नहीं होता, यही तो? अच्छा जाती हूँ, जितना हो सकेगा, हिसाब लिख लाती हूँ! ओह! कैसे सुख की घर-गृहस्थी है मेरी!' कहकर वह क्रुद्ध हो कमरा छोड़कर चली गई, परंतु उसी क्षण लौटकर बोली, 'किंतु क्यों? किसके लिए हिसाब लिखने जाऊँ, मैं क्या झूठ बोलती हूँ? सुना, मेरी ममेरी बहन के विवाह में कपड़े-लत्ते लगे, पचास रुपए से ऊपर। कमला की दो फ्रॉकों के दाम बारह रुपए—उस दिन बायस्कोप में खर्च हुए दस रुपए—हिसाब

लगाकर देखो, बाकी कितने रहे? उसमें से इस दस-पंद्रह दिनों का खर्च क्या ऐसा अधिक है, जो तुम्हारी दोनों आँखें कपाल पर चढ़ गईं? मेरे दादा (भाई) की गृहस्थी में प्रतिमास सात-आठ सौ रुपए से भी पूरा नहीं पड़ता। सच कहती हूँ, ऐसा करने पर तो मैं फिर घर में नहीं टिक सकती। इससे तो बल्कि स्पष्ट कहो, दादा की मेदिनीपुर बदली हो गई, मैं लड़की को लेकर चली जाऊँ, मुझे भी शांति मिले, तुम भी बच जाओ!'

नरेंद्र बहुत देर तक गरदन झुकाए रहने के पश्चात् मुँह उठाकर बोला, 'इस समय तो कुछ नहीं हो सकता! देखूँगा, यदि उस समय (शाम) तक कुछ प्रबंध कर सकूँ।'

'इसका मतलब? यदि प्रबंध न कर सके तो उपवास करना पड़ेगा, क्यों? देखो, कल ही मैं मेदिनीपुर चली जाऊँगी, परंतु तुम भी एक काम करो, इस दलाली के काम को छोड़कर, दादा से कहकर किसी नौकरी का प्रबंध कर लो। उससे भविष्य में अच्छे रहोगे, परंतु जो काम नहीं हो सकता, उसमें हाथ डालकर स्वयं भी मिट्टी मत हो जाओ, मुझे भी नष्ट मत करो!'

नरेंद्र ने जवाब नहीं दिया। इंदु और भी कुछ कहने जा रही थी, परंतु इसी समय बेयरा ने शंभू बाबू के आगमन का संवाद दिया एवं दूसरे ही क्षण बाहर से जूते का पद-शब्द सुनाई पड़ा। इंदु बगल के दरवाजे के परदे की आड़ में हटकर खड़ी हो गई।

शंभू बाबू महाजन हैं। नरेंद्र के पिता बहुत सा ऋण छोड़कर स्वर्गवासी हुए थे। पुत्र के पास तगादा करने के लिए शंभूनाथ का प्रायः ही शुभागमन होता रहता था। आज भी उपस्थित हुए थे। वे मृदुभाषी हैं। आसन ग्रहण कर धीरे-धीरे ऐसी बीसियों बातें कहीं, जिन्हें दुबारा सुनने से पहले, बहुत बड़ा निर्लज्ज भी अपने-आपको बेच डालने में द्विविधा नहीं करता। शंभू बाबू के चले जाने पर इंदु फिर एक बार सामने आ खड़ी हुई। पूछने लगी, 'ये कौन थे?'

*शंभू बाबू महाजन हैं। नरेंद्र के पिता बहुत सा ऋण छोड़कर स्वर्गवासी हुए थे। पुत्र के पास तगादा करने के लिए शंभूनाथ का प्रायः ही शुभागमन होता रहता था। आज भी उपस्थित हुए थे। वे मृदुभाषी हैं। आसन ग्रहण कर धीरे-धीरे ऐसी बीसियों बातें कहीं, जिन्हें दुबारा सुनने से पहले, बहुत बड़ा निर्लज्ज भी अपने-आपको बेच डालने में द्विविधा नहीं करता। शंभू बाबू के चले जाने पर इंदु फिर एक बार सामने आ खड़ी हुई। पूछने लगी, 'ये कौन थे?'*

'शंभू बाबू।'

'उसके बाद?'

'कुछ रुपए देने हैं, माँगने आए थे।'

'सो तो खूब समझ गई; परंतु उधार लिये क्यों?'

नरेंद्र ने इस प्रश्न का उत्तर कुछ घुमाकर दिया। कहा, 'पिताजी अचानक मर गए, इसी से।'

इंदु अत्यंत रूखे स्वर में बोली, 'तुम्हारे पिता क्या दुनियाभर के लोगों की देनदारी छोड़कर गए हैं? इसे चुकाएगा कौन? तुम किस तरह चुकाओगे, सुनूँ तो?'...

इतने प्रश्नों का एक ही साँस में जवाब नहीं दिया जा सकता। इंदु स्वयं भी उसके लिए प्रतीक्षा करती हुई नहीं ठहरी, उसी क्षण कहा, 'ठीक तो है, तुम्हारे पिता तो शायद अचानक मर गए, परंतु तुमने तो अचानक विवाह नहीं किया। मेरे पिताजी को ये सब बातें तुम्हें बता देनी तो उचित थीं! लोगों के मुँह से सुनती हूँ, तुम बहुत धर्मभीरु आदमी हो, इसीलिए कहती हूँ, ये सब क्या तुम्हारे धर्मशास्त्रों में नहीं लिखा है?' कहकर ठीक जैसे युद्ध-घोषणा करके वह पति के मुँह की ओर देखने लगी।

परंतु हाय रे, ऐसे सुतीक्ष्ण बाण, जिसके ऊपर ऐसे निष्ठुर भाव से बरसाए गए, भगवान् ने उसे कैसा निरस्त्र, कैसा निरुपाय करके संसार में भेजा है। किसी पर, किसी कारण से प्रतिघात करने की उसे शक्ति तक नहीं दी, केवल शक्ति दी सहन करने की। आघात की संपूर्ण वेदना उसके स्वयं के भीतर चक्कर खाकर, बहुत थोड़ी ही देर में स्तब्ध हो जाती, परंतु वह थोड़ा सा समय भी आज उसे नहीं मिला। शंभू बाबू की अत्यंत उग्र बातों की ज्वाला क्षणभर शांत होने से पहले ही इंदु ने उसके साथ ऐसी भीषण तीव्र ज्वाला को मिला दिया कि उसके असह्य दहन से आज वह भी प्रत्युत्तर में एक कठोर बात कहने के लिए उद्यत हो उठा; परंतु अंततः उस भाव की रक्षा नहीं कर सका। असहिष्णुता और क्रोध का निष्फल आडंबर सिर उठाते ही फटकर टूट गया। केवल क्षीण स्वर में उसने कहा, 'पिताजी के संबंध में क्या तुम्हें इस तरह कहना उचित है?'...

*परंतु हाय रे, ऐसे सुतीक्ष्ण बाण, जिसके ऊपर ऐसे निष्ठुर भाव से बरसाए गए, भगवान् ने उसे कैसा निरस्त्र, कैसा निरुपाय करके संसार में भेजा है। किसी पर, किसी कारण से प्रतिघात करने की उसे शक्ति तक नहीं दी, केवल शक्ति दी सहन करने की। आघात की संपूर्ण वेदना उसके स्वयं के भीतर चक्कर खाकर, बहुत थोड़ी ही देर में स्तब्ध हो जाती, परंतु वह थोड़ा सा समय भी आज उसे नहीं मिला।*

'नहीं, उचित नहीं है, परंतु मैंने तुमसे उचित-अनुचित की बात की मीमांसा करने के लिए तो नहीं कहा। क्यों तुमने अपने घर का सब हाल मेरे पिताजी से स्पष्ट नहीं कहा?'

*'मैंने कुछ भी नहीं छिपाया, इंदु! इसके अतिरिक्त वे पिताजी के बाल्यबंधु थे, स्वयं ही सबकुछ जानते थे!'…*
*'तब तो कहो कि सबकुछ जानते-सुनते हुए भी, पिताजी ने मुझे पानी में फेंक दिया!'*
*असह्य व्यथा और विस्मय से नरेंद्र ने स्तंभित होकर देखते हुए सिर झुका लिया। स्त्री का यह क्रोध यथार्थ में सच्चा है, किंवा कलह की छलना मात्र है, एकदम वह जैसे निश्चित नहीं कर पाया।*

'मैंने कुछ भी नहीं छिपाया, इंदु! इसके अतिरिक्त वे पिताजी के बाल्यबंधु थे, स्वयं ही सबकुछ जानते थे!'…

'तब तो कहो कि सबकुछ जानते-सुनते हुए भी, पिताजी ने मुझे पानी में फेंक दिया!'

असह्य व्यथा और विस्मय से नरेंद्र ने स्तंभित होकर देखते हुए सिर झुका लिया। स्त्री का यह क्रोध यथार्थ में सच्चा है, किंवा कलह की छलना मात्र है, एकदम वह जैसे निश्चित नहीं कर पाया।

यहाँ प्रारंभ की कुछ बातें कह देना आवश्यक है। एक समय तक दोनों परिवार अड़ोस-पड़ोस में रहते थे एवं विवाह उसी तरह से स्थिर हो गया था, परंतु अचानक एक समय इंदु के पिता ने अपने मत में परिवर्तन कर, लड़की को कुछ अधिक उम्र तक अविवाहित रखकर पढ़ना-लिखना सिखाने का विचार किया। विवाह-संबंध भंग हो गया। कुछ वर्षों बाद इंदु की जब अठारहवें वर्ष में शादी की बात चली, तब कलकत्ता लौटने पर सुना, नरेंद्र के पिता की मृत्यु हो गई है। उस समय उसकी आर्थिक स्थिति की। इंदु के माता-पिता ने यथेष्ठ पर्यालोचना की थी; यही क्यों, उनकी राय तक नहीं थी; केवल वयस्क, शिक्षिता कन्या के प्रबल अनुराग की उपेक्षा न कर पाने से अंत में वे सहमत हो गए थे।

यह बात इतनी जल्दी इंदु सचमुच ही भूल गई; किंवा मिथ्या मोह में अंधी होकर, स्वयं को प्रताड़ित करने की निदारुण आत्मग्लानि अब इस तरह से उसे दिन-रात जलाती है, कुछ भी स्थिर न कर पाने से नरेंद्र स्तब्ध निरुत्तर हो सिर झुकाकर बैठा रहा।

उस निर्वाक् पति के झुके हुए मुख की ओर क्षणभर दृष्टिपात कर, इंदु और कोई बात न कह कमरा छोड़कर चली गई। वह चुपचाप चली तो गई, इसी तरह बहुत बार गई है, परंतु आज अचानक नरेंद्र के मन को लगा, उसकी छाती में लगी चोट को इंदु जैसे जान-बूझकर जोर से रौंदती हुई निकल गई है। एक बार थोड़ी सी गरदन उठाकर, स्त्री के निष्ठुर पदक्षेप की ओर देखा; जब और नहीं दिख पड़ा, तब गहरी, अत्यंत गहरी एक निश्श्वास छोड़कर निर्जीव की भाँति उसी जगह मुरझाकर लेट गया। सहसा आज पहली बार मन को लगा, सब मिथ्या, सब धोखा है! यह संसार, स्त्री-कन्या, स्नेह-प्रेम—सबकुछ आज उसके पास से एक क्षण में मरुभूमि में मरीचिका की भाँति उड़ गया।…

# तीन

'दादा!'

'कौन, विमल? आओ बहन, बैठो!' कहकर नरेंद्र खाट पर उठकर बैठ गया। उसके दोनों ओठों पर व्यथा का जो चिह्न प्रकट हुआ, वह विमला की दृष्टि से छिपा न रहा।

'बहुत दिनों से दिखी नहीं दीदी, अच्छी तो है?'

विमला की दोनों आँखें छलछला उठीं। वह धीरे-धीरे खाट के पास आकर बोली, 'क्यों दादा, तुम्हारी बीमारी की खबर मुझे अब तक क्यों नहीं मिली?'

'बीमारी वैसे तो कुछ नहीं थी बहन, केवल वही छाती का दर्द थोड़ा सा...'

विमला हाथ से एक ओर आँखों के आँसू पोंछती हुई बोली, 'थोड़ा सा क्यों? उठ-बैठ भी नहीं सकते, डॉक्टर ने क्या कहा है?'

'डॉक्टर? डॉक्टर का क्या होगा री, वह स्वयं ठीक हो जाएगा।'

'ऐं! डॉक्टर तक नहीं बुलाया? कै दिन हो गए?'

नरेंद्र थोड़ा सा हँसकर बोला, 'कै दिन? अरी, यह उसी दिन से तो। सातेक दिन हुए होंगे शायद!'

'सात दिन! तब तो भाभी सबकुछ देख ही गई हैं।'

'नहीं, नहीं, देख नहीं पाई शायद! वह मेरी बीमारी को निश्चित रूप से समझ नहीं सकी। मैं उसके जाने के दिन भी उठकर बाहर बैठा हुआ था। नहीं, नहीं, हजार नाराज हो, ऐसा क्या तुम लोगों से हो सकता है, बहन?'

'तो भाभी नाराज होकर गई हैं, क्यों?'

*विमला हाथ से एक ओर आँखों के आँसू पोंछती हुई बोली, 'थोड़ा सा क्यों? उठ-बैठ भी नहीं सकते, डॉक्टर ने क्या कहा है?'
'डॉक्टर? डॉक्टर का क्या होगा री, वह स्वयं ठीक हो जाएगा।'
'ऐं! डॉक्टर तक नहीं बुलाया? कै दिन हो गए?'
नरेंद्र थोड़ा सा हँसकर बोला, 'कै दिन? अरी, यह उसी दिन से तो। सातेक दिन हुए होंगे शायद!'
'सात दिन! तब तो भाभी सबकुछ देख ही गई हैं।'*

'नहीं, नाराजी नहीं, दुःख और कष्ट, कितने अभाव हैं, जानती तो हो! उसे यह सब सहने का अभ्यास नहीं है, उसका शरीर भी बहुत खराब हो गया था अन्यथा बीमारी देखकर क्या तुम लोग नाराज रह सकती हो?'

विमला आँसू रोकते हुए कठिन स्वर में बोली, 'क्यों नहीं रह सकतीं दादा, हम लोगों के लिए असाध्य कुछ भी नहीं है। अन्यथा तुम्हारे बिछौने पर पड़ जाने तक भी

हम लोगों को कुछ दिखाई न देता! भोला, पालकी आ गई रे?'

'लाने को भेजा है माँ!'

'अभी से जाओगी दीदी? अभी तो संध्या नहीं हुई। और थोड़ा बैठो न!'

'नहीं दादा, संध्या हो जाने पर ओस लगेगी। भोला, पालकी एकदम भीतर ले आ।'

'भीतर क्यों विमल?'

'भीतर ही ठीक है दादा! इस बीमारी को लेकर तुम्हें बाहर जाने में, उठने में कष्ट होगा।'

'मुझे ले जाओगी? कैसी पागल लगती हो! क्या हुआ है, जो इतना बवाल करना होगा? ऐसा तो मुझे प्रायः ही होता है। प्रायः ही ठीक हो जाता है।'

'वही हो दादा! किंतु मेरे भाई तो और नहीं हैं कि मैं तुम्हें खो देने पर एक और पा लूँगी। यह लो, पालकी आ गई, इस चादर को अच्छी तरह से लपेट लो!"भोला, थोड़ा और आगे लाने को कहा।"नहीं दादा, इस समय तुम्हें आँखों के सामने न रखने पर मुझे रत्ती भर चैन नहीं मिलेगा!'"

'परंतु, ले जाना चाहेगी, समझता तो मैं तुझे खबर ही नहीं देता।'

विमला मुँह की ओर देखती हुई बोली, 'तुम्हारी समझ तुम्हीं तक रहे दादा, मुझे और मत सुनाओ! अच्छा, तुमने मुँह से कैसे कहा यह, बोलो तो? इस हालत में तुम्हें अकेला छोड़कर मैं जा सकती हूँ? सच्ची बात कहो!'

नरेंद्र एक निश्श्वास छोड़ता हुआ बोला, 'तब तो चलता हूँ!'

'दादा!'"

'क्या है री?'

'आज रात में ही भाभी को एक टेलिग्राम करती हूँ, कल सवेरे ही चली आएँ!'

नरेंद्र घबरा उठा, 'नहीं-नहीं, इसकी कोई जरूरत नहीं है!'

*विमला मुँह की ओर देखती हुई बोली, 'तुम्हारी समझ तुम्हीं तक रहे दादा, मुझे और मत सुनाओ! अच्छा, तुमने मुँह से कैसे कहा यह, बोलो तो? इस हालत में तुम्हें अकेला छोड़कर मैं जा सकती हूँ? सच्ची बात कहो!' नरेंद्र एक निश्श्वास छोड़ता हुआ बोला, 'तब तो चलता हूँ!' 'दादा!'" 'क्या है री?' 'आज रात में ही भाभी को एक टेलिग्राम करती हूँ, कल सवेरे ही चली आएँ!'*

'क्यों नहीं है? मेदिनीपुर अधिक दूर तो नहीं, एक बार आ जाएँ, चाहें तो फिर चली जाएँगी।'

'नहीं री विमला, नहीं! सचमुच ही उसका शरीर ठीक नहीं है—दो दिन उसे आराम करने दो।'

थोड़ा ठहरकर बोला, 'मैं तेरे पास रहकर अच्छा न हो सका, तो फिर किसी तरह नहीं हो सकूँगा। हाँ री, मैं आ रहा हूँ, यह बात गगन बाबू ने सुनी है ?'

'तुम भी खूब हो! वे तो अभी तक ऑफिस से नहीं लौटे।'

'तब ?'

'तब फिर क्या ? तुम्हें डरने की जरूरत नहीं दादा, उनके बहुत बड़ी-बड़ी दो आँखें हैं; हमारे पहुँचते ही देख लेंगे।'

नरेंद्र बिछौने पर लेटते हुए बोला, 'विमल, मेरा जाना नहीं हो सकेगा!'

विमला ने अवाक् होकर पूछा, 'क्यों ?'

'गगन बाबू की राय के बिना!'

'ऐसा करोगे तो मैं सिर फोड़कर मर जाऊँगी, दादा! एक ही घर में क्या अलग-अलग राय होती हैं, जो मेरा अपमान कर रहे हो!'

'अपमान कर रहा हूँ ? ठीक जानती हो विमल, भिन्न मत नहीं होता ?'

विमला आवश्यक वस्त्रादि सँभालकर रख रही थी, लज्जा से सिर हिलाकर बोली, 'नहीं!'

× × × ×

'दादा, आज दर्द उतना अधिक नहीं हो रहा। न ?'

'बिल्कुल नहीं! इन आठ दिनों में तुम लोगों को कितना कष्ट नहीं दिया, अब विदा करो दीदी!'

'करूँगी किसके पास ? अच्छा दादा, इन सोलह-सत्रह दिनों में भाभी ने एक चिट्ठी तक नहीं दी ?'

'नहीं, दी क्यों नहीं! पहुँचने की खबर दी, कल भी एक मिली है। अपितु मैं ही जवाब नहीं दे सका भाई!'

विमला मुँह भारी बनाकर चुपचाप देखती रही। नरेंद्र लज्जा से कुंठित होकर कहने लगा, 'वहाँ जाते समय से ही वह ठीक नहीं है—सर्दी-खाँसी, परसों एकदम ज्वर सा हो गया है। तो भी, उस पर भी चिट्ठी लिखी है।'

'आज इसी से शायद वहाँ तुमने रुपए भेज दिए हैं ?'

*विमला मुँह भारी बनाकर चुपचाप देखती रही। नरेंद्र लज्जा से कुंठित होकर कहने लगा, 'वहाँ जाते समय से ही वह ठीक नहीं है—सर्दी-खाँसी, परसों एकदम ज्वर सा हो गया है। तो भी, उस पर भी चिट्ठी लिखी है।'*

*'आज इसी से शायद वहाँ तुमने रुपए भेज दिए हैं?'*

नरेंद्र अधिक लज्जित हो गया। कहा, 'कुछ भी तो उसके हाथ में नहीं था—घर के पास मेला लगता है। लिखा है, उसके समाप्त होने पर ही लौट सकेगी, तुम्हें शायद

*नरेंद्र मुँह फिराते हुए बोला, 'कुछ भी नहीं सोच रहा बहन, मन-ही-मन तुझे आशीर्वाद दे रहा था कि इसी प्रकार सुख से तेरे दिन हमेशा कटें!'*

*विमला पास आकर, उसके पाँवों की धूलि माथे से लगाकर एक चौकी पर बैठ गई।*

*'अच्छा, दोपहर को इतनी नाराज होकर क्यों चली गई थी, बता तो?'*

*'मैं अन्याय नहीं सह सकती! क्यों तुम इतना···'*

*'इतना क्या? कहो, इंदु की ओर से तो एक बार सोचकर देखो? मैं तो उसे सुखी नहीं रख सका?'*

चिट्ठी-पत्री नहीं लिखी?'

'लिख क्यों नहीं सकी! कल मुझे भी एक चार पन्ने की चिट्ठी मिली है!'

'मिली है? मिलेगी क्यों नहीं—उत्तर···?'

'तुम डरो मत दादा, तुम्हारी बीमारी की बात नहीं लिखूँगी।···मेरे पास नष्ट करने के लिए समय नहीं'। कहकर विमला कमरा छोड़कर चली गई।

संध्या होने से पूर्व, खुली हुई खिड़की से म्लान आकाश की ओर देखता हुआ नरेंद्र स्तब्ध भाव से बैठा था। विमला ने कमरे में आकर कहा, 'चुपचाप क्या सोच रहे हो दादा?'

नरेंद्र मुँह फिराते हुए बोला, 'कुछ भी नहीं सोच रहा बहन, मन-ही-मन तुझे आशीर्वाद दे रहा था कि इसी प्रकार सुख से तेरे दिन हमेशा कटें!'

विमला पास आकर, उसके पाँवों की धूलि माथे से लगाकर एक चौकी पर बैठ गई।

'अच्छा, दोपहर को इतनी नाराज होकर क्यों चली गई थी, बता तो?'

'मैं अन्याय नहीं सह सकती! क्यों तुम इतना···'

'इतना क्या? कहो, इंदु की ओर से तो एक बार सोचकर देखो? मैं तो उसे सुखी नहीं रख सका?'

'सुख से रहने की शक्ति भी तो चाहिए दादा! उसने जितना पाया है, उतना कितनों को मिला है? परंतु सौभाग्य को सिर-माथे उठाना चाहिए। अन्यथा···।' बात समाप्त करने से पहले ही विमला ने लज्जा से मस्तक झुका लिया।

नरेंद्र चुपचाप स्निग्ध-सस्नेह दृष्टि से बहन के सर्वांग को अभिषिक्त करता हुआ क्षण भर बाद बोला, 'विमला, शरमाओ मत! सच तो बता, तू कभी झगड़ा नहीं करती?'

'उन्होंने कुछ कहा होगा शायद? सो तो कहेंगे ही!'

नरेंद्र मृदुता से हँसता हुआ बोला, 'नहीं, गगन बाबू ने कुछ भी नहीं कहा, मैं तुझी से पूछता हूँ!'

विमला आरक्त मुँह उठाकर बोली, 'तुम लोगों के साथ झगड़ा करके कौन जीतेगा, बताओ? अंत में हाथ-पाँव जोड़कर···वहाँ कौन खड़ा है?'

> ***विमला आरक्त मुँह उठाकर बोली, 'तुम लोगों के साथ झगड़ा करके कौन जीतेगा, बताओ? अंत में हाथ-पाँव जोड़कर''' वहाँ कौन खड़ा है?' 'मैं, मैं''' गगन। रुक क्यों गईं, कहती जाओ! झगड़ा करके किसके हाथ-पाँव जोड़ने पड़ते हैं? बात तो पूरी कर डालो।' 'जाओ, जो सज्जन पुरुष छिपकर सुनते हैं, उनकी बात का मैं जवाब नहीं देती।' कहकर विमला कृत्रिम क्रोध की आड़ में हँसी दबाकर शीघ्रता से चली गई।***

'मैं, मैं''' गगन। रुक क्यों गईं, कहती जाओ! झगड़ा करके किसके हाथ-पाँव जोड़ने पड़ते हैं? बात तो पूरी कर डालो।'

'जाओ, जो सज्जन पुरुष छिपकर सुनते हैं, उनकी बात का मैं जवाब नहीं देती।' कहकर विमला कृत्रिम क्रोध की आड़ में हँसी दबाकर शीघ्रता से चली गई।

नरेंद्र सुदीर्घ निश्श्वास छोड़ता हुआ, मोटे तकिए का सहारा लेकर बैठ गया। गगन बाबू बोले, 'इस समय कैसे हो जी?'

'ठीक हो गया। अब विदा दीजिए भाई!'

'विदा कर दें? घबराओ मत भाई-दो दिन ठहरो! तुम्हारी इस बहन के आश्रय में जो जितने दिन रह लेता है, उसकी उतने ही वर्ष आयु बढ़ जाती है, यह बात जानते हो?'

'जानता ही नहीं, अपितु पूर्णरूप से विश्वास भी करता हूँ!'

गगन बाबू दोनों आँखें फाड़ते हुए बोले, 'विश्वास क्या करना है, यह तो प्रमाणित की हुई बात है। वास्तव में नरेंद्र बाबू, ऐसे रत्न संसार में मिल सकते हैं? भाग्य, भाग्यं फलति—कैसी बात है वह? अन्यथा मेरे जैसा हतभाग्य ऐसी वस्तु पा ले, यह तो स्वप्न में भी अगोचर है! दुलहिन, नहीं, जी नहीं, रह जाओ दो दिन, ऐसा घर छोड़कर स्वर्ग में जाने पर भी आराम नहीं पाओगे, यह कहे देता हूँ भाई!'

विमला बहुत दूर नहीं गई थी, ठीक पर दे की आड़ में कान लगाए थी। आँखें पोछकर, झाँकी मारकर, उस प्राय: अँधेरे से में भी स्पष्ट देख लिया उसने—पति की बातें सुनकर नरेंद्र दादा का मुँह एक बार प्रज्वलित होते ही जैसे राख सा हो गया।

## चार

पंद्रह दिन बाद, दोपहर की गाड़ी से इंदु लड़की को लेकर मेदिनीपुर से लौट आई। स्त्री और कन्या को स्वस्थ-सबल देखकर नरेंद्र का दुर्बल-पीला मुख पल भर में चमक उठा। आग्रहपूर्वक सोती हुई लड़की को छाती से चिपटाते हुए पूछा, 'कैसी हो इंदु?'

‘ठीक हूँ! क्यों?’

‘तुम्हें बुखार सा हो गया, सुनकर बड़ी चिंता हो गई थी। ठीक हो गया?’

‘न होने पर डाक्टर बुलाओगे क्या?’

नरेंद्र का मुसकराता हुआ चेहरा मलिन हो गया। कहा, ‘नहीं, वैसे ही पूछा है!’

‘क्या होगा पूछकर? उधर तो केवल पचास रुपए भेजकर चिट्ठी-पर-चिट्ठी जा रही थीं—कैसी हो, कैसी हो, सँभलकर रहना, सँभलकर रहना! मैं क्या नन्ही बच्ची थी? पचास रुपया क्या दादा मुझे नहीं दे सकते थे? उन रुपयों को भेजकर सबके सामने मेरा सिर नीचा करने की क्या दरकार थी? उस दिन घर में जैसे एक हँसी मच गई।’…

नरेंद्र म्लान मुख को और म्लान कर, अस्फुट स्वर में बोला, ‘और का प्रबंध नहीं कर सका।’

‘तो रुपए न भेजकर, यही क्यों न लिख दिया? ओह! फिर वही नित्य नहीं, दो-दो! मजे में थी अब तक। वास्तव में, बड़े आदमी की लड़की गरीब के घर में पड़ जाने के समान महापाप संसार में और कोई नहीं है।’ कहकर इस परम सत्य से स्वामी के हृदय को परिपूर्ण कर इंदु अन्यत्र चली गई।

*नरेंद्र म्लान मुख को और म्लान कर, अस्फुट स्वर में बोला, ‘और का प्रबंध नहीं कर सका।’ ‘तो रुपए न भेजकर, यही क्यों न लिख दिया? ओह! फिर वही नित्य नहीं, दो-दो! मजे में थी अब तक। वास्तव में, बड़े आदमी की लड़की गरीब के घर में पड़ जाने के समान महापाप संसार में और कोई नहीं है।’ कहकर इस परम सत्य से स्वामी के हृदय को परिपूर्ण कर इंदु अन्यत्र चली गई।*

महीने भर बाद पति-पत्नी की यह पहली मुलाकात हुई।

बाहर आकर इंदु ने इधर-उधर दृष्टि डालकर, अपने शयन-गृह में घुसकर अत्यंत चकित होकर देखा, घर के अन्यान्य स्थानों की भाँति इस स्थान की संपूर्ण वस्तुओं की भी साफ-सफाई की जा रही है।

पूछा, ‘इतनी झाड़-पोंछ क्यों हो रही है री?’

नई दासी बोली, ‘आप आएँगी, इसलिए!’

‘मैं आऊँगी इसलिए?’

‘हाँ माँ, बाबू ने इसी से तो कहा था। आप गंदगी बिल्कुल नहीं देख सकतीं, आज तीन दिन से इसीलिए।’

इंदु ने हृदय के भीतर एक बड़ा भारी गर्व अनुभव किया, परंतु सहज भाव से बोली, ‘गंदगी कौन देख सकता है? तो भी अच्छा है कि…।’

‘हाँ माँ, आदमी लगाकर ऊपर-नीचे सबकुछ साफ करा दिया गया है।’

'दासी, रामटहल को जरा बुला दे तो, बाजार से कुछ फल-फूल ले आए।'

'फल-वल तो सब हैं! बाबूजी आज सवेरे स्वयं बाजार जाकर सब देख-भालकर खरीद लाए हैं।'

'डाभ है? अंगूर… ?'

'है क्यों नहीं! अभी लिए आती हूँ,' कहकर दासी चली गई। इंदु के सुख से विरक्ति के मेघ पूर्णतः उड़ गए अपितु कुछ देर पूर्व का पति का मलिन-मुख, छाती में कहीं जैसे खच्-खच् करने लगा।

विश्राम करके दो घंटे बाद, उसने प्रसन्न-मुख से पति के बैठने के कमरे में घुसते हुए देखा, नरेंद्र चश्मा हटाकर खूब झुककर बैठा हुआ कुछ लिख रहा है। कहा, 'इतना मन लगाकर क्या लिखा जा रहा है, कविता?'

नरेंद्र मुँह उठाकर बोला, 'नहीं!'

'तब क्या?'

'अरे कुछ नहीं,' कहकर लिखे हुए कागज को उसने ढँककर रख दिया।

इंदु के प्रसन्न मुख पर बादल छा गए। कहा, 'तब तो 'कुछ नहीं' के ऊपर इतने न झुककर, अपितु जिससे दुःख-कष्ट दूर हो, ऐसी किसी बात में मन लगाओ! सुना है, दादा के पास नौकरों की कई जगहें खाली हैं।' कहकर अच्छी तरह पति के मुँह की ओर देखती रही। वह निश्चित रूप से जानती थी, यह नौकरी करने की बात उन्हें सदैव आघात पहुँचाती है, परंतु आज चकित होकर देखा, आघात की कोई वेदना उनके मुँह पर प्रकट नहीं हुई।

*इंदु के प्रसन्न मुख पर बादल छा गए। कहा, 'तब तो 'कुछ नहीं' के ऊपर इतने न झुककर, अपितु जिससे दुःख-कष्ट दूर हो, ऐसी किसी बात में मन लगाओ! सुना है, दादा के पास नौकरों की कई जगहें खाली हैं।' कहकर अच्छी तरह पति के मुँह की ओर देखती रही। वह निश्चित रूप से जानती थी, यह नौकरी करने की बात उन्हें सदैव आघात पहुँचाती है, परंतु आज चकित होकर देखा, आघात की कोई वेदना उनके मुँह पर प्रकट नहीं हुई।*

नरेंद्र शांत भाव से बोला, 'नौकरी करनेवाले आदमी भी वहाँ हैं।' इस पूर्णतः अप्रत्याशित उत्तर से इंदु क्रोध में जल उठी। क्षणभर अवाक् रहने के पश्चात् बोली, 'यह तो जानती हूँ, परंतु वहाँ हैं, यहाँ नहीं हैं क्या? आजकल अच्छी बात कहना भी तुम्हें बुरा लगता है, देखती हूँ! घर के कोने में गरदन झुकाए लिखने में तुम्हें लज्जा नहीं आती?' कहकर वह आँख-मुँह लाल कर, कमरा छोड़कर चली गई।

यह दूसरी मुलाकात रही।

× × × ×

'ऐं, यह तो भाभी हैं! कब आईं?'

'परसों दोपहर को।'

'परसों-दोपहर को? इसी से इतनी जल्दी, आज शाम को दर्शन देने आई हो? नहीं भाभी, यह खिंचाव कुछ कम करो!'

इंदु ने गरदन हिलाकर कहा, 'चिट्ठी लिखकर जवाब तक नहीं पाया। मैं अकेली और कितनी खिचूँ, ननदरानी?'

विमला ने चकित होकर जिज्ञासा की, 'जवाब नहीं पाया?'

'वह न पाना ही है! चार पन्ने का जवाब चार पंक्तियों में ही?'

विमला अप्रतिभ होकर बोली, 'तब इतना समय नहीं था भाई! इस घर में दादा की तबीयत कुछ ठीक होने आई, उधर हमारे नए किराएदार की हालत न जाने कैसी हो गई।'···

इंदु ने बात का एक शब्द नहीं समझा, 'हाँ' करके रह गई।

विमला उस ओर ध्यान न देकर कहने लगी, 'वह मंगलवार मुझे बहुत दिनों तक याद रहेगा। सात दिनों बाद खबर पाकर दादा को ले आई, उसके दो दिन बाद ही दादा की छाती का दर्द जिस तरह बढ़ा, अंबिका बाबू का रोग भी वैसा ही बढ़ गया—तुमसे क्या कहूँ भाभी, सेंक देते-देते और लेप चढ़ाते-चढ़ाते घर के सब लोगों के हाथ का चमड़ा उलट गया, संपूर्ण दिन-रात किसी का नहाना-खाना तक नहीं हुआ। हाँ, सती-साध्वी कहूँगी, उस अंबिका बाबू की स्त्री को। है तो अभी लड़की ही भाभी, परंतु कैसा जतन, कैसी पति की सेवा! उसके पुण्य से ही इस स्वर्ग-यात्रा से उन्होंने रक्षा पाई। अन्यथा डाक्टर-वैद्यों के वश की बात नहीं थी!'···

'अंबिका बाबू कौन?'

'क्या पता, घाटाल के पास कहीं मकान है। चिकित्सा के लिए यहाँ आकर हमारे बगलवाला कमरा भाड़े पर लिया है। घर के आदमी नहीं हैं, पैसा-कौड़ी भी नहीं है, केवल बहू ही···।'

इंदु ने बीच में ही पूछा, 'तुम्हारे दादा शायद बहुत बीमार हो गए थे?'

*इंदु ने बीच में ही पूछा, 'तुम्हारे दादा शायद बहुत बीमार हो गए थे?'*
*विमला ने ओठों को सिकोड़ते हुए कहा, 'उस रात मुझे तो सचमुच ही भय लगा। इस ताक (आले) के ऊपर औषधियों की खाली शीशियों की ओर देखो न, तीन-चार डाक्टर और···अच्छा भाभी, दादा ने शायद ये सब बातें चिट्ठी में नहीं लिखीं?'*
*इंदु ने अन्यमनस्क की भाँति कहा, 'नहीं!'*
*विमला ने पूछा, 'यहाँ आकर शायद सुन ली होंगी?'*
*इंदु ने उसी भाव से उत्तर दिया, 'हाँ!'*

विमला ने ओठों को सिकोड़ते हुए कहा, 'उस रात मुझे तो सचमुच ही भय लगा। इस ताक (आले) के ऊपर औषधियों की खाली शीशियों की ओर देखो न, तीन-चार डाक्टर और···अच्छा भाभी, दादा ने शायद ये सब बातें चिट्ठी में नहीं लिखीं?'

इंदु ने अन्यमनस्क की भाँति कहा, 'नहीं!'

विमला ने पूछा, 'यहाँ आकर शायद सुन ली होंगी?'

इंदु ने उसी भाव से उत्तर दिया, 'हाँ!'

विमला कहने लगी, 'मैंने तो तुम्हें पहले ही दिन टेलीग्राम करना चाहा था, केवल दो-तीन घंटे में तुम आ सकती थीं; परंतु दादा ने किसी भी तरह नहीं भेजने दिया।' आगे हँसकर कहा, 'तुमने उन्हें क्या कर दिया है, उसे तुम्हीं जानो भाभी! पीछे बीमारी की हालत में, तुम घबरा न जाओ, इसी भय से किसी भी तरह खबर नहीं देनी चाही। खैर, ईश्वर की इच्छा से ठीक हो गए अन्यथा··· ।'

'अन्यथा और क्या होता, न ठीक होने पर भी शायद कोई जरूरत नहीं होती!' कहकर इंदु उठकर औषधियों की खाली और आधी खाली शीशियों को हिला-हिलाकर उनके लेबलों को लेख पढ़कर देखने लगी।

परंतु यह क्या हुआ? कभी भी जो नहीं हुआ। आज अचानक उनकी दोनों आँखें आँसुओं से भर गईं, क्यों? यह क्या कुछ नहीं है, जो इतनी बड़ी बात हो जाने पर भी उसे खबर तक नहीं दी गई। उसने अपनी ऐसी क्या पीड़ा की बात लिखी थी, जिससे रोग संवाद देना भी किसी ने उचित नहीं समझा?···

'उन्होंने अच्छे होकर तो कितने ही पत्रों में कितनी ही बातें लिखीं, केवल अपनी ही बातें कहना भूल गए?···ठीक यहाँ आए भी तो मुझे तीन दिन हो गए, तो भी क्या उन्हें याद नहीं रही?'···

इंदु के तीव्र अभिमान का स्वर विमला खूब समझ गई थी। लौट आकर कहा, 'शीशी-बोतल हिलाने-डुलाने से अब क्या होगा भाभी! वे कभी झूठी गवाही नहीं देंगी, अब इतना जोर मत दिखाओ। जाओ, तुम्हारी चाय ढाल दी गई है!'

*इंदु के तीव्र अभिमान का स्वर विमला खूब समझ गई थी। लौट आकर कहा, 'शीशी-बोतल हिलाने-डुलाने से अब क्या होगा भाभी! वे कभी झूठी गवाही नहीं देंगी, अब इतना जोर मत दिखाओ। जाओ, तुम्हारी चाय ढाल दी गई है!'*

'चलो!' कहकर इंदु गुप्त रूप से आँखों के आँसू पोंछकर उसके समीप आ खड़ी हुई।

*चाय पीना समाप्त हुआ। विमला न, क्या पता जान-बूझकर आघात पहुँचाया या नहीं, कहा, 'वह एक हँसी की बात है भाभी! एक घर में दो रोगी, किंतु दोनों की क्या आश्चर्यजनक भिन्न अवस्था है। दादा ने मरे-मरे होने पर भी तुम्हें खबर नहीं की, पीछे घबरा जाओ, पीछे तुम्हारा शरीर खराब हो जाए और अंबिका बाबू ने एक पल भी अपनी स्त्री को सामने से हिलने नहीं दिया। उन्हें भय था—आँखों के सामने से उसके हटते ही उनके प्राण निकल जाएँगे।*

चाय पीना समाप्त हुआ। विमला न, क्या पता जान-बूझकर आघात पहुँचाया या नहीं, कहा, 'वह एक हँसी की बात है भाभी! एक घर में दो रोगी, किंतु दोनों की क्या आश्चर्यजनक भिन्न अवस्था है। दादा ने मरे-मरे होने पर भी तुम्हें खबर नहीं की, पीछे घबरा जाओ, पीछे तुम्हारा शरीर खराब हो जाए और अंबिका बाबू ने एक पल भी अपनी स्त्री को सामने से हिलने नहीं दिया। उन्हें भय था—आँखों के सामने से उसके हटते ही उनके प्राण निकल जाएँगे। यही क्यों, इसके अतिरिक्त वे किसी के हाथ से विश्वास करके औषधि नहीं खाते थे, ऐसा कभी सुना है भाभी? हमारे इनका तुम सब तमाशा बनाते हो, परंतु अंबिका बाबू तो सभी को लाँघ गए, मेहनत करते-करते उस बहू की ठीक मुर्दे जैसी आकृति हो गई।'...

'हूँ' कहकर इंदु उठ खड़ी हुई। कहा, 'किसी और दिन तुम्हारी सती-साध्वी बहू के साथ वार्त्तालाप करने आऊँगी, आज गाड़ी आ गई, चलती हूँ!'

'तो कल एक बार अवश्य आना। उससे बातें करके तुम्हें वास्तविक खुशी होगी।'

'देखा जाएगा, यदि कुछ सीख सकी'...कहकर इंदु मुँह भारी बनाकर गाड़ी में जा बैठी। अंबिका बाबू का पागलपन, उसके मन में, आज सारी राह, उसके पति की गंभीर मंगलेच्छा के शरीर पर धूलि डालता हुआ, लज्जित करता-करता चला।

## पाँच

दो दिन बाद, बातों-ही-बातों में इंदु अत्यंत विरक्त होकर कह उठी, 'यदि सच बात सुनकर नाराज न हो, तो कहूँ ननदरानी, विवाह करना तुम्हारे दादा के लिए भी उचित नहीं हुआ, इन अंबिका बाबू को भी नहीं हुआ!'

विमला ने पूछा, 'क्यों?'

'कारण, घर चलाने की सामर्थ्य न हो तो यह महापाप है!'

उत्तर सुनकर विमला मर्माहत हो गई। इंदु को वह प्यार करती थी। थोड़ी देर बाद बोली, 'अंबिका बाबू से अन्याय बन पड़ा हो, परंतु इसी कारण उनकी स्त्री कर्तव्य नहीं

करे? उसे तो जीवन-पर्यंत पति की सेवा करनी पड़ेगी!'

'क्यों करनी पड़ेगी? वे (पुरुष) अन्याय करेंगे, जिसका उन्हें कोई अधिकार नहीं है, उसे ही करेंगे और उनका फल भोगेंगी हम लोग? तुम अंग्रेजी नहीं पढ़ीं, और अन्य सभ्य समाजों की खबर नहीं रखतीं अन्यथा समझ सकतीं कि कर्तव्य केवल एक ओर ही नहीं रहता; या तो दोनों ओर रहेगा अन्यथा नहीं रहेगा। पुरुष लोग वह बात हम लोगों को समझने नहीं देते। समझने न देने से ही हम लोग अंबिका बाबू की स्त्री की भाँति मृत्यु-पर्यंत सेवा करती हैं।'

विमला ने क्षणभर देखते रहने के बाद कहा, 'नहीं तो करती ही नहीं! भाभी, सेवा क्या, स्त्री के लिए बड़े दुःख का काम समझती हो?...तुम अंबिका बाबू की स्त्री का बाहरी क्लेश ही देख पाती हो, उसके भीतर के आनंद को भी जान पाती हो क्या?'

'मैं जानना भी नहीं चाहती!'

'पति के प्यार को भी शायद नहीं जानना चाहतीं!'

'नहीं ननदरानी, अरुचि हो गई है अपितु उसे कम करके यदि अपना कर्तव्य कर सकूँ, तो बच जाऊँ!'

विमला खड़ी थी। निश्श्वास छोड़ती हुई धीरे-धीरे बैठती हुई बोली, 'ठीक यही बात पहले भी एक बार कही थी, परंतु तब भी नहीं समझ सकी, अब भी नहीं समझ सकी हूँ—मेरे दादा अपना कर्तव्य नहीं करते, कौन सा, सो तुम्हीं जानो! तुमने बहुत पुस्तकें पढ़ी हैं, बहुत देशों की खबरें जानती हो, तुम्हारे साथ तर्क करना शोभा नहीं देता! परंतु मेरा दृढ विश्वास है, पति न्याय-अन्याय कुछ भी करें, उनके प्यार को ठुकराने की हिम्मत किसी देश की स्त्री में नहीं है। मुझे तो लगता है, उस वस्तु को खोने की अपेक्षा मर जाना अच्छा है, उसके उपरांत भी जीवित रहना केवल विडंबना है!'

'मैं इसे नहीं मानती!'

'मानती अवश्य हो,' कहकर विमला हँस पड़ी। उसे अचानक लगा; यह सब परिहास है। सचमुच ही तो, परिहास के अतिरिक्त नारी

*विमला खड़ी थी। निश्श्वास छोड़ती हुई धीरे-धीरे बैठती हुई बोली, 'ठीक यही बात पहले भी एक बार कही थी, परंतु तब भी नहीं समझ सकी, अब भी नहीं समझ सकी हूँ—मेरे दादा अपना कर्तव्य नहीं करते, कौन सा, सो तुम्हीं जानो! तुमने बहुत पुस्तकें पढ़ी हैं, बहुत देशों की खबरें जानती हो, तुम्हारे साथ तर्क करना शोभा नहीं देता! परंतु मेरा दृढ विश्वास है, पति न्याय-अन्याय कुछ भी करें, उनके प्यार को ठुकराने की हिम्मत किसी देश की स्त्री में नहीं है। मुझे तो लगता है, उस वस्तु को खोने की अपेक्षा मर जाना अच्छा है, उसके उपरांत भी जीवित रहना केवल विडंबना है!'*

के मुख से यह और क्या हो सकता है? कहा, 'परंतु तो भी कहती हूँ भाभी, मेरे सामने जो मुँह में आया कह दिया, परंतु दादा के सामने इन सबको लेकर अधिक चालाकी मत करना, क्योंकि, पुरुष कितना भी बुद्धिमान हो, कई बार…'

'क्या, कई बार?'

'तमाशा और क्या, समझ नहीं सकते!'

'यह उनका काम है! मैं इसके लिए दुश्चिंता नहीं करती।'

'परंतु मैं तो बिना चिंता किए नहीं रह सकती, भाभी!'

इंदु ने जोर से हँसते हुए प्रश्न किया, 'क्यों, कहो तो?'

विमला कुछ सोचकर बोली, 'रोष मत करना भाभी, परंतु उस बीमारी के समय मुझे सचमुच ही लगा था, दादा तुम्हें पाने के लिए एक समय पागल हो उठे थे। उसे क्या कहते हैं, 'पाँव में काँटे लगें तो हृदय बिछा देना', परंतु यह भाव अब शायद नहीं रहा।'…

अचानक इंदु के संपूर्ण मुख पर किसी ने जैसे स्याही पोत दी। तदुपरांत वह जबरदस्ती सूखी हँसी को खींचकर लाती हुई बोली, 'तुम्हें हजारों धन्यवाद ननदरानी, अपने दादा से कहना—मैं इधर भ्रू निक्षेप तक नहीं करती और तुम भी अच्छी तरह समझ लो—अपने स्वयं के भले-बुरे को स्वयं ही सँभालना जानती हूँ, उसके लिए दूसरों का माथा गरम करना भी आवश्यक नहीं समझती!'

× × × ×

लौट आकर इंदु ने पति के कमरे में घुसते ही प्रश्न किया, 'मेरे मेदिनीपुर चले जाने पर तुम बीमार हो गए थे?…'

*लौट आकर इंदु ने पति के कमरे में घुसते ही प्रश्न किया, 'मेरे मेदिनीपुर चले जाने पर तुम बीमार हो गए थे?…'*
*नरेंद्र कापी से मुँह उठाकर धीरे-धीरे बोला, 'नहीं, बीमार नहीं, वही दर्द उठा था।'*
*'खर्च बचाने के लिए ननदरानी के यहाँ जा पड़े थे?'*

नरेंद्र कापी से मुँह उठाकर धीरे-धीरे बोला, 'नहीं, बीमार नहीं, वही दर्द उठा था।'

'खर्च बचाने के लिए ननदरानी के यहाँ जा पड़े थे?'

स्त्री के इस अत्यंत कटु संकेत से नरेंद्र कापी के ऊपर दुबारा झुककर, कुछ देर मौन रहने के पश्चात् मृदु कंठ से बोला, 'विमला खुद ही आकर ले गई थी।'

'परंतु मैं सुन पाती तो कह देती, असमर्थों के लिए ही अस्पताल बनाए गए हैं। दूसरे के माथे न चढ़कर, वहीं चले जाना ही उनके लिए उचित है!'

नरेंद्र ने फिर मुँह नहीं उठाया; कोई बात भी नहीं कही।

इंदु झटके से परदा हटाकर बाहर चली गई। धक्का लगने से एक छोटी सी तिपाई

फूलदानी सहित उलट गई, उसने मुड़कर भी नहीं देखा।

पाँच मिनट बाद उसी तरह जोर से परदे को हटाकर, लौट आती हुई बोली, 'ननदरानी ने खबर देनी चाही थी, तुमने मना क्यों कर दिया? सोचा होगा शायद मैं आकर औषधि के साथ विष मिला दूँगी?'…

नरेंद्र मुँह बिना उठाए ही बोला, 'नहीं, यह तो सोचा नहीं! तुम्हारा शरीर ठीक नहीं था…।'

'ठीक ही था! यद्यपि खबर पाकर भी मैं आती नहीं, यह निश्चित था, परंतु, मैं यहाँ बीमारी से मरी जा रही हूँ, यह बात भी तुम्हें चिट्ठी में नहीं लिखी थी। व्यर्थ ही अनेक झूठी बातें कहकर ननदरानी को मना करने की आवश्यकता नहीं थी।' कहकर वह जैसे आई थी, उसी तरह चली गई। नरेंद्र भी वैसे ही कापी के पन्नों पर झुका रहा, परंतु संपूर्ण लिखावट लिप-पुतकर उसकी आँखों के सामने एकाकार हो गई।

× × × ×

इंदु ने परदे के अंतराल से बाहर निकलकर डाक्टर से कहा, 'आपने ही गगन बाबू के घर में मेरे पति की चिकित्सा की थी।'

बूढ़े डाक्टर ने आँखें उठाकर इंदु के उद्वेग-मलिन मुँह की ओर देखते हुए गरदन हिलाकर स्वीकृति दी।

इंदु ने कहा, 'परंतु ये पूर्ण निरोग हो गए, ऐसा तो मुझे नहीं लगता। ये रहे आपके फीस के रुपए, आज एक बार शाम को यदि दया करके उन्हें मित्र भाव से देख आएँ, तो बड़ा उपकार हो!'

डाक्टर कुछ विस्मित हुए। इंदु समझाती हुई बोली, 'उनका स्वभाव है कि इलाज नहीं कराना चाहते। औषधियों का नुस्खा मुझे चुपचाप दे दीजिएगा। उन्हें सिर्फ जरा समझा दीजिएगा!'

*'ठीक ही था! यद्यपि खबर पाकर भी मैं आती नहीं, यह निश्चित था, परंतु, मैं यहाँ बीमारी से मरी जा रही हूँ, यह बात भी तुम्हें चिट्ठी में नहीं लिखी थी। व्यर्थ ही अनेक झूठी बातें कहकर ननदरानी को मना करने की आवश्यकता नहीं थी।' कहकर वह जैसे आई थी, उसी तरह चली गई। नरेंद्र भी वैसे ही कापी के पन्नों पर झुका रहा, परंतु संपूर्ण लिखावट लिप-पुतकर उसकी आँखों के सामने एकाकार हो गई।*

डाक्टर ने स्वीकृति देते हुए विदा ली।

रामटहल ने आकर समाचार दिया, 'माँजी, बल्लभ सुनार आया है…।'

'आया है? यहाँ बुला ला!'

'ओ बल्लभ, एक काम के लिए तुम्हें बुला भेजा है, तुम हमारे विश्वासी आदमी

*‘ओ बल्लभ, एक काम के लिए तुम्हें बुला भेजा है, तुम हमारे विश्वासी आदमी हो, इन चूड़ियों को बेचना होगा। बड़े पुराने ढंग की चूड़ियाँ हैं भाई, अब नहीं पहनी जातीं। इनकी कीमत से एक जोड़ी नई चूड़ी खरीदने की इच्छा है।’*
*‘ठीक तो है माँ, बेच दूँगा!’*
*‘काँटा लाए हो न? वजन करके देखो तो सही, कितनी हैं? परंतु भाई, दाम मुझे कल ही देने होंगे! देर होने से नहीं चलेगा।’*

हो, इन चूड़ियों को बेचना होगा। बड़े पुराने ढंग की चूड़ियाँ हैं भाई, अब नहीं पहनी जातीं। इनकी कीमत से एक जोड़ी नई चूड़ी खरीदने की इच्छा है।’

‘ठीक तो है माँ, बेच दूँगा!’

‘काँटा लाए हो न? वजन करके देखो तो सही, कितनी हैं? परंतु भाई, दाम मुझे कल ही देने होंगे! देर होने से नहीं चलेगा।’

‘दे दूँगा!’

बल्लभ चूड़ी हाथ में लेकर बोला, ‘यह तो एकदम नई चीज है माँ, बेचने से तो नुकसान होगा।’

‘सो होने दो, बल्लभ! इनकी बनावट मुझे पसंद नहीं है और देख, इस संबंध में बाबू से कोई भी बात मत कहना!’

बाबुओं से छिपाकर गहने खरीदने-बेचने का इतिहास बल्लभ को अविदित नहीं था। थोड़ा सा हँसकर वह चूड़ी ले गया।

## छह

‘डाक्टर बाबू, पाँच-सात शीशी दवा पी गए, परंतु छाती का दर्द तो गया नहीं।’

‘गया नहीं? कहाँ, उन्होंने तो कुछ कहा नहीं’...

‘जानते तो हैं, यही स्वभाव है, परंतु, मैं निश्चित रूप से जानती हूँ, थोड़ी बीमारी कम हुई है, इसके अतिरिक्त, शरीर तो सुधरता ही नहीं!’

डाक्टर ने चिंतित होकर कहा, ‘देखिए, मुझे भी संदेह होता है, केवल औषधि से ही कुछ नहीं होगा, एक बार जलवायु-परिवर्तन करना आवश्यक है।’

‘तो यह उनसे क्यों नहीं कहा?’

‘कहा था एक दिन, परंतु उन्होंने आवश्यकता नहीं समझी।’

इंदु रुष्ट होकर कह बैठी, ‘उन्हें समझनी ही पड़ेगी! आप डाक्टर हैं; आप जो कहें, वही होना तो उचित है!’

वृद्ध चिकित्सक थोड़े हँस गए।

इंदु अपनी उत्तेजना पर लज्जित होती हुई बोली, ‘देखिए, मैं बहुत व्याकुल हो

उठी हूँ। आप उन्हें खूब भय दिखा दीजिए।'

डाक्टर ने सिर हिलाकर धीरे-धीरे कहा, 'इन सब रोगों में भय तो है ही!'

इंदु का मुँह पीला पड़ गया। कहा, 'सचमुच भय है?'

उसके मुँह की ओर देखते हुए डाक्टर अचानक उत्तर नहीं दे सके।

इंदु की आँखों में पानी भर आया। बोली, 'मैं आपकी लड़की की तरह हूँ डाक्टर बाबू, मुझसे छिपाइए मत! क्या हुआ है, मुझसे साफ-साफ कहिए!'

ठीक क्या हुआ है, उसे डाक्टर स्वयं भी नहीं जानते थे। उन्होंने बहुत तरह से जो कुछ कहा, उससे इंदु का भय दूर नहीं हुआ। वह कमरे में लौट आकर रोने लगी।

संध्या के समय नरेंद्र हाथ की कलम रखकर, खुली हुई खिड़की के बाहर देख रहा था। इंदु कमरे में घुसकर समीप ही एक चौकी खींचकर बैठ गई। नरेंद्र एक बार मुँह फिराकर, फिर उसी ओर देखता रहा।

*इंदु की आँखों में पानी भर आया। बोली, 'मैं आपकी लड़की की तरह हूँ डाक्टर बाबू, मुझसे छिपाइए मत! क्या हुआ है, मुझसे साफ-साफ कहिए!' ठीक क्या हुआ है, उसे डाक्टर स्वयं भी नहीं जानते थे। उन्होंने बहुत तरह से जो कुछ कहा, उससे इंदु का भय दूर नहीं हुआ। वह कमरे में लौट आकर रोने लगी।*

*संध्या के समय नरेंद्र हाथ की कलम रखकर, खुली हुई खिड़की के बाहर देख रहा था। इंदु कमरे में घुसकर समीप ही एक चौकी खींचकर बैठ गई। नरेंद्र एक बार मुँह फिराकर, फिर उसी ओर देखता रहा।*

कुछ दिनों से इंदु ने रुपए नहीं माँगे थे। आज वह किसलिए आ बैठी है, इसका निश्चित अनुमान कर उसकी छाती भीतर से धक्-धक् करने लगी।

इंदु ने रुपए नहीं माँगे; कहा, 'डाक्टर बाबू ने कहा है, पीड़ा जब औषधि से नहीं जा रही है, तब वायु-परिवर्तन की आवश्यकता है। एक बार क्यों नहीं घूमने चले जाते?'

नरेंद्र वास्तव में चौंक उठा। बहुत दिनों से अज्ञात, बड़े स्नेह के धन ने जैसे कहीं से छिपकर उसे पुकारा। इंदु के इस कंठ-स्वर को तो वह भूल ही गया था। अतः मुँह फिराकर हतबुद्धि के समान देखता हुआ, क्षणभर के लिए जैसे मन-ही-मन कुछ ढूँढ़ता फिरने लगा।

इंदु बोली, 'क्या करते हो? तो फिर कल ही सब तैयारियाँ करके चल दिया जाए! बहुत दूर जाने की जरूरत नहीं, यही वैद्यनाथ के पास, हम दो व्यक्ति, कमला और नौकरानी, रामटहल पुराना विश्वासी आदमी है, वह घर पर ही रहेगा। वहाँ एक छोटा सा मकान ले लेंगे। तो आज से ही सामान ठीक करना आरंभ कर दिया जाए, क्यों?'

किसी प्रकार के खर्च की बात से ही नरेंद्र को भय लगता था, इस एक बड़ी रकम

के संकेत से उसका मिजाज एकदम बिगड़ गया। पूछा, 'इस डाक्टर को आने के लिए किसने कहा था?'

इंदु के जवाब देने से पहले ही उसने पुनः कहा, 'विमला से कहो, मेरे पीछे डाक्टर लगाकर परेशान करने की जरूरत नहीं है, मैं ठीक हूँ!'

विमला छिपे-छिपे डॉक्टर भिजवाती है? विमला ही सबकुछ है! इंदु के हृदय को चोट लगी तो भी उसे दबाती हुई बोली, 'परंतु तुम तो सचमुच ही ठीक नहीं हो। दर्द तो दूर हुआ नहीं!'

'दूर हो गया।'

'फिर भी अभी शरीर ठीक नहीं हुआ, यह खूब देख रही हूँ। एक बार घूम आने से और कुछ भी हो, कुछ बुरा तो होगा नहीं!'

नरेंद्र भीतर-बाहर से ऐसी जगह पर आ पहुँचा था, जहाँ सहन करने की क्षमता समाप्त हो चुकी थी, तो भी धक्के को सँभालता हुआ बोला, 'मुझमें घूमने-फिरने की सामर्थ्य नहीं है!'

इंदु जिद करके बोली, 'सो नहीं होगा! प्राण तो बचाने ही चाहिए।'

यह जिद इंदु के लिए इतनी नहीं थी कि नरेंद्र ने संपूर्ण रूप से भूल की। उसे निश्चित रूप में जान पड़ा, उसे क्लेश पहुँचाने के लिए यह एक अभिनव कौशल-मात्र है। उसका इतने दिनों का धैर्य का बंधन, पलभर में छिन्न हो गया। चिल्ला उठा, 'कौन कहता है, प्राण बचाने चाहिए? नहीं, नहीं चाहिए! तुम्हारे पाँव पड़ता हूँ इंदु, मुझे रिहाई दो, मैं निश्श्वास छोड़कर बचूँ!'

पति से कड़वी बात सुनने की इंदु कल्पना भी नहीं कर सकती थी। वह न जाने कैसी जड़, हतबुद्धि हो गई, परंतु नरेंद्र नहीं जान सका। कहने लगा, 'तुम जानती हो, मैं किन संकटों के बीच दिन काट रहा हूँ? सबकुछ जान-सुनकर भी, मुझे केवल कष्ट देने के लिए ही दिन-रात कोंचती हो। क्यों, मैंने क्या बुरा किया है तुम्हारा? क्या चाहती हो तुम?'

*इंदु जिद करके बोली, 'सो नहीं होगा! प्राण तो बचाने ही चाहिए।'*
*यह जिद इंदु के लिए इतनी नहीं थी कि नरेंद्र ने संपूर्ण रूप से भूल की। उसे निश्चित रूप में जान पड़ा, उसे क्लेश पहुँचाने के लिए यह एक अभिनव कौशल-मात्र है। उसका इतने दिनों का धैर्य का बंधन, पलभर में छिन्न हो गया। चिल्ला उठा, 'कौन कहता है, प्राण बचाने चाहिए? नहीं, नहीं चाहिए! तुम्हारे पाँव पड़ता हूँ इंदु, मुझे रिहाई दो, मैं निश्श्वास छोड़कर बचूँ!'*

इंदु भय से विवर्ण हो देखती रही। एक बात भी उसके मुँह से बाहर नहीं निकली।

चिल्लाना या उत्तेजना, नरेंद्र के लिए कितना अस्वाभाविक है, इसे इस बार वह स्वयं

भी खूब समझ गया। कंठ-स्वर धीमा करते हुए बोला, 'ठीक! स्वीकार करता हूँ कि मुझे हवा बदलना आवश्यक है, किंतु किस तरह जाऊँ? रुपए कहाँ से लाऊँ? गृहस्थी का खर्च जुटाने में ही मेरे प्राण निकले जा रहे हैं।'...

इंदु ने स्वयं किसी भी दिन धैर्य की शिक्षा नहीं पाई थी; झुकने से मानो उसका मस्तक ही कट जाता था, परंतु आज वह भयभीत हो गई। नम्र स्वर से कहा, 'रुपए नहीं हैं तो न सही, परंतु बहुतों से रुपयों के गहने तो हमारे पास हैं!'

'हैं, परंतु मेरे नहीं, तुम्हारे हैं। तुम्हारे पिता ने दिए हैं तुमको। उन पर मेरा रत्तीभर अधिकार नहीं है, इस बात को मेरी अपेक्षा तुम स्वयं ही बहुत अधिक जानती हो।'

'ठीक है, उन्हें मत लो, मैं नकद रुपए देती हूँ।'

'कहाँ से आए?'

'गृहस्थी के खर्च में से बचाए हैं।'

यह वास्तव में चूड़ी-बिक्री के रुपए थे। इंदु सहज ही झूठ नहीं बोल पाती थी, इससे उसे बड़ा अपमान अनुभव होता, परंतु आज उसने झूठी बात कही। नरेंद्र के मुख का भाव अत्यंत कठोर हो गया। धीरे-धीरे बोला, 'तब उन्हें रख दो, गहने गढ़वा लेना। मेरी छाती के खून का पानी करके जो जमा हुए हैं, वे इस तरह नष्ट नहीं हो सकते। इंदु, कभी मैंने तुमसे कड़वी बात नहीं कही, हमेशा से सुनता ही आ रहा हूँ, परंतु तुम्हीं ने तो उस दिन दंभ के साथ कहा था, 'कभी भी झूठी बात नहीं कहती—छिह छिह!'

कमला ने परदे की संधि में से पुकारा, 'माँ, बुआ आई हैं।'

'क्या हो रहा है भाभी?' कहकर विमला भीतर आ खड़ी हुई। इंदु ने लड़की को लाकर, उसके गले का हार दोनों हाथों से जोर से तोड़कर पति के मुँह के सामने फेंकते हुए कहा, 'झूठ बोलना मैं नहीं जानती थी, तुम्हीं से सीखा है! फिर भी अभी तक पीतल को सोना बताकर चलाना नहीं सीखा है। जो स्त्री को ठगता है, अपनी लड़की को ठगता है, उससे और क्या बाकी रह गया! वह दूसरे को मिथ्यावादी कैसे कह सकता है?'

*कमला ने परदे की संधि में से पुकारा, 'माँ, बुआ आई हैं।' 'क्या हो रहा है भाभी?' कहकर विमला भीतर आ खड़ी हुई। इंदु ने लड़की को लाकर, उसके गले का हार दोनों हाथों से जोर से तोड़कर पति के मुँह के सामने फेंकते हुए कहा, 'झूठ बोलना मैं नहीं जानती थी, तुम्हीं से सीखा है! फिर भी अभी तक पीतल को सोना बताकर चलाना नहीं सीखा है। जो स्त्री को ठगता है, अपनी लड़की को ठगता है, उससे और क्या बाकी रह गया! वह दूसरे को मिथ्यावादी कैसे कह सकता है?'*

नरेंद्र ने टूटे हुए हार को उठाते हुए पूछा, 'किस तरह जाना कि यह पीतल है? जँचवाया है?'

'अपनी बहन से जाँचकर देखने के लिए कहो!' कहकर वह दोनों आँखों को लाल कर विमला की ओर देखने लगी।

विमला दो पाँव पीछे हटती हुई बोली, 'यह काम मेरा नहीं है भाभी! मैं ऐसी पराई नहीं हूँ कि दादा के लिए हुए गहने को सुनार बुलवाकर जँचवाकर देखूँ।'

नरेंद्र ने कहा, 'तुम्हें भी दो-एक गहने दिए हैं, उन्हें भी जँचवाकर देखा है?'

'देखा नहीं, परंतु अब देखने पड़ेंगे!'

'देखो, कहीं वे पीतल के तो नहीं हैं!'

बहन के मुँह की ओर देखते हुए हार दिखाकर कहा, 'यह सोना नहीं है बहन, पीतल ही है! जिस दुःख से, बाप होकर भी इस एकमात्र लड़की के जन्मदिन पर उसे धोखा दिया, उसे तुम जानती हो; परन्तु स्त्री को ठगने का साहस मैंने कभी नहीं किया।'...

## सात

'बात सुनो भाभी, एक बार पाँव छूकर उनसे क्षमा माँग लो जाकर!'

'क्यों, किस दुःख से? अपना माथा कट जाने पर भी मैं ऐसा नहीं कर सकती ननदरानी!'

'क्यों नहीं कर सकतीं? पति के पाँवों को छूने में लज्जा क्या है? ठीक है, तुम्हारा दोष न सही, परंतु उन्हें प्रसन्न करना तो सब कामों से बढ़कर है।'

'नहीं, मेरे लिए वैसा नहीं है! भगवान् के समक्ष शुद्ध रहना ही मेरा सबसे बड़ा काम है। जब तक उनके निकट अपराध नहीं करती, तब तक और किसी से भी मैं नहीं डरती।'

विमला नाराज होकर बोली, 'भाभी, यह सब बढ़-बढ़कर बातें करना मैं भी जानती हूँ; मगर तब ये कुछ भी किसी काम नहीं आएँगी, कहे देती हूँ, आँखें मीच लेने पर विपत्ति से छुटकारा नहीं मिलता। दादा सचमुच ही तुमसे विरक्त हो उठे हैं!'

इंदु उदास भाव से बोली, 'उनकी इच्छा!'

विमला मन-ही-मन अत्यंत जलती हुई बोली, 'उस इच्छा को खूब समझोगी, जिस दिन सर्वनाश होगा! दादा जैसे निरीह हैं, वैसे ही कठोर भी हैं, उन्हें एक ओर से ही देखा है, दूसरी ओर से देखना अभी बाकी है, यह कहे देती हूँ।'

'अच्छा, देख लेने पर तुम्हें खबर देने आऊँगी।'

विमला ने फिर कुछ नहीं कहा। थोड़ी देर चुप रहकर, एक निश्श्वास छोड़ती हुई धीरे-धीरे बोली, 'सो सच है! तुम्हें विश्वास नहीं होता, पति के स्नेह से वंचित हो जाओगी, परंतु दादा उस तरह के आदमी नहीं हैं, बीमारी के समय उन्हें मैंने अच्छी तरह पहचान लिया है। उनके हृदय के किवाड़ एक बार बंद हो जाने पर, फिर खुले नहीं मिलेंगे।'

इस बार इंदु ने भी चेहरा गंभीर बना लिया। कहा, 'खुले न मिलने पर मैं बाहर ही रहूँगी, खोल देने के लिए उन्हें पाँव पकड़कर मनाऊँगी नहीं, तुम्हें भी सिफारिश करने नहीं बुलाऊँगी। यह क्या, नाराज होकर चल दीं क्या?'

विमला ने खड़े होते हुए कहा, 'नाराज नहीं, दुःखी होकर जा रही हूँ। भाभी, अपनी बहन से भी अधिक तुम्हें प्यार करने के कारण ही मेरे प्राण रो-रो उठते हैं। दादा भी इस तरह कह सकते हैं, मैं आँखों से देखे बिना विश्वास नहीं करती।'...

इंदु अचानक कुछ हँसती हुई बोली, 'ऐसी वक्तृता और तो कभी तुम्हारे मुँह से नहीं सुनी!'

'वक्तृता तुमने भी कुछ कम नहीं की भाभी! तो भी वे फिर कभी नहीं देंगे, इसे मैं भी जानती हूँ। एक बात को सौ-सौ बार कहनेवाले लोग वे नहीं हैं।'

इंदु फिर हँसकर बोली, 'सो भी ठीक है। तो भी एक और जबर्दस्त कारण हुआ है, जिससे फिर किसी दिन वे स्वप्न में भी आँखें लाल करने का साहस न करेंगे! मुझे पिताजी की चिट्ठी मिली है। उन्होंने मेरे नाम दस हजार रुपए की वसीयत कर दी है। क्या कहती हो ननदरानी, पाँव पकड़ने की फिर भी जरूरत है बताओ, क्या कहती हो?'

विमला का मुँह जैसे और भी स्याह पड़ गया। बोली, 'भाभी, इससे पूर्व कभी भी तुम पर उन्होंने लाल आँखें नहीं कीं। जिस हालत में उन्हें छोड़कर तुम मेदिनीपुर गई थीं, उसे मैं जानती हूँ; परंतु तो भी किसी दिन तुम्हारी इतनी निंदा नहीं की (हँसते हुए), तुम्हारे समस्त दोष मुझसे भी छिपा रखे, वह क्या तुम्हारे रुपयों के लोभ से? भाभी, श्रद्धा के बिना प्यार नहीं ठहरता। जिस वस्तु को तुम तेजी से दिखाकर लापरवाही से खो रही हो, एक दिन तुम खूब समझोगी, जिस दिन वह सचमुच खो जाएगी! परंतु मेरी यह बात याद रखना भाभी, मेरे दादा ऐसे नीच नहीं हैं। अब और नहीं, शाम हो रही है, जाती हूँ, कल-परसों एक बार समय मिलने पर मेरे घर आना!'

'अच्छा!' कहकर इंदु पीछे-पीछे सदर दरवाजे तक आ उपस्थित हुई। उसके कोमल

***विमला ने फिर कुछ नहीं कहा। थोड़ी देर चुप रहकर, एक निश्श्वास छोड़ती हुई धीरे-धीरे बोली, 'सो सच है! तुम्हें विश्वास नहीं होता, पति के स्नेह से वंचित हो जाओगी, परंतु दादा उस तरह के आदमी नहीं हैं, बीमारी के समय उन्हें मैंने अच्छी तरह पहचान लिया है। उनके हृदय के किवाड़ एक बार बंद हो जाने पर, फिर खुले नहीं मिलेंगे।'***
***इस बार इंदु ने भी चेहरा गंभीर बना लिया। कहा, 'खुले न मिलने पर मैं बाहर ही रहूँगी, खोल देने के लिए उन्हें पाँव पकड़कर मनाऊँगी नहीं, तुम्हें भी सिफारिश करने नहीं बुलाऊँगी। यह क्या, नाराज होकर चल दीं क्या?'***

*विमला चली गई, परंतु अपनी तीखी गरम बातें छोड़ गई। उनमें कितना उत्ताप था, उसे इंदु ने अब खूब समझा। इस ताप से उसके अहंकार का अभ्रभेदी तुषारस्तूप जितना गल-गलकर बहने लगा, उतनी ही एक नई वस्तु उसकी आँखों में पड़ने लगी। इतनी कीचड़-मिट्टी, कूड़ा-करकट—इतने कर्कश-कठोर कंकड़-पत्थर इस जमे हुए पानी के नीचे छिपे होंगे, यह तो उसने स्वप्न में भी नहीं सोचा था।''*

पद-शब्द को विमला ने सुनकर भी नहीं सुना, इसे वह समझ गई। गाड़ी पर सवार होकर, मुँह बढ़ाकर हमेशा से यह दोनों सखियाँ परस्पर निमंत्रित करती हुई, हँसकर दरवाजा बंद कर लेती थीं। आज गाड़ी में घुसते ही विमला ने दरवाजा बंद कर लिया।

घर लौटकर इंदु कमला को छाती से चिपटाकर सो गई।

विमला चली गई, परंतु अपनी तीखी गरम बातें छोड़ गई। उनमें कितना उत्ताप था, उसे इंदु ने अब खूब समझा। इस ताप से उसके अहंकार का अभ्रभेदी तुषारस्तूप जितना गल-गलकर बहने लगा, उतनी ही एक नई वस्तु उसकी आँखों में पड़ने लगी। इतनी कीचड़-मिट्टी, कूड़ा-करकट—इतने कर्कश-कठोर कंकड़-पत्थर इस जमे हुए पानी के नीचे छिपे होंगे, यह तो उसने स्वप्न में भी नहीं सोचा था।''

अचानक उसके हृदय के भीतर से किसी ने जैसे पूछते हुए कहा, 'यह कैसा होगा इंदु, यदि वे मन-ही-मन तुझे त्याग दें? तुम्हारे पास जाकर बैठने पर भी यदि वे घृणा से हटकर बैठें?'

उसका सर्वांग रोमांचित हो उठा।

कमला ने कहा, 'क्या है माँ?'

इंदु उसे जोर से छाती पर चिपटाती हुई, उसके मुँह का चुम्बन लेती हुई बोली, 'तेरी बुआ मुझे डराना चाहती हैं।'

'किससे माँ?'

इंदु एक और चुम्बन लेती हुई बोली, 'कुछ नहीं बेटी, सब झूठ है, सब झूठ है! जा तो बेटी, देख आ तो, तेरे पिताजी क्या कर रहे हैं?'

लड़की दौड़ी चली गई। आज दो दिन से पति-पत्नी में कोई बात भी नहीं हुई थी। कमला ने लौटकर कहा, 'पिताजी चुपचाप सो रहे हैं।'

'चुपचाप? अच्छा तू यहीं सो बेटी, मैं देखकर आती हूँ।' कहकर इंदु स्वयं भी चल दी। परदे की संधि में से देखा, वही बात है। वे ऊपर की ओर देखते हुए, सोफे पर लेटे हुए थे। पाँच-छह मिनट खड़ी रहकर देखती हुई इंदु लौट आई। आज उसे भीतर जाने का साहस नहीं हुआ, यह देखकर उसे स्वयं भी बड़ा आश्चर्य हुआ।

'कमला!'

'क्या है माँ?'

'तेरे पिताजी के सिर में शायद बहुत दर्द हो रहा है। जा बेटी, बैठी-बैठी थोड़ा सिर पर हाथ फेर देना!'

लड़की को भेजकर इंदु स्वयं ओट में खड़ी होकर, गरदन बढ़ाए दोनों की बात सुनने लगी।

कन्या ने पूछा, 'माथा इतना क्यों दुःख रहा है पिताजी!'

पिता ने उत्तर दिया, 'कहाँ, दुःख तो नहीं रहा बेटी!'

कन्या ने फिर जिज्ञासा की, 'माँ ने कहा है कि खूब दुःख रहा है।'

पिताजी कुछ क्षण चुप रहकर कन्या के मुँह की ओर देखते रहे। कुछ देर बाद बोले, 'तुम्हारी माँ जानती नहीं।'

परदा हटाकर इंदु सहज भाव से कमरे में प्रविष्ट हुई। टेबल पर रखी बत्ती को कुछ कम करती हुई बोली, 'रोगी शरीर में क्या इतना परिश्रम सहा जा सकता है? जा तो बेटी कमला, ऊपर से यूडीकोलन की शीशी ले आ और रामटहल को थोड़ी सी बरफ खरीद लाने को कह दे।'

लड़की को ऊपर भेजकर इंदु सिरहाने आ बैठी। बालों में हाथ डालकर बोली, 'आग उठ रही है जैसे!'

*परदा हटाकर इंदु सहज भाव से कमरे में प्रविष्ट हुई। टेबल पर रखी बत्ती को कुछ कम करती हुई बोली, 'रोगी शरीर में क्या इतना परिश्रम सहा जा सकता है? जा तो बेटी कमला, ऊपर से यूडीकोलन की शीशी ले आ और रामटहल को थोड़ी सी बरफ खरीद लाने को कह दे।' लड़की को ऊपर भेजकर इंदु सिरहाने आ बैठी। बालों में हाथ डालकर बोली, 'आग उठ रही है जैसे!'*

नरेंद्र आँखें बंद किए रहा, कुछ भी बोला नहीं। इंदु चुपचाप उसके माथे पर हाथ फेरती-फेरती, थोड़ा सा झुककर स्नेहपूर्ण कंठ-स्वर में पूछने लगी, 'आज छाती में दर्द कैसा है?'

'वैसा ही!'

'तब यह जो नाराज होकर दो दिन औषधि नहीं खाई, बढ़ जाए तो क्या होगा, कहो?'

नरेंद्र आँखें खोलकर शांत कंठ से बोला, 'मेरा शरीर ठीक नहीं है, थोड़ा चुप पड़े रहना चाहता हूँ, इंदु!'

इस बात का यह जवाब!

इंदु बिजली की भाँति उठकर खड़ी होकर बोली, 'अपने प्राणों को नष्ट कर मुझे दंड नहीं दे पाओगे! इस चिट्ठी को पढ़कर देखो, पिताजी ने मुझे दस हजार रुपए वसीयत

करके दिए हैं।' कहकर बाएँ हाथ की चिट्ठी को सोफे की ओर फेंककर बाहर आ खड़ी हुई। तदुपरांत मुँह को आँचल से छिपाकर, रुलाई को दबाती हुई, अपने कमरे में आकर दरवाजा बंद करके सो गई।

बात सहना, हार मानना उसने सीखा नहीं, बहुत सी स्त्रियाँ नहीं सीखतीं, इसी से आज उसके समस्त अच्छे संकल्प व्यर्थ हो गए। वह क्या करने गई और क्या करके लौट आई!…

## आठ

'यह क्या ननदरानी, तुम लोग रो रहे थे क्या? तुम दोनों की आँखें जैसे जवाफूल सी लाल हो रही हैं।'

अंबिका बाबू की स्त्री सुन रही थी एवं विमला औंधी लेटी हुई पुस्तक पढ़ रही थी, झटपट उठ बैठी और आँखें पोंछती हुई हँसने लगी, 'ओह! दुर्गामणि के दुःख से छाती फटी जा रही है भाभी!'

*हाथ में लेकर ऊपर देखा लेखक, वहाँ उसके पति का नाम लिखा है। पन्ने उलटने पर देखा, समर्पण किया गया है विमला को। इंदु ने पुस्तक को झटपट प्रारंभ से अंत तक उलट-पुलट रख दिया। लिखी गई, छापी गई, समर्पण की गई, तो भी उसका बिंदु-विसर्ग तक वह नहीं जानती! उसके मुँह का भाव देखकर विमला ने फिर कुछ भी पूछने का साहस नहीं किया। तब इंदु स्वयं ही बोली, 'मुझे नाटक, उपन्यास पढ़ने की इच्छा भी नहीं होती, अच्छे भी नहीं लगते। जो हुआ, सुनकर प्रसन्न हो गई!'*

इंदु ने पूछा, 'दुर्गामणि कौन?'

'निर्बोध मत बनो भाभी! जानती नहीं, कौन दुर्गामणि हैं? चारों ओर जो इतनी सुख्याति फैल रही है, वह ठीक ही है।'

इंदु कुछ नहीं समझी, केवल यही समझी कि किसी पुस्तक की बात हो रही है। हाथ बढ़ाकर कहा, 'देखूँ तो किताब।'

हाथ में लेकर ऊपर देखा लेखक, वहाँ उसके पति का नाम लिखा है। पन्ने उलटने पर देखा, समर्पण किया गया है विमला को। इंदु ने पुस्तक को झटपट प्रारंभ से अंत तक उलट-पुलट रख दिया। लिखी गई, छापी गई, समर्पण की गई, तो भी उसका बिंदु-विसर्ग तक वह नहीं जानती! उसके मुँह का भाव देखकर विमला ने फिर कुछ भी पूछने का साहस नहीं किया। तब इंदु स्वयं ही बोली, 'मुझे नाटक, उपन्यास पढ़ने की इच्छा भी नहीं होती, अच्छे भी नहीं लगते। जो हुआ, सुनकर प्रसन्न हो गई!'

अंबिका बाबू का नौकर आकर उनकी पत्नी को लक्ष्य करता हुआ बोला, 'बाबू पूछ

रहे हैं, आज आपकी अजायबघर देखने की बात थी, जाएँगी?'

यह बहू सबसे छोटी है; वह लज्जित होकर गरदन नीचे करके कोमल स्वर में बोली, 'नहीं, उनकी तबीयत अब भी ठीक नहीं हुई है, आज जाना नहीं होगा।'

नौकर चला गया, इंदु मुँह बनाए देखती रही। उसके मन को लगा, ऐसी आश्चर्यजनक बात उसने जीवन में कभी नहीं सुनी।

भोला ने आकर विमला से पूछा, 'बाबू ने ऑफिस से यह जानने के लिए आदमी भेजा है कि एक बड़ी ड्राजवाली अलमारी नीलाम हो रही है, बड़े कमरे के लिए खरीद ली जाए क्या?'

विमला ने कहा, 'नहीं, खरीदने को मना कर दे! एक छोटे से बुक-केस से ही उस कमरे का काम चल जाएगा।'

भोला चला गया। इंदु अत्यंत आश्चर्य से अवाक् हो बैठी रही। इन पतियों के प्रश्नों में भी उसे कोई प्रभुत्व दिखाई नहीं दिया, इनको स्त्रियों के आदेश भी ठीक दासियों की भाँति सुनाई नहीं पड़े। अस्तु, उसके अपने मन के भीतर न जाने कैसी एक व्यथा सी खटकने लगी। केवल यही लगने लगा—किस कारण इन लोगों के समीप वह एकदम छोटी हो गई है।

***भोला चला गया। इंदु अत्यंत आश्चर्य से अवाक् हो बैठी रही। इन पतियों के प्रश्नों में भी उसे कोई प्रभुत्व दिखाई नहीं दिया, इनको स्त्रियों के आदेश भी ठीक दासियों की भाँति सुनाई नहीं पड़े। अस्तु, उसके अपने मन के भीतर न जाने कैसी एक व्यथा सी खटकने लगी। केवल यही लगने लगा—किस कारण इन लोगों के समीप वह एकदम छोटी हो गई है।***

जाते समय विमला ने धीरे-धीरे पूछा, 'भाभी, क्या सचमुच तुम दादा की इस पुस्तक की बात नहीं जानतीं?'

इंदु ने उपेक्षापूर्वक कहा, 'नहीं, उसके लिए मेरा सिर दर्द भी नहीं करता। सारे दिन बैठे हुए लिखते ही तो हैं, कौन इतनी खोज रखे, बताओ? अच्छा, बात यह है ननदरानी, कल मैं मायके जा रही हूँ।'

विमला उद्विग्न होकर बोली, 'भाभी, नहीं, जाना मत!'

'क्यों?'

'क्यों, यह भी क्या समझाकर कहना होगा भाभी। दादा ने तुम पर अपने दुःख-सुख का कोई भार नहीं डाला है, इसे भी क्या आँखों से नहीं देख पातीं? पति का प्यार खो चुकी हो, इसे भी क्या अच्छी तरह नहीं समझतीं?'

इंदु अचानक रुष्ट होकर बोली, 'अनेकों बार कहा है तुमसे, मैं नहीं चाहती, नहीं चाहती, नहीं चाहती! मैं वहाँ भाई के पास निश्चिंत होकर रहूँगी, ये फिर मुझे लिवाने को न जाएँ। और कभी मेरे शरीर को न जलाएँ!'

इस बार विमला भी क्रुद्ध हो उठी। कहा, 'यह सब बड़ाई आदमियों के सामने करना भाभी, मैं तो स्त्री हूँ, मेरे समीप मत करो! तुम्हारे मायकेवाले बड़े आदमी हैं, तुम्हारा इंतजाम उन लोगों ने कर दिया है, यही तो तुम्हें घमंड है। अच्छा, अभी जा रही हो तो जाओ, परंतु एक दिन होश आएगा, जो वस्तु तुमने खो दी है, उसकी तुलना में संपूर्ण पृथ्वी भी छोटी है! भाभी, जो तुमने पाया था, उसे कम स्त्रियाँ ही पाती हैं, यह जानती हो? परंतु जो अपव्यय तुमने किया है, उससे अक्षय भी क्षय होकर समाप्त हो जाता है। मैं तो समझती हूँ, हुआ भी यही है!'

*इस बार विमला भी क्रुद्ध हो उठी। कहा, 'यह सब बड़ाई आदमियों के सामने करना भाभी, मैं तो स्त्री हूँ, मेरे समीप मत करो! तुम्हारे मायकेवाले बड़े आदमी हैं, तुम्हारा इंतजाम उन लोगों ने कर दिया है, यही तो तुम्हें घमंड है। अच्छा, अभी जा रही हो तो जाओ, परंतु एक दिन होश आएगा, जो वस्तु तुमने खो दी है, उसकी तुलना में संपूर्ण पृथ्वी भी छोटी है! भाभी, जो तुमने पाया था, उसे कम स्त्रियाँ ही पाती हैं, यह जानती हो? परंतु जो अपव्यय तुमने किया है, उससे अक्षय भी क्षय होकर समाप्त हो जाता है। मैं तो समझती हूँ, हुआ भी यही है!'*

वह पुस्तक विमला के हाथ में ही थी। उस पर दृष्टि पड़ते ही इंदु की छाती के भीतर एक बार फिर हाहाकार मच उठा। बोली, 'अहंकार करने योग्य कुछ होने पर ही लोग अहंकार करते हैं, परंतु मेरा सर्वनाश हो तो हो जाए तो चला जाए। उसके लिए ननदरानी, तुम इतना माथा गरम क्यों करती हो! और मैं भी ऐसी-वैसी खड़ी-खड़ी क्यों सुनूँ? मेरी यहाँ रहने की इच्छा नहीं है, रहूँगी नहीं, इससे जो होना हो, हो। किसी से परामश भी मैं नहीं चाहती, झगड़ा भी नहीं करना चाहती।'

विमला चुप ही रही। उसकी व्यथा अंतर्यामी ने ही समझी, परंतु इस अपमान के बाद उसने कोई तर्क नहीं किया।

इंदु ने आगे बढ़ने का उपक्रम करते उससे कहा, 'ठहरो तो भाभी, तुम रिश्ते में बड़ी हो, जरा प्रणाम कर लूँ!'

## नौ

उस दिन संध्या होने से पूर्व ही, समस्त आकाश को मेघाच्छन्न कर वर्षा होने लगी। इंदु लड़की को लिये, बिछौने पर जाकर लेट गई। आज उसके छोटे बहनोई आए हैं। बगल के कमरे में उन्हें खिलाने-पिलाने, गपशप की अस्फुट कलध्वनि ज्यों-ज्यों सुनाई देने लगी, त्यों-त्यों किसी अव्यक्त लज्जा से उसकी छाती भर उठने लगी।

उसे मेदिनीपुर में आए तीन महीने हो चले। छोटी बहन भी आई है। उसके पति इन

दो महीनों के भीतर ही, शांतिपुर से कम-से-कम पाँच-छह बार आए-गए हैं, परंतु नरेंद्र एक बार भी नहीं आया। एक चिट्ठी लिखकर भी खोज-खबर नहीं ली।

कुछ दिनों से इस बात पर सबकी दृष्टि पड़ी है। एवं प्रायः ही आलोचना होती रहती है। छोटे बहनोई के कमरे में, सबके सामने यही बात न उठ खड़ी हो, इस भय से इंदु असमय में ही भागकर अपने कमरे में चली आई।

पति नहीं आते। उनकी उपेक्षा की वेदना कितनी बड़ी है, वह इंदु की अपनी बात है, उसे जाने दो; परंतु इससे इतनी भयानक लज्जा भी होती है, इस बात की तो उसने एक दिन भी कल्पना नहीं की थी। भ्रूण-हत्या, नरहत्या की भाँति इसे केवल छिपाते ही फिरना पड़ता है? मर जाने पर भी किसी के समक्ष स्वीकार नहीं किया जा सकता कि पति उसे प्यार नहीं करते?···

*पति नहीं आते। उनकी उपेक्षा की वेदना कितनी बड़ी है, वह इंदु की अपनी बात है, उसे जाने दो; परंतु इससे इतनी भयानक लज्जा भी होती है, इस बात की तो उसने एक दिन भी कल्पना नहीं की थी। भ्रूण-हत्या, नरहत्या की भाँति इसे केवल छिपाते ही फिरना पड़ता है? मर जाने पर भी किसी के समक्ष स्वीकार नहीं किया जा सकता कि पति उसे प्यार नहीं करते?···*

इतने दिन पति के घर में, पति के समीप बैठकर, उन्हें खींच-खाँचकर अपनी मर्यादा बढ़ाने में ही वह दिन-रात व्यस्त रही थी, परंतु अब पराये घर में, आँखों की ओट में सबकुछ तो टूट-फूटकर गिरा जाता है—किस तरह उसे खड़ा रखेगी?···

आज बहनोई के आने के बाद से, जिस किसी ने भी उसकी ओर देखा है, उसके मन को लगा, उस पर वह करुणा कर रहा है। कमला से कोई उसके पिता की बात पूछता है, तो इंदु भीतर-ही-भीतर मर जाती है। घर लौटने का प्रश्न करने पर, लज्जा से धरती में समा जाना चाहती है।

अथच, आने से पूर्व वह पति से अनेकों मर्मांतक बातें कहकर आई है कि प्रतिपालन करने की क्षमता हो, तभी बुलाने आना!···

अचानक इंदु के मोह की खुमारी दूर हो गई, 'कमला, रो क्यों रही है बेटी?' कमला रुद्ध स्वर में बोली, 'पिताजी के लिए मन न जाने कैसा हो रहा है।'···

इंदु की छाती पर जैसे हथौड़ी का घाव पड़ा। वह लड़की को प्राण-पण से छाती से चिपटाकर फूट-फूटकर रो उठी।

बाहर की प्रबल वारि-वर्षा ने उसकी लज्जा की रक्षा की, कन्या को छोड़कर यह रुदन और कोई नहीं सुन पाया।

उसकी माँ ने सिखा दिया था या नहीं, सो नहीं मालूम। दूसरे दिन सवेरे से कमला अपने पिता के पास जाने की जिद पकड़ बैठी। पहले इंदु ने बहुत गर्जन-तर्जन की, अंत

में भाई के पास आकर कहा, 'कमला किसी तरह रुकती नहीं, कलकत्ता जाना चाहती है।'

भाई ने कहा, 'रोकने की जरूरत क्या है बहन! कल सवेरे ही उसे ले जाओ! कैसे हैं नरेन? वे मुझे तो चिट्‌ठी-पत्री भी नहीं लिखते, तुझे तो लिखते हैं?'...

इंदु गरदन नीची करके बोली, 'हाँ।'

'ठीक तो हैं?'

इंदु ने उसी तरह चुपचाप जताया, 'हैं!'

× × × ×

विमला अवाक् रह गई, 'कब आईं भाभी?'

'अभी आ रही हूँ।'

नौकर गाड़ी से इंदु का सामान उतार लाया। विमला अपनी दारुण विरक्ति को किसी प्रकार दबाती हुई बोली, 'घर नहीं जाओगी?'

'नहीं! केवल कमला को दरवाजे के सामने उतार आई हूँ। केवल उसी के लिए आई हूँ अन्यथा नहीं आतीं!'

विमला निश्श्वास छोड़ती हुई बोली, 'न आकर अच्छा ही करतीं भाभी! वहाँ तुम्हारे जाने की जरूरत भी नहीं है।'

इंदु की छाती भीतर से धड़क उठी, 'क्यों ननदरानी?'

विमला ने स्वाभाविक गंभीरता से कहा, 'बाद में सुनना! पहले कपड़े बदलो, मुँह-हाथ धोओ, जो होना था, वह तो हो गया, अब चाहे आज सुन लो, चाहे दो दिन बाद सुनो, एक ही बात है!'

*विमला निश्श्वास छोड़ती हुई बोली, 'न आकर अच्छा ही करतीं भाभी! वहाँ तुम्हारे जाने की जरूरत भी नहीं है।' इंदु की छाती भीतर से धड़क उठी, 'क्यों ननदरानी?' विमला ने स्वाभाविक गंभीरता से कहा, 'बाद में सुनना! पहले कपड़े बदलो, मुँह-हाथ धोओ, जो होना था, वह तो हो गया, अब चाहे आज सुन लो, चाहे दो दिन बाद सुनो, एक ही बात है!'*

इंदु बैठ गई। उसका सारा मुँह नीला पड़ गया, बोली, 'यह नहीं होगा ननदरानी, न सुनने पर मैं एक बूँद पानी भी मुँह में नहीं डालूँगी! उन्हें देखा तो था, वे जीवित हैं, तो भी वहाँ मेरे जाने की जरूरत नहीं है, सो क्यों?'

विमला कुछ ठहरकर दीर्घ निश्श्वास छोड़ती हुई बोली, 'सचमुच ही उस मकान में तुम्हारे लिए जगह नहीं है। अब तुम्हारे लिए जैसा यहाँ, वैसा मायके में! उस मकान में तुम रह नहीं सकोगी!'...

इंदु रुलाई को रोकती हुई कह उठी, 'मैं और नहीं सह सकती ननदरानी! क्या हुआ, साफ-साफ कहो। उन्होंने दूसरा ब्याह कर लिया है?'

'विश्वास होता है?'

'नहीं, किसी प्रकार भी नहीं! मेरा अपराध कितना ही बड़ा हो, परंतु वे यह अन्याय किसी भाँति नहीं कर सकते। तब फिर क्यों उनके समीप मेरा स्थान नहीं है, बताओ न?' कहते-कहते उसकी दोनों आँखों से बहता हुआ पानी झर-झर करके गिरने लगा।

विमला की अपनी आँखें भी गीली हो उठीं, परंतु आँसू नहीं गिरे; बोली, 'भाभी, मैं सोच नहीं पाती कि तुम्हें किस तरह समझाऊँ कि वहाँ अब तुम्हारे लिए स्थान नहीं है। शंभू बाबू ने दादा को जेल भिजवा दिया था।'

इंदु का सर्वांग रोमांचित हो उठा, 'उसके बाद?'

'हम लोग काशी में थे। शंभु बाबू ने रुपए जुटाने को दो दिन का समय दिया था, परंतु चार हजार रुपए जुटाए नहीं जा सके। पकड़ लिये जाने के बाद, दादा ने भोला को हमारे पास काशी भेज दिया; परंतु हम लोग तब तक इलाहाबाद जा चुके थे। वह लौटकर फिर गया; इस तरह दस दिन की देर हो गई। उसके बाद हम लोग आ पहुँचे। हमारे पास भी नकद रुपए नहीं थे। मेरे गहनों को गिरवी रखकर, ग्यारहवें दिन दादा को जेल के बाद निकालकर लाया गया···तुम्हारे पास भी तो चार-पाँच हजार रुपए के गहने हैं भाभी, मेदिनीपुर भी दूर नहीं है; तुम्हें खबर देने पर यह सबकुछ नहीं हो पाता। दादा ने दस दिन तक जेल तो भोग ली, परंतु तुम्हारे सामने हाथ नहीं फैलाया। अब तुम्हारा उनके पास जाकर क्या होगा? तुमने उन्हें बहुत सुख दिए हैं, अब मुक्ति दो, वे भी बचें, तुम भी बचो!'

इंदु पल भर सिर झुकाए बैठी रही। तदुपरांत एक-एक अंग से समस्त आभूषणों को खोल-उतारकर, विमला के पाँवों के पास रखती हुई बोली—'इनसे तुम अपनी चीजों को छुड़वाकर मँगा लो ननदरानी, मैं उन्हीं के पास जा रही हूँ। तुम कहती हो स्थान नहीं होगा, परंतु मैं कहती हूँ, इस बार ही मेरा उनके पास यथार्थ स्थान होगा, जिसने इतने दिनों तक मुझे अलहदा किए रखा, अब उसे ही तुम्हारे पास पटककर मैं अपना निजी स्थान लेने जा रही हूँ। कल एक बार आना भाई, आकर अपने दादा और भाभी को देख आना, अब जा रही हूँ!' कहकर इंदु गाड़ी का इंतजार किए बिना ही बाहर निकल गई।

'ओरे भोला, साथ में जा!' कहकर विमला आँखें पोंछ, पीछे-पीछे दरवाजे तक आकर खड़ी हो गई और उसे जाते देखती रही, दूर-दूर तक···

□

# विलासी

# अनुक्रम

# विलासी*

पक्का दो कोस रास्ता पैदल चलकर स्कूल में पढ़ने जाया करता हूँ। मैं अकेला नहीं हूँ, दस-बारह जने हैं। जिनके घर देहात में हैं, उनके लड़कों को अस्सी प्रतिशत इसी प्रकार विद्या-लाभ करना पड़ता है। अत: लाभ के अंकों में अंत तक बिल्कुल शून्य न पड़ने पर भी जो पड़ता है, उसका हिसाब लगाने के लिए इन कुछेक बातों पर विचार कर लेना काफी होगा कि जिन लड़कों को सबेरे आठ बजे के भीतर ही बाहर निकलकर आने-जाने में चार कोस का रास्ता तय करना पड़ता है, चार कोस के माने आठ मील नहीं, उससे भी बहुत अधिक। बरसात के दिनों में सिर पर बादलों का पानी और पाँवों के नीचे घुटनों तक कीचड़ के बदले धूप के समुद्र में तैरते हुए स्कूल और घर आना-जाना पड़ता है, उन अभागे बालकों को माँ सरस्वती प्रसन्न होकर वर दें कि उनके कष्टों को देखकर वे कहीं अपना मुँह दिखाने की बात भी नहीं सोच पातीं।

तदुपरांत यह कृतविद्य बालकों का दल बड़ा होकर एक दिन गाँव में ही बैठे या भूख की आग बुझाने के लिए कहीं अन्यत्र चला जाए, उनके चार कोस तक पैदल आने-जाने की विद्या का तेज आत्म-प्रकाश करेगा ही करेगा। कोई-कोई को कहते सुना है, 'अच्छा, जिन्हें भूख की आग है, उनकी बात भले ही छोड़ दी जाए, परंतु जिन्हें वह आग नहीं है, वैसे सब भले आदमी किस सुख के लिए गाँव छोड़कर जाते हैं? उनके रहने पर तो गाँव की ऐसी दुर्दशा नहीं होती।'

मलेरिया की बात नहीं छेड़ता। उसे रहने दो, परंतु इन चार कोस तक पैदल चलने की आग में कितने भद्र लोग बाल-बच्चों को लेकर गाँव छोड़कर शहर चले गए हैं, उनकी कोई संख्या नहीं है। इसके बाद एक दिन बाल-बच्चों का पढ़ना-लिखना भी समाप्त हो जाता है, तब फिर शहर की सुख सुविधा में रुचि लेकर वे लोग गाँव में लौटकर नहीं आ पाते!

---

* जाने किस गाँव के लड़के की डायरी से उद्धृत। उसका असली नाम जानने की किसी को आवश्यकता नहीं, निषेध भी है। चालू नाम तो रख लीजिए—न्याड़ा (जिसके केश मुड़े हों)।

परंतु रहने दो इन सब व्यर्थ बातों को। स्कूल जाता हूँ, दो कोस के बीच ऐसे ही दो-तीन गाँव पार करने पड़ते हैं। किसके बाग में आम पकने शुरू हुए हैं, किस जंगल में करौंदे काफी लगे हैं, किसके पेड़ पर कटहल पकने को हैं, किसके अमृतवान केले की गहर कटनेवाली है, किसके घर के सामनेवाली झाड़ी में अनन्नास का फल रंग बदल रहा है, किसके पोखर के किनारेवाले खजूर के पेड़ से खजूर तोड़कर खाने से पकड़े जाने की संभावना कम है, इन सब खबरों को लेने में समय चला जाता है, परंतु जो वास्तविक विद्या है, कमस्फट्का की राजधानी का क्या नाम है एवं साइबेरिया की खान में चाँदी मिलती है या सोना मिलता है, यह सब आवश्यक तथ्य जानने की तनिक भी फुरसत नहीं मिलती।

इसीलिए इम्तहान के समय 'एडिन क्या है' पूछे जाने पर कहता 'पर्शिया का बंदर' और हुमायूँ के पिता का नाम पूछे जाने पर लिख आया तुगलक खाँ एवं आज चालीस का कोठा पार हो जाने पर भी देखता हूँ, इन सब विषयों में धारणा प्राय: वैसी ही बनी हुई है, तदुपरांत प्रमोशन के दिन मुँह लटकाकर घर लौट आता और कभी दल बाँधकर मास्टर को ठीक करने की सोचता और कभी सोचता, ऐसे वाहियात स्कूल को छोड़ देना ही ठीक है।

हमारे गाँव के एक लड़के के साथ बीच-बीच में स्कूल मार्ग पर भेंट हो जाया करती थी। उसका नाम था मृत्युंजय। मेरी अपेक्षा वह बहुत बड़ा था। तीसरी क्लास में पढ़ता था। कब वह पहले-पहल तीसरी क्लास में चढ़ा, यह बात हममें से कोई नहीं जानता था, संभवत: वह पुरातत्त्वविदों की गवेषणा का विषय था, परंतु हम लोग उसे इस तीसरी क्लास में ही बहुत दिनों से देखते आ रहे थे। उसके चौथे दरजे में पढ़ने का इतिहास भी कभी नहीं सुना था, दूसरे दरजे से चढ़ने की खबर भी कभी नहीं मिली थी। मृत्युंजय के माता-पिता, भाई-बहन कोई नहीं थे, था केवल गाँव के एक ओर एक बहुत बड़ा आम-कटहल का बगीचा और उसके बीच एक बहुत बड़ा खँडहर-सा मकान और

*मृत्युंजय के माता-पिता, भाई-बहन कोई नहीं थे, था केवल गाँव के एक ओर एक बहुत बड़ा आम-कटहल का बगीचा और उसके बीच एक बहुत बड़ा खँडहर-सा मकान और थे एक दूर के रिश्ते के चाचा। चाचा का काम था भतीजे की अनेक प्रकार से बदनामी करते रहना, 'वह गाँजा पीता है' ऐसे ही और भी क्या-क्या! उनका एक और काम था; यह कहते फिरना, 'इस बगीचे का आधा हिस्सा उनका है, नालिश करके दखल करने भर की देर है।' उन्होंने एक दिन दखल भी अवश्य पा लिया, परंतु वह जिले की अदालत में नालिश करके नहीं, ऊपर की अदालत के हुक्म से, परंतु वह बात पीछे होगी।*

थे एक दूर के रिश्ते के चाचा। चाचा का काम था भतीजे की अनेक प्रकार से बदनामी करते रहना, 'वह गाँजा पीता है' ऐसे ही और भी क्या-क्या! उनका एक और काम था; यह कहते फिरना, 'इस बगीचे का आधा हिस्सा उनका है, नालिश करके दखल करने भर की देर है।' उन्होंने एक दिन दखल भी अवश्य पा लिया, परंतु वह जिले की अदालत में नालिश करके नहीं, ऊपर की अदालत के हुक्म से, परंतु वह बात पीछे होगी।

मृत्युंजय स्वयं ही पकाकर खाता एवं आमों की फसल में आम का बगीचा किसी को उठा देने पर उसका साल भर खाने-पहनने का काम चल जाता और अच्छी तरह ही चल जाता। जिस दिन मुलाकात हुई, उसी दिन देखा, वह छिन्न-भिन्न मैली किताबों को बगल में दबाए रास्ते के किनारे चुपचाप चल रहा है। उसे कभी किसी के साथ अपनी ओर से बातचीत करते नहीं देखा, अपितु अपनी ओर से बात स्वयं हमीं लोग करते। उसका प्रधान कारण था कि दुकान से खाने-पीने की चीजें खरीदकर खिलानेवाला गाँव में उस जैसा कोई नहीं था और केवल लड़के ही नहीं! कितने ही लड़कों के बाप कितनी ही बार गुप्त रूप से अपने लड़कों को भेजकर उसके पास 'स्कूल की फीस खो गई है, पुस्तक चोरी चली गई है' इत्यादि कहलवाकर रुपए मँगवा लेते, इसे कहा नहीं जा सकता, परंतु ऋण स्वीकार करने की बात तो दूर रही, उसके लड़के ने कोई बात भी की है, यह बात भी कोई भद्र-समाज में कबूल नहीं करना चाहता, गाँव भर में मृत्युंजय का ऐसा ही सुनाम था।

बहुत दिनों से मृत्युंजय से भेंट नहीं हुई। एक दिन सुनाई पड़ा, वह मराऊ रखा है। फिर एक दिन सुना गया, मालपाड़े के एक बुड्ढे माल* ने उसका इलाज करके एवं उसकी लड़की विलासी ने सेवा करके मृत्युंजय को यमराज के मुँह में जाने से बचा लिया है।

बहुत दिनों तक मैंने उसकी बहुत सी मिठाई का सदुपयोग किया था—मन न जाने कैसा होने लगा, एक दिन शाम के अँधेरे में छिपकर उसे देखने गया, उसके खँडहर से मकान में दीवालों की बला नहीं है। स्वच्छंदता से भीतर घुसकर देखा, घर का दरवाजा खुला है, एक बहुत तेज दीपक जल रहा है और ठीक सामने ही तख्त के ऊपर धुले-उजले बिछौने पर मृत्युंजय सो रहा है। उसके कंकाल जैसे शरीर को देखते ही समझ में आ गया, सचमुच ही यमराज ने प्रयत्न करने में कोई कमी नहीं रखी, तो भी वह अंत तक सुविधापूर्वक उठ नहीं सका, केवल उसी लड़की के जोर से। वह सिरहाने बैठी पंखे से हवा झल रही थी। अचानक मनुष्य को देख चौंककर उठ खड़ी हुई। यह उसी बुड्ढे सपेरे की लड़की विलासी है। उसकी आयु अठारह की है या अट्ठाईस की, सो ठीक

* माल—बंगाल की एक जाति, जो साँप के काटे का इलाज करती है।

निश्चित नहीं कर सका, परंतु मुँह की ओर देखने भर से खूब समझ गया, आयु चाहे जो हो, मेहनत करते-करते और रात-रात भर जागते रहने से इसके शरीर में अब कुछ नहीं रहा है। ठीक जैसे फूलदानी में पानी देकर भिगो रखे गए बासी फूल की भाँति हाथ का थोड़ा सा स्पर्श लगते ही, थोड़ा सा हिलाते-डुलाते ही झड़ पड़ेगा।

*मृत्युंजय मुझे पहिचानते हुए बोला, 'कौन न्याड़ा?'*
*बोला, 'हाँ।'*
*मृत्युंजय ने कहा, 'बैठो।'*
*लड़की गरदन झुकाए खड़ी रही। मृत्युंजय ने दो-चार बातों में जो कहा, उसका सार यह था कि उसे खाट पर पड़े डेढ़ महीना हो चला है। बीच में दस-पंद्रह दिन वह अज्ञान-अचैतन्य अवस्था में पड़ा रहा, अब कुछ दिन हुए वह आदमियों को पहचानने लगा है, यद्यपि अभी तक वह बिछौना छोड़कर उठ नहीं सकता, परंतु अब कोई डर की बात नहीं है।*

मृत्युंजय मुझे पहिचानते हुए बोला, 'कौन न्याड़ा?'

बोला, 'हाँ।'

मृत्युंजय ने कहा, 'बैठो।'

लड़की गरदन झुकाए खड़ी रही। मृत्युंजय ने दो-चार बातों में जो कहा, उसका सार यह था कि उसे खाट पर पड़े डेढ़ महीना हो चला है। बीच में दस-पंद्रह दिन वह अज्ञान-अचैतन्य अवस्था में पड़ा रहा, अब कुछ दिन हुए वह आदमियों को पहचानने लगा है, यद्यपि अभी तक वह बिछौना छोड़कर उठ नहीं सकता, परंतु अब कोई डर की बात नहीं है।

डर की कोई बात न सही, परंतु बालक होते हुए भी यह समझ गया कि आज जिसमें खाट छोड़कर उठने की शक्ति नहीं है, उस रोगी को, इस वन के बीच अकेली जिस लड़की ने बचा लेने का भार अपने ऊपर उठाया, वह कितना बड़ा गुरुभार है! दिन के बाद दिन, रात के बाद रात; उसकी कितनी सेवा, कितनी शुश्रूषा, कितना धैर्य, कितना रतजगा है! यह कितने बड़े साहस का काम है, परंतु जिस व्यक्ति ने इस असाध्य साधन को संभव कर डाला, उसका परिचय यद्यपि उस दिन नहीं पाया, परंतु एक दिन दूसरे से पा लिया।

लौटते समय लड़की एक दूसरे दीपक को लेकर मेरे आगे-आगे टूटी दीवालों के अंत तक आई। इतनी देर तक उसने एक भी बात नहीं कही थी, इस बार धीरे-धीरे बोली, 'सड़क तक तुम्हें पहुँचा आऊँ क्या?'

बड़े-बड़े आम के वृक्षों से सारे बगीचे में जैसे एक जमा हुआ सा अंधकार लग रहा था, सड़क दिखाई देने की बात तो दूर, अपना हाथ तक दिखाई नहीं देता था। बोला, 'पहुँचाने की जरूरत नहीं, केवल दीपक दे दो।'

उसके द्वारा दीपक मेरे हाथ में देते ही उसके उत्कंठित चेहरे पर मेरी आँखें पड़ीं।

धीरे-धीरे वह बोली, 'अकेले जाने में डरोगे तो नहीं? थोड़ा आगे तक पहुँचा आऊँ?'

एक स्त्री पूछ रही है, डरोगे तो नहीं, अस्तु। मन में चाहे जो हो, प्रत्युत्तर में केवल एक 'ना' कहकर आगे बढ़ गया।

उसने फिर कहा, 'वन-जंगल का रास्ता है, जरा देख-देखकर पाँव रखते हुए जाना।'

मेरे शरीर में रोंगटे खड़े हो गए, परंतु इतनी देर बाद समझा वह उद्वेग किसके लिए था और वह उजाला दिखाती हुई इस जंगली रास्ते से पार कर देना चाहती थी! संभव है, वह मेरा निषेध नहीं सुनती। साथ ही आती, परंतु पीड़ित मृत्युंजय को अकेला छोड़कर जाने को शायद उसका मन अंत तक तैयार नहीं हुआ।

बीस-पच्चीस बीघे का बगीचा था, अतः रास्ता भी कम नहीं था। इस भीषण अंधकार में प्रत्येक पाँव शायद डरते-डरते ही रखना पड़ता था, परंतु दूसरे ही क्षण उस लड़की की बात से सारा मन इस तरह आच्छन्न हो गया कि डरने का फिर समय ही नहीं मिला। केवल खयाल आने लगा, एक मृतप्राय: रोगी को लेकर रहना कितना कठिन है! मृत्युंजय तो किसी भी समय मर सकता था, तब सारी रात इस जंगल के बीच अकेली लड़की क्या करती! किस तरह अपनी उस रात को काटती।

*बीस-पच्चीस बीघे का बगीचा था, अतः रास्ता भी कम नहीं था। इस भीषण अंधकार में प्रत्येक पाँव शायद डरते-डरते ही रखना पड़ता था, परंतु दूसरे ही क्षण उस लड़की की बात से सारा मन इस तरह आच्छन्न हो गया कि डरने का फिर समय ही नहीं मिला। केवल खयाल आने लगा, एक मृतप्राय: रोगी को लेकर रहना कितना कठिन है! मृत्युंजय तो किसी भी समय मर सकता था, तब सारी रात इस जंगल के बीच अकेली लड़की क्या करती! किस तरह अपनी उस रात को काटती।*

इस घटना के बहुत दिन बाद की एक बात मुझे याद आती है। अपने एक आत्मीय की मृत्यु के समय मैं उपस्थित था। अँधेरी रात, घर में लड़के-बच्चे नौकर-चाकर नहीं थे। घर में केवल उनकी सद्‌विधवा स्त्री और मैं ही थे। उनकी स्त्री ने शोक के आवेग में छाती पीटकर ऐसा कांड उपस्थित कर दिया कि यह भय हुआ कि कहीं उसके प्राण भी निकल न जाएँ। रो-रोकर बार-बार मुझसे पूछने लगीं, वे जब स्वेच्छा से साथ-ही-साथ मर जाना चाहती हैं, तब सरकार का क्या है? उन्हें अब रत्ती भर जीने की इच्छा नहीं है, इसे क्या वे लोग (सरकारी आदमी) समझेंगे नहीं? उनके घर में क्या स्त्रियाँ नहीं हैं! वे क्या पत्थर ही हैं? और यदि इस रात में गाँव के पाँच लोग यदि नदी के किनारे किसी जंगल के बीच उनके सह-मरण (सती होने) का प्रबंध कर दें तो पुलिस के लोग किस प्रकार जान सकेंगे? इस तरह की कितनी ही बातें कहीं, परंतु मेरा तो और बैठे

रहकर उनका रोना सुनने से काम नहीं चल सकता था! मुहल्ले में खबर देने की जरूरत है, अनेक वस्तुएँ इकट्ठी करने की जरूरत है, परंतु मेरा बाहर जाने का प्रस्ताव सुनते वे प्रकृतिस्थ हो गईं। आँखें पोंछकर बोलीं, 'भाई, जो होना था, वह हो गया, अब बाहर जाने से क्या होगा। रात बीत जाने दो न!'

बोला, 'बहुत काम है, न जाने पर काम नहीं होंगे।'

वे बोलीं, 'काम रहने दो, तुम बैठो।'

*परंतु उनके दुःख को तुच्छ करके दिखाना भी मेरा उद्देश्य नहीं है। क्या वे सच्ची नहीं थीं, यह बात कहने का भी मेरा अभिप्राय नहीं है। क्या एक आदमी के व्यवहार से ही उसकी अंतिम मीमांसा हो गई, यह भी नहीं है, परंतु ऐसी और भी अनेक घटनाएँ जानता हूँ, जिनका उल्लेख न करने पर भी मैं यह बात कहना चाहता हूँ कि केवल कर्तव्य-ज्ञान के जोर अथवा बहुत समय तक एक साथ घर-गृहस्थी करने के अधिकार से ही इस भय का कोई स्त्री अतिक्रमण नहीं कर पाती। वह कोई और ही शक्ति है, जिसका बहुत से पति-पत्नी एक साथ वर्षों तक घर-गृहस्थी चलाते रहने के बाद भी कुछ पता नहीं पाते।*

बोला, 'बैठने से काम नहीं चलेगा, एक बार खबर देनी ही पड़ेगी, कहकर पाँव बढ़ाते ही वे चीत्कार कर उठीं, 'अरे बाप रे! मैं अकेली नहीं रह सकूँगी।

अतः फिर बैठ जाना पड़ा। कारण तब समझ में आया। जिस स्वामी के जीवित रहते हुए वे निर्भयतापूर्वक पच्चीस वर्ष तक अकेली घर में रहीं, उसकी मृत्यु को चाहे सह भी लें। उसकी मृत-देह के समीप इस अँधेरी रात में पाँच मिनट बैठना भी सहन नहीं हो सकता। छाती यदि किसी बात से फटती है तो इस मृत स्वामी के समीप अकेले बैठने से ही।

परंतु उनके दुःख को तुच्छ करके दिखाना भी मेरा उद्देश्य नहीं है। क्या वे सच्ची नहीं थीं, यह बात कहने का भी मेरा अभिप्राय नहीं है। क्या एक आदमी के व्यवहार से ही उसकी अंतिम मीमांसा हो गई, यह भी नहीं है, परंतु ऐसी और भी अनेक घटनाएँ जानता हूँ, जिनका उल्लेख न करने पर भी मैं यह बात कहना चाहता हूँ कि केवल कर्तव्य-ज्ञान के जोर अथवा बहुत समय तक एक साथ घर-गृहस्थी करने के अधिकार से ही इस भय का कोई स्त्री अतिक्रमण नहीं कर पाती। वह कोई और ही शक्ति है, जिसका बहुत से पति-पत्नी एक साथ वर्षों तक घर-गृहस्थी चलाते रहने के बाद भी कुछ पता नहीं पाते।

परंतु अचानक उसी शक्ति का परिचय जब किसी स्त्री-पुरुष के निकट पाया जाता है, तब समाज की अदालत में मुलजिम बनाकर उन्हें दंड देना यदि आवश्यक हो, तो हो,

परंतु मनुष्य की जो वस्तु सामाजिक नहीं है, वह स्वयं तो उसके सुख-दु:ख से चुपचाप आँसू बहाए बिना किसी प्रकार नहीं रह सकती।

प्राय: दो महीने तक मृत्युंजय की खबर नहीं ली। जिन लोगों ने देहात को नहीं देखा है अथवा केवल रेलगाड़ी की खिड़की से मुँह बढ़ाकर देखा है, वे तो शायद आश्चर्यपूर्वक कह उठेंगे, 'यह कैसी बात है ? यह क्या कभी संभव हो सकता है कि इतनी बड़ी बीमारी को आँखों से देख आकर भी दो महीने तक फिर उसकी खबर ही नहीं।' उन्हें जताने के लिए यह कहना आवश्यक है कि यह केवल संभव ही नहीं, ऐसा ही हुआ करता है। किसी व्यक्ति की विपत्ति में मुहल्ला भर झुंड बाँधकर उमड़ पड़ता है, यह एक जनश्रुति अवश्य है, पता नहीं वह सतयुग के गाँवों में थी या नहीं, परंतु इस काल में तो कहीं भी देखी है, ऐसा याद नहीं पड़ता। तभी जब तक उसके मरने की खबर नहीं मिलती, तब तक वह बचा हुआ है, यही ठीक है।

इसी बीच अचानक एक दिन कान में पड़ा, मृत्युंजय के उस बगीचे के भागीदार चाचा शोर मचाते फिरते हैं कि गया, गया, गाँव इस बार रसातल में चला गया। नालते के मित्र* कहलाकर समाज में अब वे अपना मुँह दिखाने योग्य नहीं रहे, नालायक एक सपेरे की लड़की से निकाह करके उसे घर ले आया है और केवल निकाह नहीं, यह भी न हो चूल्हे में जाए, उसके हाथ का भात तक खाया है। गाँव ने यदि इसका दंड न दिया तो वन में जाकर ही रहना पड़ेगा। कोड़ोला और हरिपुर का समाज इस बात को सुनेगा तो, इत्यादि-इत्यादि।

तब लड़के-बूढ़े सभी के मुँह पर एक ही बात, 'ऐं! यह क्या हुआ ? कलियुग क्या सचमुच ही उलट बैठा है!'

चाचा कहते फिरते हैं, 'यह होगा, इसे बहुत लोग पहले से ही जानते थे। वे केवल तमाशा देख रहे थे, कहाँ का पानी कहाँ जाकर मरा अन्यथा यह कोई पराया नहीं, पड़ोसी नहीं, अपना ही भतीजा है। मैं क्या उसे घर नहीं ले जा सकता था ? मुझे क्या डाक्टर-वैद्यों को

*चाचा कहते फिरते हैं, 'यह होगा, इसे बहुत लोग पहले से ही जानते थे। वे केवल तमाशा देख रहे थे, कहाँ का पानी कहाँ जाकर मरा अन्यथा यह कोई पराया नहीं, पड़ोसी नहीं, अपना ही भतीजा है। मैं क्या उसे घर नहीं ले जा सकता था ? मुझे क्या डाक्टर-वैद्यों को दिखाने की सामर्थ्य नहीं थी ? तब फिर ऐसा क्यों नहीं किया, इसे अब देख लें, परंतु अब तो चुप नहीं बैठा जा सकता। यह जो मित्र वंश का नाम डूबा जा रहा है। गाँव के मुँह पर जो कालिख लगी जा रही है ?'*

* एक विशिष्ट स्थान का वंश, जिस पर गर्व किया जा सकता है।

दिखाने की सामर्थ्य नहीं थी? तब फिर ऐसा क्यों नहीं किया, इसे अब देख लें, परंतु अब तो चुप नहीं बैठा जा सकता। यह जो मित्र वंश का नाम डूबा जा रहा है। गाँव के मुँह पर जो कालिख लगी जा रही है?'

तब हमारे गाँव के लोगों ने मिलकर जो काम किया, उसे सोचते ही मैं लज्जा से मर जाता हूँ। चाचा चले नालते के मित्र-वंश के अभिभावक बनकर और हम दस-बारह जने साथ चले, गाँव के मुँह पर कालिख न लगे, इसलिए।

मृत्युंजय के टूटे-फूटे मकान पर जाकर जब उपस्थित हुए, उस समय शाम हो चुकी थी। लड़की भग्न-बरामदे के एक किनारे बैठी हुई रोटी बना रही थी, अचानक लाठी-सोटा हाथ में लिए इतने लोगों को आँगन में देखकर भय से नीली पड़ गई।

चाचा ने घर के भीतर झाँककर देखा; मृत्युंजय सो रहा है, झटपट साँकल चढ़ा दी, उस भय के कारण मृतप्राय: लड़की से संभाषण शुरू कर दिया। अधिक क्या कहा जाए, संसार के किसी भी चाचा ने किसी भी समय शायद भतीजे की स्त्री से ऐसा संभाषण नहीं किया होगा। वह ऐसा था कि लड़की हीन सपेरे की लड़की होते हुए भी उसे सहन नहीं कर सकी। आँखें उठाकर बोली, 'मेरे पिता ने बाबू के साथ निकाह कर दिया है, जानते हो!'

चाचा बोले, 'ठहर तो री!' इत्यादि-इत्यादि एवं साथ-ही-साथ दस-बारह लोग वीरदर्प से हुंकारते हुए उसकी गरदन पर टूट पड़े। किसी ने कान पकड़े, किसी ने दोनों हाथ पकड़े एवं जिन्हें ऐसा सुयोग नहीं मिला, वे भी निश्चेष्ट न रहे।

कारण, संग्राम-स्थल पर हम लोग कायरों की भाँति चुपचाप खड़े रह सकते हैं, हमारे विरुद्ध इतनी बड़ी बदनामी करते फिरने में शायद नारायण के प्रतिनिधियों की आँखों को भी लाज लगेगी। यहाँ पर एक अप्रासंगिक बात कह देना चाहता हूँ। सुना है, विलायत आदि म्लेच्छ देशों में पुरुषों में एक कुसंस्कार है, स्त्रियों को दुर्बल एवं निरुपाय कहकर उनके शरीर पर हाथ नहीं उठाते। यह भला क्या बात हुई। सनातनी हिंदू इस कुसंस्कार को नहीं मानते। हम लोग कहते हैं, जिसके शरीर में जोर नहीं है, उसी के शरीर पर हाथ उठाया जाता है। वह स्त्री-पुरुष में से कोई भी क्यों न हो!

लड़की जो पहले ही एक बार आर्तनाद कर उठी थी, उसके बाद एकदम चुप रह गई, परंतु हम लोग जब उसे गाँव के बाहर छोड़ आने के लिए घसीटने लगे, तब विनय करती हुई कहने लगी, 'बाबू लोगो, मुझे एक बार छोड़ दो, मैं रोटियों को घर में रख आऊँ, बाहर रह जाने से सियार-कुत्ते खा जाएँगे, रोगी मनुष्य को सारी रात खाना नहीं मिलेगा।'

मृत्युंजय बंद कमरे के भीतर पागल की भाँति सिर धुनने लगा, दरवाजे पर पाँव की ठोकर मारने लगा, परंतु हम लोग उससे रत्ती भर भी प्रसन्न नहीं हुए। स्वदेश के कल्याण के लिए सबकुछ अकातर-भाव से सहकर उसे घसीटकर खींचते हुए चल दिए।

'चल दिए' इसलिए कह रहा हूँ कि मैं भी बराबर उनके साथ था, परंतु मुझमें एक

दुर्बलता थी, मैं उसके शरीर से हाथ नहीं लगा सका, अपितु जैसे भीतर-ही-भीतर रो उठा। उसने अत्यंत अनुचित कार्य किया है एवं उसे गाँव से बाहर निकाल देना ही उचित है, परंतु फिर भी हम लोग कोई अच्छा काम कर रहे हैं, यह भी किसी तरह समझ में नहीं आया, परंतु मेरी बात रहने दो। आप यह न सोच लें कि देहात में उदारता का नितांत अभाव होता है। बिल्कुल नहीं, अपितु बड़े आदमी होने पर हम लोग ऐसी उदारता प्रकट करते हैं कि सुनकर आप लोग अवाक् रह जाएँगे।

*लड़की जो पहले ही एक बार आर्तनाद कर उठी थी, उसके बाद एकदम चुप रह गई, परंतु हम लोग जब उसे गाँव के बाहर छोड़ आने के लिए घसीटने लगे, तब विनय करती हुई कहने लगी, 'बाबू लोगो, मुझे एक बार छोड़ दो, मैं रोटियों को घर में रख आऊँ, बाहर रह जाने से सियार-कुत्ते खा जाएँगे, रोगी मनुष्य को सारी रात खाना नहीं मिलेगा।' मृत्युंजय बंद कमरे के भीतर पागल की भाँति सिर धुनने लगा, दरवाजे पर पाँव की ठोकर मारने लगा, परंतु हम लोग उससे रत्ती भर भी प्रसन्न नहीं हुए। स्वदेश के कल्याण के लिए सबकुछ अकातर-भाव से सहकर उसे घसीटकर खींचते हुए चल दिए।*

यह मृत्युंजय यदि उसके हाथ से भात खाने का अक्षम्य अपराध नहीं करता तो हम लोगों को इतना क्रोध नहीं आता और कायस्थ के लड़के का सपेरे की लड़की के साथ निकाह, यह तो एक हँसकर उड़ा देने की बात है, परंतु गजब कर दिया इस भात खाने ने! भले ही हो वह ढाई महीने से बीमार, भले ही हो वह शय्याशाही, परंतु इसी से भात! पूड़ी नहीं, संदेश नहीं, बकरे का मांस नहीं! भात खाना तो अन्न-पाय है। वह तो फिर सचमुच ही माफ नहीं किया जा सकता। इसलिए देहात के लोग संकीर्ण हृदय नहीं हैं। 'चार कोस-पैदल चली' जो विद्या जिन सब लड़कों के पेट में है, वही तो एक दिन बड़े होकर समाज के शिरोमणि होते हैं। देवी वीणापाणि के वर से उनमें संकीर्णता किस तरह आ सकती है?

यही देखो, इसके कुछ दिन बाद ही प्रात:स्मरणीय स्वर्गीय मुखोपाध्याय महाशय की विधवा पुत्रवधू मानसिक-वैराग्य से दो वर्ष तक काशीवास करके तब लौटी; तब निंदक लोग कानाफूसी करने लगे कि आधी संपत्ति इस विधवा की है एवं पीछे उसके हाथ से निकल जाए, इस भय से छोटेबाबू प्रयत्न और बड़े परिश्रम के बाद बहूजी को जहाँ से लौटा लाए हैं, वह काशी ही होगी। जो भी हो, छोटेबाबू ने अपनी स्वाभाविक उदारता से गाँव की पंचायती-पूजा में दो सौ रुपए दान देकर, गाँव के पाँच ब्राह्मणों को दक्षिणा सहित उत्तम फलाहार देने के पश्चात् प्रत्येक श्रेष्ठ ब्राह्मण के हाथ में जब एक-एक कांसे का गिलास देकर विदा किया, तब धन्य-धन्य हो उठी। यही क्यों, मार्ग में आते हुए

बहुत से लोग देश एवं विदेश के कल्याण के निमित्त कामना करने लगे, 'ऐसे जो सब बड़े आदमी हैं, उनके घर-घर में प्रतिमास ऐसे ही शुभ अनुष्ठान क्यों नहीं हुआ करते ?'

परंतु रहने दो, हमारे महत्त्व की कहानियाँ अनेक हैं। युग-युग से संचित होकर प्राय: प्रत्येक ग्रामवासी के द्वार पर वे स्तूपाकार हो उठी हैं। इस दक्षिण बंगाल के अनेक गाँवों में बहुत दिनों तक घूमकर गर्व करने योग्य अनेक बड़ी-बड़ी घटनाएँ प्रत्यक्ष देखी हैं। चरित्र-बल में, धर्म-बल में, सामाजिक-बल में और विद्या के बल में शिकायत बिल्कुल पूरी हो गई है, अब केवल अंग्रेजों को कस कर गाली दे सका तो देश का उद्धार हो जाए।

लगभग एक वर्ष हो गया। मच्छरों का काटना और नहीं सहा गया, तब संन्यासी-गिरि से सबको इस्तीफा देकर घर लौट आया हूँ। एक दिन दोपहर के समय दो कोस पर मालपाड़े में होकर चला जा रहा था, अचानक देखा, एक झोपड़ी के दरवाजे पर बैठा है मृत्युंजय। उसके माथे पर गेरुआ रंग की पगड़ी, बड़ी दाढ़ी और केश, गले में रुद्राक्ष और कौड़ियों की माला। कौन कह सकता है, यह हमारा वही मृत्युंजय है! कायस्थ का लड़का एक वर्ष के भीतर ही जाति खोकर एकदम भली-भाँति सपेरा बन गया है। मनुष्य कितनी जल्दी अपने चौदह पुरखों की जाति को विसर्जित कर एक अन्य जाति में चला जाता है, यह एक आश्चर्यजनक घटना है। ब्राह्मण का लड़का मेहतरानी के साथ विवाहकर मेहतर हो गया और उनका व्यवसाय अपना लिया, यह शायद आप सभी ने न सुना होगा। मैंने श्रेष्ठ ब्राह्मण के लड़के को ऐंट्रेंस पास कर लेने के बाद भी डोम की लड़की से विवाह कर डोम बन जाते हुए देखा है। इस समय वह सूप-डलिया बनाकर बेचा करता है, सूअर चराता है। भले कायस्थ के लड़के को कसाई की लड़की के साथ विवाह कर कसाई हो जाते हुए भी देखा है। आज वह अपने हाथ से गाय काटकर बेचता है, उसे देखकर कौन कह सकता है कि किसी समय वह कसाई से भिन्न और कुछ होगा, परंतु सबका वही एक कारण है। मैं तभी तो सोचता हूँ, इस प्रकार जो आसानी से पुरुष को खींचकर नीचे गिरा सकती हैं, वे क्या उसी प्रकार हँसते-खेलते ऊँचा नहीं चढ़ा सकतीं। जिन ग्रामवासी पुरुषों

*लगभग एक वर्ष हो गया। मच्छरों का काटना और नहीं सहा गया, तब संन्यासी-गिरि से सबको इस्तीफा देकर घर लौट आया हूँ। एक दिन दोपहर के समय दो कोस पर मालपाड़े में होकर चला जा रहा था, अचानक देखा, एक झोपड़ी के दरवाजे पर बैठा है मृत्युंजय। उसके माथे पर गेरुआ रंग की पगड़ी, बड़ी दाढ़ी और केश, गले में रुद्राक्ष और कौड़ियों की माला। कौन कह सकता है, यह हमारा वही मृत्युंजय है! कायस्थ का लड़का एक वर्ष के भीतर ही जाति खोकर एकदम भली-भाँति सपेरा बन गया है।*

की प्रशंसा के लिए आज पंच-मुख हो उठा हूँ, यह गौरव क्या केवल अकेले उन्हीं को मिलना चाहिए? क्या अपने ही बल पर वे इतनी जल्दी नीचे की ओर गिरते चले जाते हैं। अंदर की ओर से क्या उन्हें तनिक भी उत्साह, तनिक भी सहायता नहीं मिलती?

परंतु रहने दो। जोश में आकर शायद अनाधिकार चर्चा कर बैठूँगा, परंतु मुझे कठिनाई यही आ पड़ी है कि मैं किसी भी तरह नहीं भूल पाता कि देश के नब्बे प्रतिशत नर-नारी इन गाँवों में रहकर ही मनुष्य बनते हैं एवं इसीलिए हम लोगों को कुछ करना ही चाहिए। खैर, कह रहा था कि देखकर कौन कह सकता है कि यह वही मृत्युंजय है, परंतु मुझे उसने खातिर करके बैठाया। विलासी पोखर से पानी भरने गई थी, मुझे देखकर वह भी बहुत खुश होकर बार-बार कहने लगी, 'तुम्हारे न आने से वे लोग रात में मुझे मार ही डालते। मेरे लिए न जाने तुमने कितनी मार खाई होगी।'

बातों ही बातों में सुना, दूसरे दिन से ही वे यहाँ आकर क्रमशः घर बनाकर रहने लगे हैं एवं सुखी हैं, यह बात मुझे बताने की आवश्यकता नहीं थी, केवल उन लोगों के चेहरे की ओर देखकर ही मैं समझ गया था।

तो भी सुना, आज कहीं से उन्हें साँप पकड़ने के लिए बयाना आया है और वे तैयार बैठे हैं, मैं भी उनके साथ जाने के लिए उछल पड़ा। बचपन से ही मुझे दो बातों का बड़ा शौक रहा है। एक तो गोखुरा काला साँप पकड़कर पालना और दूसरा मंत्र सिद्ध करना।

सिद्ध होने का उपाय अब तक ढूँढ़कर भी नहीं निकाल सका था, परंतु मृत्युंजय को उस्ताद के रूप में पा लेने की आशा से आनंद से उत्फुल्ल हो उठा। वह अपने सुप्रसिद्ध ससुर का शिष्य है, अतः बड़ा आदमी है। मेरा भाग्य अचानक ऐसा चमक उठेगा, इसे कौन सोच सकता था?

*बातों ही बातों में सुना, दूसरे दिन से ही वे यहाँ आकर क्रमशः घर बनाकर रहने लगे हैं एवं सुखी हैं, यह बात मुझे बताने की आवश्यकता नहीं थी, केवल उन लोगों के चेहरे की ओर देखकर ही मैं समझ गया था। तो भी सुना, आज कहीं से उन्हें साँप पकड़ने के लिए बयाना आया है और वे तैयार बैठे हैं, मैं भी उनके साथ जाने के लिए उछल पड़ा। बचपन से ही मुझे दो बातों का बड़ा शौक रहा है। एक तो गोखुरा काला साँप पकड़कर पालना और दूसरा मंत्र सिद्ध करना।*

'परंतु काम बड़ा है एवं भय का भी है' कहकर पहले उन दोनों ने आपत्ति की, किंतु मैंने ऐसी जिद पकड़ ली कि महीने भर के भीतर ही मुझे शागिर्द बना लेने के अतिरिक्त मृत्युंजय को और कोई मार्ग ही नहीं मिला। साँप पकड़ने का मंत्र और तरकीब सिखाकर एवं भुजा में औषधियोंवाला एक ताबीज बाँधकर बाकायदा सपेरा बना दिया।

मंत्र क्या था, जानते हैं ? उसका अंतिम भाग मुझे याद है—

ओरे केवट तू मनसा का वाहन—
मनसा देवी मेरी माँ—
उलट-पुलट पाताल-फेड़
ढोंढा का विष तू ले ले, अपना विष ढोंढा को दे
—दूधराज, मणिराज!
किसकी आज्ञा से—विष-हरी की आज्ञा से!

इसका अर्थ क्या है, सो मैं नहीं जानता, कारण, जो इस मंत्र के स्रष्टा ऋषि थे, अवश्य ही कोई न कोई थे, उनका साक्षात्कार कभी नहीं मिला।

अंत में एक दिन इस मंत्र की सत्य-मिथ्या की चरम मीमांसा हो गई, परंतु जब तक नहीं हुई, तब तक साँप पकड़ने के लिए मैं चारों ओर प्रसिद्ध हो गया। सब लोग कहने लगे—हाँ, न्याड़ा एक गुणी आदमी है।

*बीच-बीच में हम गुरु-शिष्यों के साथ विलासी तर्क करती। सपेरों का सबसे लाभदायक व्यवसाय है जड़ी-बूटी बेचना, जिसे देखते ही साँप को भागने का रास्ता नहीं मिलता, परंतु उससे पहले एक मामूली सा काम करना पड़ता है। जिस साँप को जड़ी दिखाकर भगाना हो, उसके मुँह को एक लोहे की सलाख गरम करके कई बार दाग देना चाहिए। तदुपरांत उसे सलाख दिखाओ या एक सींक ही दिखा दो, उसे कहीं भागकर जान बचाने की ही सूझेगी। इस काम के विरुद्ध विलासी भयानक आपत्ति करती हुई मृत्युंजय से कहती, देखो, इस तरह मनुष्यों को ठगना मत।'*

संन्यासी वेश में कामाख्या जाकर सिद्ध हो आया है। इतनी आयु में इतना बड़ा उस्ताद बन जाने से घमंड में भरकर मेरे पाँव ही धरती पर नहीं पड़ते थे, यह हालत हो गई।

विश्वास नहीं किया, केवल दो व्यक्तियों ने। मेरा जो गुरु था, वह तो अच्छी-बुरी बात नहीं कहता था, परंतु विलासी बीच-बीच में मुँह बिचकाकर हँसती हुई कहती, 'ठाकुर, ये सब भयंकर जानवर हैं, जरा सावधानी से हिलाया-डुलाया करो।' वस्तुतः मैं विष-दंत तोड़ने, साँप के मुँह से विष निकालने के काम ऐसी लापरवाही से करने लगा था कि वह सब याद करके मेरा शरीर आज भी काँप उठता है।

असल बात यह है कि साँप पकड़ना भी कठिन नहीं है एवं पकड़े हुए साँप को दो-चार दिन हाँडी में बंद रखने के बाद उसके विष-दंत भी तोड़े जाएँ या न तोड़े जाएँ, किसी भी तरह वह काटना नहीं चाहता। फन उठाकर काटने का बहाना भी करेगा, भय दिखाएगा, परंतु काटेगा नहीं।

बीच-बीच में हम गुरु-शिष्यों के साथ विलासी तर्क करती। सपेरों का सबसे लाभदायक व्यवसाय है जड़ी-बूटी बेचना, जिसे देखते ही साँप को भागने का रास्ता नहीं मिलता, परंतु उससे पहले एक मामूली सा काम करना पड़ता है। जिस साँप को जड़ी दिखाकर भगाना हो, उसके मुँह को एक लोहे की सलाख गरम करके कई बार दाग देना चाहिए। तदुपरांत उसे सलाख दिखाओ या एक सींक ही दिखा दो, उसे कहीं भागकर जान बचाने की ही सूझेगी। इस काम के विरुद्ध विलासी भयानक आपत्ति करती हुई मृत्युंजय से कहती, देखो, इस तरह मनुष्यों को ठगना मत।'

मृत्युंजय कहता, 'सभी करते हैं, इसमें दोष क्या है ?'

विलासी कहती, 'करने दो सबको। हम लोगों को तो खाने-पीने की फिक्र नहीं है, फिर हम क्यों झूठ-मूठ लोगों को ठगने जाएँ।'

एक और बात मैंने बराबर लक्ष्य की। साँप पकड़ने का बयाना आते ही विलासी अनेक प्रकार की बाधा देने का प्रयत्न करती, 'आज शनिवार है, कल मंगलवार है।' ऐसे कितने ही। मृत्युंजय के उपस्थित न होने पर तो वह एकदम भगा ही देती, परंतु उपस्थिति रहने पर नकद रुपए का लोभ वह संवरण नहीं कर पाता और मुझे तो एक तरह का नशा सा उठ खड़ा हुआ था। अनेक प्रकार उसे उत्तेजित करने की चेष्टा में कमी नहीं रहने देता। वस्तुतः इसमें मजे के अतिरिक्त कहीं भय भी है, यह बात मेरे मन में ठहरती ही नहीं, परंतु इस पाप का दंड मुझे एक दिन अच्छी तरह भोगना पड़ेगा।

*एक और बात मैंने बराबर लक्ष्य की। साँप पकड़ने का बयाना आते ही विलासी अनेक प्रकार की बाधा देने का प्रयत्न करती, 'आज शनिवार है, कल मंगलवार है।' ऐसे कितने ही। मृत्युंजय के उपस्थित न होने पर तो वह एकदम भगा ही देती, परंतु उपस्थिति रहने पर नकद रुपए का लोभ वह संवरण नहीं कर पाता और मुझे तो एक तरह का नशा सा उठ खड़ा हुआ था। अनेक प्रकार उसे उत्तेजित करने की चेष्टा में कमी नहीं रहने देता। वस्तुतः इसमें मजे के अतिरिक्त कहीं भय भी है, यह बात मेरे मन में ठहरती ही नहीं, परंतु इस पाप का दंड मुझे एक दिन अच्छी तरह भोगना पड़ेगा।*

उस दिन डेढ़-कोस की दूरी पर एक ग्वाले के घर साँप पकड़ने गया था। विलासी हमेशा साथ जाती थी, आज भी साथ थी। मिट्टी की मढ़ैया में थोड़ी सी खोज करते ही एक बिल का चिह्न मिल गया। हममें से किसी ने नहीं देखा, परंतु विलासी सपेरे की लड़की थी, उसने झुककर कुछ कागज के टुकड़े उठाते हुए मुझसे कहा, 'ठाकुर, जरा सावधानी से खोदना। एक ही साँप नहीं है, एक जोड़ा तो है ही, शायद और भी अधिक हों।'

*वास्तव में विलासी की बात ही ठीक निकली एवं मर्मांतक भाव से उस दिन ठीक निकली। दस मिनट के भीतर ही एक जबरदस्त 'खरिश गोखुरा' साँप पकड़कर मृत्युंजय ने मेरे हाथ में दिया, परंतु उसे पेटी में बंद करके लौटते न लौटते ही मृत्युंजय 'ओह' कहकर निश्श्वास छोड़ता हुआ बाहर आ खड़ा हुआ। उसकी हथेली के पीछे से झर-झरकर खून बह रहा था।*

मृत्यंजय बोला, 'ये लोग तो कहते हैं एक ही आकर घुसा है। एक ही दिखाई दिया है।'

विलासी ने कागज दिखाते हुए कहा, 'देखते नहीं, उन्होंने यहाँ रहने की जगह बना ली है।' मृत्युंजय ने कहा, 'कागज तो चूहे भी ला सकते हैं?' विलासी ने कहा, 'दोनों बातें हो सकती हैं, परंतु दो साँप हैं, मैं कहती हूँ।'

वास्तव में विलासी की बात ही ठीक निकली एवं मर्मांतक भाव से उस दिन ठीक निकली। दस मिनट के भीतर ही एक जबरदस्त 'खरिश गोखुरा' साँप पकड़कर मृत्युंजय ने मेरे हाथ में दिया, परंतु उसे पेटी में बंद करके लौटते न लौटते ही मृत्युंजय 'ओह' कहकर निश्श्वास छोड़ता हुआ बाहर आ खड़ा हुआ। उसकी हथेली के पीछे से झर-झरकर खून बह रहा था।

पहले तो सब जैसे हतबुद्धि हो गए। कारण, साँप पकड़ने जाते समय वह भागने के लिए व्याकुल न होकर, बिल से एक हाथ मुँह बाहर निकालकर डस ले, ऐसी अमानवीय घटना जीवन में केवल एकमात्र यही देखी थी। दूसरे क्षण विलासी चीत्कार करती हुई दौड़ी और आँचल से उसका हाथ बाँध दिया एवं जितनी तरह की जड़ी-बूटी वह साथ लाई थी, उन सबको चबाने के लिए दे दिया। मृत्युंजय का अपना ताबीज तो था ही, उसके ऊपर मेरा ताबीज खोलकर भी उसके हाथ में बाँध दिया, आशा थी कि विष इससे ऊपर नहीं चढ़ेगा। मैं अपने उसी 'विष-हरी की आज्ञा से' मंत्र का जोर-जोर से बार-बार पाठ करने लगा। चारों ओर भीड़ जमा हो गई एवं इस पर अंचल में जहाँ भी जितने गुणी व्यक्ति थे, सबको खबर देने के लिए चारों ओर आदमी दौड़ पड़े। विलासी के पिता को भी समाचार देने के लिए आदमी गए।

मेरे मंत्र पढ़ने में विराम नहीं था, परंतु ठीक सेहत दिखाई नहीं दी, तथापि आवृत्ति समान रूप से चलने लगी, परंतु पंद्रह-बीस मिनट बाद भी जब मृत्युंजय ने एकदम उलटी कर दी, तब विलासी धरती पर एकदम पछाड़ खाकर गिर पड़ी। मैं भी समझ गया, विष-हरी की दुहाई शायद अब काम नहीं देगी।

निकटवर्ती और भी दो-चार उस्ताद आ पहुँचे। अब हम लोग कभी एकसाथ और कभी अलग-अलग तैंतीस करोड़ देवी-देवताओं की दुहाई पढ़ने लगे, परंतु विष ने दुहाई नहीं मानी, रोगी की हालत क्रमशः खराब होने लगी। जब देखा, अच्छी बातों से काम नहीं

चलेगा, तब तीन–चार ओझाओं ने मिलकर विष को ऐसी अकथ्य–अश्राव्य गाली देना शुरू किया कि विष के कान होते तो मृत्युंजय तो मृत्युंजय, उस दिन वह देश छोड़कर भाग जाता, परंतु किसी से भी कुछ नहीं हुआ और भी आध घंटे तक जूझा–जूझी के बाद रोगी ने अपने माता–पिता के दिए हुए मृत्युंजय नाम, अपने श्वसुर द्वारा दिए गए मंत्र–औषधि, सबको मिथ्या प्रमाणित करते हुए इहलोक की लीला समाप्त कर दी। विलासी अपने पति के मस्तक को गोद में लिए बैठी थी, वह जैसे एकदम पत्थर हो गई हो।

खैर, उसके दुःख की कहानी को और नहीं बढ़ाऊँगा। केवल यह कहकर समाप्त करता हूँ कि वह सात दिन से अधिक जीवित रहकर वियोग का दुःख नहीं सह सकी। मुझसे केवल एक दिन बोली थी, 'ठाकुर, मेरे माथे की सौगंध है, यह सब तुम अब कभी मत करना।'

मेरा ताबीज–कवच तो मृत्युंजय के साथ ही कब्र में चला गया था, रह गई थी केवल विष–हरी की आज्ञा, परंतु वह आज्ञा कोई मजिस्ट्रेट की आज्ञा नहीं है एवं साँप का विष किसी बंगाली का विष नहीं है, इसे मैं भी समझ गया था।

एक दिन जाकर सुना, घर में तो जहर की कमी नहीं थी, विलासी आत्महत्या करके मर गई है एवं शास्त्रानुसार वह अवश्य ही नरक में गई है, परंतु जहाँ भी जाए, मेरा स्वयं का जब जाने का समय आएगा तब, ऐसे किसी एक नरक में जाने के प्रस्ताव से मैं पीछे नहीं हटूँगा, यही कह सकता हूँ।

*चाचा साहब बगीचे पर सोलहों आने दखल जमाकर अत्यंत विद्वान की भाँति चारों ओर कहते फिरने लगे, यदि उसकी अपघात मृत्यु न होती तो और किसकी होती? पुरुष वैसी एक छोड़कर दस क्यों न करे, इससे तो कुछ बनता–बिगड़ता नहीं, बहुत होगा तो थोड़ी सी निंदा हो जाएगी, परंतु उसके हाथ का भात खाकर क्यों मरा? स्वयं भी मरा, मेरा भी माथा नीचा कर गया। न पाई एक आग की लकड़ी, न पाया एक पिंड, न हुई कुछ श्राद्ध–शांति!*

चाचा साहब बगीचे पर सोलहों आने दखल जमाकर अत्यंत विद्वान की भाँति चारों ओर कहते फिरने लगे, यदि उसकी अपघात मृत्यु न होती तो और किसकी होती? पुरुष वैसी एक छोड़कर दस क्यों न करे, इससे तो कुछ बनता–बिगड़ता नहीं, बहुत होगा तो थोड़ी सी निंदा हो जाएगी, परंतु उसके हाथ का भात खाकर क्यों मरा? स्वयं भी मरा, मेरा भी माथा नीचा कर गया। न पाई एक आग की लकड़ी, न पाया एक पिंड, न हुई कुछ श्राद्ध–शांति!

गाँव के लोग एक स्वर से कहने लगे, 'इसमें भी क्या संदेह है? अन्न–पाय! बाप रे! इसका क्या कोई प्रायश्चित्त है?'

विलासी की आत्महत्या की घटना भी बहुतों के लिए परिहास का विषय बन गई। मैं प्राय: सोचता हूँ, यह अपराध तो उन दोनों ने ही किया था, परंतु मृत्युंजय तो गाँव का ही लड़का था, देहात के तेल-पानी से ही इतना बड़ा हुआ, तो भी इतने बड़े दुस्साहस के काम में उसे जिस वस्तु ने प्रवृत्त किया, उसे तो कोई एक बार आँख खोलकर भी नहीं देख पाया।

मुझे लगता है, जिस देश के स्त्री-पुरुषों के बीच परस्पर हृदय जीतकर विवाह करने की प्रथा नहीं है, अपितु वह निंदा की बात है; जिस देश के स्त्री-पुरुष आशा करने के सौभाग्य व आकांक्षा करने के भयंकर आनंद से सदैव के लिए वंचित हैं, जिन्हें विजय का गर्व, पराजय की व्यथा, इनमें से किसी को भी जीवन में एक बार भी नहीं वहन करना पड़ता, जिन्हें भूल करने का दु:ख एवं भूल न करने का आत्मप्रसाद, कोई भी बना नहीं है, जिनका प्राचीन और बहुदर्शी विज्ञ-समाज सब प्रकार के झगड़ों से अत्यंत सावधान होकर देश के लोगों को अलग रखता हुआ जीवन भर केवल भले बने रहने की ही व्यवस्था कर चुका है, इसी से विवाह का संस्कार जिनके लिए केवल एक कॉंट्रैक्ट (Contract) है—चाहे वैदिक मंत्रों से कितना ही डोकुमेंट (Document) शुदा हो, उस देश के लोगों में सामर्थ्य नहीं है कि वे मृत्युंजय के अन्न-पाय के कारण को समझ सकें। विलासी का जिन्होंने मजाक उड़ाया था, वे सब साधु-गृहस्थ एवं साध्वी गृहिणी हैं—अक्षय सतीलोक को वे सभी प्राप्त करेंगी, इसे मैं भी जानता हूँ, परंतु वह सपेरे की लड़की जब एक पीड़ित, शय्यागत रोगी को तिल-तिल करके जीत रही थी, उस समय के उस गौरव का कण भर भी शायद आज उनमें से किसी की आँखों में नहीं दिखा है। मृत्युंजय चाहे एक बहुत ही तुच्छ आदमी था, परंतु उसके हृदय को जीतकर अधिकार प्राप्त करने का आनंद तो तुच्छ नहीं था, वह संपत्ति भी साधारण नहीं थी।

इस चीज को ही इस देश के लोगों के लिए समझ सकना कठिन है। मैं भूदेव बाबू के पारिवारिक प्रबंध को भी दोष नहीं दूँगा एवं शास्त्री तथा सामाजिक विधि-व्यवस्था की भी निंदा नहीं करूँगा। करने पर मुँह के ऊपर कड़ा

*इस चीज को ही इस देश के लोगों के लिए समझ सकना कठिन है। मैं भूदेव बाबू के पारिवारिक प्रबंध को भी दोष नहीं दूँगा एवं शास्त्री तथा सामाजिक विधि-व्यवस्था की भी निंदा नहीं करूँगा। करने पर मुँह के ऊपर कड़ा जवाब देते हुए जो लोग कहेंगे, 'यह हिंदू-समाज अपनी विधि-व्यवस्था के जोर से ही इतनी शताब्दियों तक उपद्रवों के बीच बचा हुआ है', मैं उनकी भी अत्यंत भक्ति करता हूँ। प्रत्युत्तर में, कभी नहीं कहूँगा, जीवित रहना ही चर्म-सार्थकता नहीं है एवं अतिकाय हाथी तक लोप हो गए हैं, परंतु तिलचट्टे जीवित हैं।*

जवाब देते हुए जो लोग कहेंगे, 'यह हिंदू-समाज अपनी विधि-व्यवस्था के जोर से ही इतनी शताब्दियों तक उपद्रवों के बीच बचा हुआ है', मैं उनकी भी अत्यंत भक्ति करता हूँ। प्रत्युत्तर में, कभी नहीं कहूँगा, जीवित रहना ही चर्म-सार्थकता नहीं है एवं अतिकाय हाथी तक लोप हो गए हैं, परंतु तिलचट्टे जीवित हैं। मैं केवल यही कहूँगा कि बड़े आदमियों के नंदगोपाल की भाँति दिन-रात आँख-ही-आँख और गोद-ही-गोद में रखने से तो वह अच्छा रहेगा। इसमें कोई संदेह नहीं, परंतु बिल्कुल तिलचट्टे की भाँति बचाए रखने की अपेक्षा एक-आध बार गोद से नीचे उतरकर और भी पाँच आदमियों की तरह दो-एक पाँव पैदल चलने देने से भी प्रायश्चित्त करने जैसे पाप नहीं होगा।

□

# महेश

गाँव का नाम काशीपुर है। गाँव छोटा है, जमींदार उससे भी छोटा है, फिर भी उसके दबदबे से प्रजा चूँ नहीं कर पाती, ऐसा प्रताप है।

छोटे लड़के की जनमतिथि की पूजा थी। पूजा समाप्त कर तर्करत्न दोपहर के समय घर लौट रहे थे। वैशाख समाप्त होने को आया, परंतु बादलों की छाया तक कहीं नहीं है, अनावृत्ति के कारण आकाश से जैसे अग्नि झर-झरकर गिर रही है।

सामने का बड़ा मैदान कड़ी धूप से सूखकर कटने लगा है और उन लाखों दरारों में से धरती की छाती का रक्त निरंतर धुआँ बन करके उड़ा जा रहा है। अग्निशिखा की भाँति उसकी साँप जैसी लहराती हुई ऊर्ध्वगति की ओर देखते ही सिर चकराने लगता है जैसे नशा आ गया हो।

इसी (मैदान) की सीमा में सड़क के सहारे गफूर जुलाहे का घर है। उसकी दीवार गिर जाने से आँगन सड़क से आ मिला है एवं अंत:पुर की लज्जा-आबरू पथिकों की करुणा को समझ आत्मसमर्पण कर निश्चिंत हो चुकी है।

सड़क के सहारे एक वृक्ष की छाया में खड़े होकर तर्करत्न ने उच्च स्वर से पुकारा, 'अरे, ओ गफूरा, कहता हूँ, घर में है?'

उसकी दसेक वर्ष की लड़की ने दरवाजे के पास जाकर खड़े होते हुए कहा, 'किसे? बापू को? बापू को ज्वर है।'

'ज्वर! बुला दे अभागे को! पाखंडी! म्लेच्छ!'

चीख-पुकार से गफूर मियाँ घर से बाहर निकलकर ज्वर में काँपते-काँपते पास आ खड़े हुए। टूटी हुई दीवार से सटा हुआ एक पुराना बबूल का पेड़ है। उसके नीचे बँधा था एक साँड। तर्करत्न दिखाते हुए बोले, यह क्या हो रहा है, सुनूँ तो सही? यह हिंदुओं का गाँव है। जमींदार ब्राह्मण हैं, यह खयाल है?' उसका चेहरा क्रोध और धूप से रक्तवर्ण हो रहा था, अत: उस मुँह से गरम और तीखी बात ही बाहर निकलेगी, परंतु कारण न समझ सकने से गफूर केवल देखता रह गया।

तर्करत्न बोले, 'सवेरे जाते समय बँधा देख गया, दोपहर को लौटते समय देखता हूँ, वैसा ही बँधा हुआ है। गौहत्या होने पर मालिक तुझे जीवित कब्र में गड़वा देंगे। वे ऐसे-वैसे ब्राह्मण नहीं हैं।'

'क्या करूँ पंडितजी, बड़ी लाचारी में पड़ गया हूँ। कुछ दिन से शरीर में ज्वर है, पगहा पकड़कर थोड़ा-बहुत चरा लाता तो माथा चक्कर खाने लगता है।'

'तब छोड़ दे न, स्वयं ही चर आया करेगा।'

'कहाँ छोड़ूँगा पंडितजी, लोगों के धान अभी तक सब झाड़े नहीं गए हैं, खलिहान में पड़े हैं। पुआल के भी अभी तक गट्ठे नहीं बाँधे गए, मैदान में घास-पात सब जल गए, कहीं भी एक मुट्ठी घास नहीं है। किसी के धान में मुँह डालेगा, किसी का पुआल बरबाद कर डालेगा, कैसे छोड़ दूँ पंडितजी?'

तर्करत्न ने कुछ नरम होकर कहा, 'नहीं छोड़ता तो कहीं छाया में बाँधकर दो आँटी पुआल ही डाल दे न, तब तक वही चबाएगा। तेरी लड़की ने भात नहीं राँधा। माँड़ का पानी दे देना एक लोटा, बँधा रहेगा।'

गफूर ने जवाब नहीं दिया। निरुपाय की भाँति तर्करत्न के मुँह की ओर देखते हुए उसके मुँह से केवल एक दीर्घ निश्श्वास निकल गया।

तर्करत्न बोले, 'सो भी नहीं है शायद? पुआल का क्या कर दिया। हिस्से में जो मिला, उस सबको बेचकर पेटाय नमः? बैल के लिए एक आँटी भी नहीं छोड़ रखी? बेटा कमाई!'

इस निष्ठुर आचरण से गफूर का जैसे कंठ अवरोध हो गया। क्षण भर बाद धीरे-धीरे कहा, 'खलिहान से पुआल इस बार हिस्से में मिला था, परंतु गई साल के बकाया कहकर जमींदारजी ने सब रखवा लिया। रो-पीटकर हाथ-पाँव जोड़कर कहा, बाबूजी आप हाकिम हैं, आपका राज्य छोड़कर और कहाँ भाग जाऊँ, मुझे पाँच-दस पुआल की आँटी ही न हो तो दे दीजिए। छप्पर में फूँस नहीं है। एक कोठरी है, बाप, बेटी को रहना है, सो भी न होगा तो ताड़ पत्तों से ही इस साल की बरसात को काट दूँगा, परंतु खाए बिना मेरा महेश मर जाएगा।'

*इस निष्ठुर आचरण से गफूर का जैसे कंठ अवरोध हो गया। क्षण भर बाद धीरे-धीरे कहा, 'खलिहान से पुआल इस बार हिस्से में मिला था, परंतु गई साल के बकाया कहकर जमींदारजी ने सब रखवा लिया। रो-पीटकर हाथ-पाँव जोड़कर कहा, बाबूजी आप हाकिम हैं, आपका राज्य छोड़कर और कहाँ भाग जाऊँ, मुझे पाँच-दस पुआल की आँटी ही न हो तो दे दीजिए। छप्पर में फूँस नहीं है। एक कोठरी है, बाप, बेटी को रहना है, सो भी न होगा तो ताड़ पत्तों से ही इस साल की बरसात को काट दूँगा, परंतु खाए बिना मेरा महेश मर जाएगा।'*

तर्करत्न ने हँसकर कहा, 'ऐसा! और अपने शौक से इसका नाम रख छोड़ा है महेश! हँसी नहीं रुकती।'

परंतु यह व्यंग्य गफूर के कान में नहीं पड़ा। वह कहने लगा, 'परंतु हाकिम को दया नहीं आई। दो महीने की खुराक लायक धान हमें दे दिया, परंतु सारा पुआल सरकार में जमा हो गया, उस बेचारे को तिनका तक नहीं मिला।' कहते-कहते उसका कंठ स्वर अश्रुभार से भारी हो उठा, परंतु तर्करत्न को उससे करुणा नहीं आई, कहा, 'अच्छा आदमी है तू, ले रखा है तो देगा नहीं? जमींदार क्या तुझे घर में खिलाएँगे? तुम लोग तो रामराज्य में रह रहे हो। अधम है न, इसी से तो उनकी निंदा करता फिरता है।'

गफूर ने लज्जित होते हुए कहा, 'मैं निंदा क्यों करने लगा पंडितजी, हम लोग उनकी बुराई नहीं करते, परंतु दूँ कहाँ से, बताइए? चार बीघे खेत साझे में जोतता हूँ, परंतु लगातार दो वर्ष तक अकाल पड़ गया, खेत का धान खेत में सूख गया। बाप-बेटी को दोनों समय पेट भर खाने को भी नहीं मिलता। घर की ओर देखिए, बरसात होती है तो लड़की को लेकर एक कोने में बैठे हुए रात बितानी पड़ती है, कहीं पाँव फैलाकर सोने की जगह नहीं। महेश की ओर देखिए, हड्डियाँ निकल आई हैं, दे दीजिए न पंडितजी थोड़ा सा पुआल, उधार दे दीजिए। दो-चार दिन इसे पेट भरकर खिला तो दूँ। आपके यहाँ चार-चार टालें लग रही हैं उस दिन मैं देख आया हूँ, थोड़ा सा दे देने पर आपको कुछ पता भी नहीं चलेगा। बड़ा सीधा जानवर है, मुँह से कुछ नहीं कहता, केवल टुकुर-टुकुर देखता है और आँखों से आँसू बहाता रहता है।

*गफूर ने लज्जित होते हुए कहा, 'मैं निंदा क्यों करने लगा पंडितजी, हम लोग उनकी बुराई नहीं करते, परंतु दूँ कहाँ से, बताइए? चार बीघे खेत साझे में जोतता हूँ, परंतु लगातार दो वर्ष तक अकाल पड़ गया, खेत का धान खेत में सूख गया। बाप-बेटी को दोनों समय पेट भर खाने को भी नहीं मिलता। घर की ओर देखिए, बरसात होती है तो लड़की को लेकर एक कोने में बैठे हुए रात बितानी पड़ती है, कहीं पाँव फैलाकर सोने की जगह नहीं।*

तर्करत्न ने कहा, 'उधार तो ले लेगा, परंतु चुकाएगा कैसे, यह तो बता?'

गफूर ने आशान्वित होकर व्यग्र स्वर में कहा, 'जिस तरह बनेगा, मैं चुका दूँ पंडितजी, धोखा नहीं दूँगा आपको।'

तर्करत्न ने मुँह से एक प्रकार का शब्द निकला गफूर के व्याकुल कंठ का अनुकरण करते हुए कहा, 'धोखा नहीं दूँगा। जिस तरह बनेगा, चुका दूँगा। रसिक नागर बन रहा है। चल-चल हट, रास्ता छोड़। घर जाना है, बहुत देर हो गई है।'

इतना कहकर मुसकराते हुए कदम बढ़ाया ही था कि अचानक भय से पीछे हटते

हुए क्रुद्ध होकर बोले, 'अरे मर, सींग हिलाकर मारने आ रहा है, सींग मारेगा?'

गफूर उठकर खड़ा हो गया। पंडितजी के हाथ में फल-मूल और भीगे हुए चावलों की पोटली थी, उसकी ओर संकेत करते हुए गफूर बोला, 'गंध मिल गई है न उसे, इसलिए कुछ खाने को माँगता है।'

'खाने को माँगता है? ठीक जैसा तू स्वयं गँवार है, वैसा ही बैल है! पुआल तो मिलता नहीं, केले-चावल खाने को चाहिए। हटा-हटा रास्ते से एक ओर हटाकर बाँध। कैसे सींग हैं, किसी दिन किसी की जान न ले बैठे!' कहते हुए पंडितजी एक ओर से बचकर निकल गए।

गफूर उनकी ओर से दृष्टि हटाकर कुछ देर तक महेश की ओर टकटकी लगाए देखता रहा। उसकी गहरी काली आँखें वेदना और भूख से भरी हुई थीं। उसने कहा, 'मुझे मुट्ठी भर भी नहीं दिया? उन लोगों के पास बहुत है, फिर भी किसी को देते नहीं, न दें।' कहते-कहते उसका कंठ भर आया और आँखों से टप-टप आँसू गिरने लगे। वह महेश के निकट आकर चुपचाप उसकी गरदन, मस्तक और पीठ पर हाथ फेरता हुआ धीरे से कहने लगा, 'महेश तू मेरा लड़का है, हम लोगों को आठ साल तक खिलाता-पिलाता रहा है, अब बूढ़ा हो गया है, मैं तुझे भर पेट खिला भी नहीं सकता, परंतु तू जानता है, मैं तुझे कितना प्यार करता हूँ।'

महेश ने इसके उत्तर में केवल गरदन बढ़ाकर आराम से आँखें बंद कर लीं। गफूर अपने आँसुओं को महेश की पीठ पर पोंछता हुआ उसी प्रकार अस्फुट स्वर में कहने लगा, 'जमींदार ने तेरे मुँह का कौर छीन लिया, श्मशान के समीप जो चरने की जगह थी, उसे भी पैसे के लोभ से ठेके पर उठा दिया। ऐसे अकाल में तुझे किस तरह जीवित रखूँ, बोल? खुला छोड़ देने से तू दूसरों के ढेर पर मुँह मारेगा, लोगों के केले के पेड़ तोड़कर खा जाएगा, तेरे लिए अब मैं क्या करूँ? अब मेरे शरीर में भी शक्ति नहीं है, गाँव का कोई आदमी अब तुझे चाहता नहीं, लोग कहते हैं कि अब मुझे बेच देना चाहिए।' मन-ही-मन इन शब्दों को उच्चारण करते ही गफूर की आँखों से टप-टप आँसू गिरने लगे। उन्हें हाथ से पोंछकर वह इधर-उधर देखने लगा, तदुपरांत टूटे हुए छप्पर से थोड़ा

*गफूर उठकर खड़ा हो गया। पंडितजी के हाथ में फल-मूल और भीगे हुए चावलों की पोटली थी, उसकी ओर संकेत करते हुए गफूर बोला, 'गंध मिल गई है न उसे, इसलिए कुछ खाने को माँगता है।'*

*'खाने को माँगता है? ठीक जैसा तू स्वयं गँवार है, वैसा ही बैल है! पुआल तो मिलता नहीं, केले-चावल खाने को चाहिए। हटा-हटा रास्ते से एक ओर हटाकर बाँध। कैसे सींग हैं, किसी दिन किसी की जान न ले बैठे!' कहते हुए पंडितजी एक ओर से बचकर निकल गए।*

सा पुराना मैला भद्दा-भद्दा फूँस खींच लाया। उसे महेश के सामने रखता हुआ धीरे से बोला, 'ले, जल्दी से थोड़ा-बहुत खा ले, देर हो जाने से फिर···।'

'बापू?'

'क्यों बेटी?'

'भात खा जाओ' कहकर अमीना घर से निकलकर दरवाजे पर आ खड़ी हुई। एक क्षण देखते रहने के बाद कहा, 'महेश को फिर छप्पर का फूँस दिया है, बापू?'

ठीक इसी बात से वह डर रहा था, लज्जित होकर बोला, 'सड़ा-गला छप्पर है बेटी, स्वयं ही झड़ा जा रहा है।'

मैंने जो भीतर से सुना था बापू, तुमने खींचकर बाहर निकाला है।

'नहीं बेटा, खींचकर तो नहीं निकाला पर···।'

'परंतु दीवार जो गिर जाएगी, बापू।'

गफूर चुप रह गया। एक कोठरी को छोड़कर और सब टूट-फूट गया है और इसी तरह करने से आगामी बरसात में यह भी नहीं टिकेगा, इसे स्वयं उसकी अपेक्षा और कौन अधिक जानता है? फिर यह उपाय भी भला कितने दिन चलेगा!

लड़की ने कहा, 'हाथ धोकर भात खाने जाओ बापू, मैंने परोस दिया है।'

गफूर ने कहा, 'माँड़ तो जरा दे, बेटी। एक बार खिलाकर ही जाऊँ।'

'माँड़ तो आज नहीं है बापू, हाँड़ी में ही रह गया।'

'नहीं है? गफूर चुप रह गया। दुःख के दिनों में थोड़ी सी भी चीज नष्ट नहीं की जाती, यह दस वर्ष की लड़की भी इसे समझ गई है।

*गफूर चुप रह गया। एक कोठरी को छोड़कर और सब टूट-फूट गया है और इसी तरह करने से आगामी बरसात में यह भी नहीं टिकेगा, इसे स्वयं उसकी अपेक्षा और कौन अधिक जानता है? फिर यह उपाय भी भला कितने दिन चलेगा!*
*लड़की ने कहा, 'हाथ धोकर भात खाने जाओ बापू, मैंने परोस दिया है।'*
*गफूर ने कहा, 'माँड़ तो जरा दे, बेटी। एक बार खिलाकर ही जाऊँ।'*

हाथ धोकर वह घर के भीतर जा खड़ा हुआ। एक पीतल की थाली में पिता का खाना सजाकर कन्या ने अपने लिए एक मिट्टी की तश्तरी में भात परोस लिया था। देख-देखकर गफूर ने धीरे-धीरे कहा, 'अमीना, मेरे शरीर को फिर जाड़ा लग रहा है, बेटी ज्वर हो, हुए क्या खाना अच्छा होगा?'

अमीना ने उद्विग्न मुख से कहा, 'परंतु तब तो कहा था कि बड़ी भूख लग रही है।'

'तब, तब शायद बुखार नहीं था बेटी!'

'तो उठाकर रखे देती हूँ, शाम को खाओगे?'

गफूर सिर हिलाकर बोला, 'परंतु ठंडा भात खाने पर तो रोग बढ़ेगा अमीना?'

अमीना ने कहा, 'तब?'

गफूर ने न जाने कहाँ की चिंता करके अचानक इस समस्या की मीमांसा कर डाली, कहा, 'एक काम कर न बेटी। न हो तो महेश को डाल आ। फिर रात को मेरे लिए एक मुट्ठी नहीं राँध सकेगी अमीना?' प्रत्युत्तर में अमीना मुँह उठाकर क्षण भर चुपचाप पिता के मुँह की ओर देखती रही, तदुपरांत माथा नीचा कर धीरे-धीरे गरदन हिलाती हुई बोली, 'बना सकूँगी बापू!'

गफूर का चेहरा सुर्ख हो उठा। पिता और पुत्री के बीच यह जो एक छलना अभिनय हो गया, उसे इन दो प्राणियों को छोड़कर एक और भी व्यक्ति ने शायद अंतरिक्ष में बैठकर लक्ष्य कर लिया।

## दो

पाँच-सात दिन बाद एक दिन पीड़ित गफूर चिंतित मुख से आँगन में बैठा था, उसका महेश कल से अब तक घर नहीं लौटा। वह स्वयं शक्तिहीन है, तभी अमीना सवेरे से ही सब जगह ढूँढ़ती फिर रही थी। संध्या के समय उसने घर आकर कहा, 'सुना है बापू, माणिक घोष ने हमारे महेश को थाने (बाड़े) में भिजवा दिया है।'

गफूर ने कहा, 'हट् पगली!'

'हाँ बापू, सच! उनके नौकर ने कहा, 'अपने बाप से कह दे कि वह दरियापुर के मवेशीखाने में ढूँढ़े।'

गफूर स्तब्ध होकर बैठा रहा। महेश के बारे में उसने मन ही मन बहुत प्रकार की दुर्घटनाओं की कल्पना की थी, परंतु ऐसी आशंका नहीं थी। वह जैसा निरीह था, वैसा ही गरीब भी, अतः कोई पड़ोसी उसे इतना बड़ा दंड दे सकेगा, यह भय उसे नहीं था, विशेषतः माणिक घोष। गौ-ब्राह्मणों पर उसकी भक्ति इस क्षेत्र में प्रसिद्ध है।

*गफूर स्तब्ध होकर बैठा रहा। महेश के बारे में उसने मन ही मन बहुत प्रकार की दुर्घटनाओं की कल्पना की थी, परंतु ऐसी आशंका नहीं थी। वह जैसा निरीह था, वैसा ही गरीब भी, अतः कोई पड़ोसी उसे इतना बड़ा दंड दे सकेगा, यह भय उसे नहीं था, विशेषतः माणिक घोष। गौ-ब्राह्मणों पर उसकी भक्ति इस क्षेत्र में प्रसिद्ध है।*

लड़की ने कहा, 'दिन छिपने आ गया है बापू, महेश को लेने नहीं जाओगे?'

गफूर बोला, 'नहीं।'

'परंतु उसने तो कहा है, तीन दिन हो जाने पर पुलिस के लोग उसे गौ-हाट में बेच डालेंगे।'

गफूर ने कहा, 'बेच डालने दे।'

गौ-हाट ठीक क्या चीज है, अमीना उसे नहीं जानती थी, किंतु महेश के संबंध में इसके उल्लेख मात्र से ही उसके पिता जिस प्रकार विचलित हो उठते हैं, इसे उसने बहुत बार लक्ष्य किया था, परंतु आज वह और कोई बात न कहकर धीरे-धीरे चली गई।

रात के अँधेरे में गफूर ने छिपकर वंशी की दुकान पर जाकर कहा, 'चाचा, एक रुपया देना होगा।' यह कहकर उसने अपनी पीतल की थाली बैठने के माचे के नीचे रख दी। इस वस्तु के वजन आदि से वंशी सुपरिचित था। वर्ष के भीतर उसने पाँच बार इसे गिरवी रखकर एक-एक रुपया दिया दिया 3था। अतएव आज भी आपत्ति नहीं की।

दूसरे दिन यथास्थान फिर महेश को देखा गया, वही बबूल के पेड़ के नीचे का स्थान, वही रस्सी, वही खूँटा, वही तृणहीन शून्य नाँद, वही क्षुधातुर काले नेत्रों में सजल उत्सुक दृष्टि! एक बूढ़ा सा मुसलमान उसे अत्यंत पैनी दृष्टि से देख रहा था। पास ही एक ओर दोनों घुटने मिलाए गफूर मियाँ चुपचाप बैठे थे, परीक्षा समाप्त कर बुड्ढे ने चादर के छोर से दस रुपए का एक नोट बाहर निकालकर उसकी तह खोलकर बार-बार मलते हुए, उसके पास आकर कहा, 'अब तुड़ाऊँगा नहीं यह पूरा का पूरा दिए देता हूँ, लो।'

गफूर हाथ बढ़ाकर ग्रहण करते हुए उसी प्रकार चुपचाप बैठा रहा। जो दो आदमी संग आए थे, उनके द्वारा बैल की रस्सी खोलने का प्रयत्न करते ही वह अचानक उठकर खड़ा हो गया और उच्च कंठ से बोल उठा, 'रस्सी को हाथ मत लगाना, कहे देता हूँ, खबरदार कहे देता हूँ, अच्छा न होगा।'

वे चौंक गए। बूढ़ा चकित होकर बोला, 'क्यों?'

*'यह लो अपना बयाना वापिस!' कहकर उसने अंटी में से दो रुपए निकालकर छन्न से फेंक दिए। एक झगड़ा खड़ा होने का उपक्रम हो रहा है, देखकर बुड्ढे ने हँसकर धीर भाव से हा, 'दबाव डालकर और दो रुपए ज यादा लोगे, यही तो? देदोजी, जलपान के लिए उसकी लड़की के हाथ पर दो रुपए रख दो बस, यही न?'*

*'नहीं।'*

*'परंतु इससे अधिक कोई एक अधेला भी नहीं देगा, यह जानते हो?'*

गफूर ने इसी भाँति नाराज होते हुए उत्तर दिया, 'क्यों, फिर क्या? मेरी चीज, मैं नहीं बेचता, मेरी खुशी।' कहकर उसने नोट को अलग फेंक दिया।

वे लोग बोले, 'कल रास्ते में आते समय बयाना जो ले आए थे ?'

'यह लो अपना बयाना वापिस!' कहकर उसने अंटी में से दो रुपए निकालकर छन्न से फेंक दिए। एक झगड़ा खड़ा होने का उपक्रम हो रहा है, देखकर बुड्ढे ने हँसकर धीर भाव से हा, 'दबाव डालकर और दो रुपए ज्यादा लोगे, यही तो ? देदोजी, जलपान के लिए उसकी लड़की के हाथ पर दो रुपए रख दो बस, यही न ?'

'नहीं।'

'परंतु इससे अधिक कोई एक अधेला भी नहीं देगा, यह जानते हो ?'

गफूर ने जोर से सिर हिलाकर कहा, 'नहीं।'

बुड्ढे ने नाराज होकर कहा, 'नहीं तो क्या ? चमड़े की ही तो कीमत मिलेगी, अन्यथा माल इसमें है ही क्या ?'

'तौबा! तौबा!' गफूर के मुँह से अचानक एक कड़वी बात बाहर निकल गई एवं दूसरे ही क्षण वह भागकर अपने घर में घुसकर चिल्लाता हुआ धमकाने लगा कि यदि वे लोग तुरंत ही गाँव छोड़कर नहीं चले जाएँगे तो जमींदार के आदमियों को बुलाकर जूते लगवाकर छोड़ेगा।

*'तौबा! तौबा!' गफूर के मुँह से अचानक एक कड़वी बात बाहर निकल गई एवं दूसरे ही क्षण वह भागकर अपने घर में घुसकर चिल्लाता हुआ धमकाने लगा कि यदि वे लोग तुरंत ही गाँव छोड़कर नहीं चले जाएँगे तो जमींदार के आदमियों को बुलाकर जूते लगवाकर छोड़ेगा।*

हंगामा देखकर वे लोग चले गए, परंतु थोड़ी देर में जमींदार की बैठक से उनका बुलावा आया। गफूर समझ गया, यह बात मालिक के कानों तक जा पहुँची है।

बैठक में भले-बुरे बहुत से लोग बैठे थे, शिबूबाबू आँखें लाल करके बोले, 'गफूरा तुझे मैं क्या सजा दूँ, सोच नहीं पाता। कहाँ रह रहा है, जानता है ?'

गफूर ने हाथ जोड़कर कहा, 'जानता हूँ। हमारे पास खाने को भी नहीं है, अन्यथा आज आप जो भी जुरमाना करते, मैं अस्वीकार न करता।'

सभी चकित हो गए। इस आदमी को वे जिद्दी और बदमिजाज ही समझते आ रहे थे। वह रोता हुआ बोला, 'ऐसा काम फिर कभी नहीं करूँगा मालिक।' उसने अपने दोनों हाथों से अपने दोनों कान मले एवं आँगन में एक ओर से दूसरी ओर तक नाक रगड़कर उठ खड़ा हुआ।

शिबूबाबू ने दयाद्र कंठ से कहा, 'अच्छा, जा-जा, हो गया। फिर कभी ऐसी विपरीत बुद्धि मत बनाना।'

*विवरण सुनकर सब लोग रोमांचित हो उठे एवं यह महापाप, जो मालिक के पुण्य प्रभाव एवं शासक भय से निवारित हो गया, इस संबंध में किसी को संदेह तक नहीं रहा। तर्करत्न उपस्थित थे। उन्होंने 'गौ' शब्द की शास्त्रीय व्याख्या की एवं जिस कारण इस धर्म-ज्ञानहीन म्लेच्छ जाति को गाँव के आसपास कहीं भी बसने देना निषिद्ध बताया गया है, उसे प्रकट करते हुए सबके ज्ञान-नेत्र खोल दिए।*

विवरण सुनकर सब लोग रोमांचित हो उठे एवं यह महापाप, जो मालिक के पुण्य प्रभाव एवं शासक भय से निवारित हो गया, इस संबंध में किसी को संदेह तक नहीं रहा। तर्करत्न उपस्थित थे। उन्होंने 'गौ' शब्द की शास्त्रीय व्याख्या की एवं जिस कारण इस धर्म-ज्ञानहीन म्लेच्छ जाति को गाँव के आसपास कहीं भी बसने देना निषिद्ध बताया गया है, उसे प्रकट करते हुए सबके ज्ञान-नेत्र खोल दिए।

गफूर ने इस बात का जवाब नहीं दिया, यथार्थ प्राप्य* समझकर अपमान और संपूर्ण तिरस्कार को माथे पर उठाकर प्रसन्न चित्त से घर लौट आया। उसने पड़ोसियों के घर से माँड़ माँगकर महेश को पिलाया एवं उसके शरीर, सिर और सींगों पर बार-बार हाथ फेरकर अस्फुट स्वर में न जाने कितनी बातें कहने लगा।

## तीन

जेठ का महीना समाप्त हो आया। धूप की जिस मूर्ति ने एक दिन वैशाख के अंत में आत्मप्रकाश किया था, वह कितनी भीषण व कितनी अधिक कठोर हो सकती है, इसे आजकल के आकाश की ओर देखे बिना अनुभव नहीं किया जा सकता। कहीं भी तनिक सी करुणा का आभास तक नहीं है। अभी इस रूप का लेशमात्र भी परिवर्तन हो सकेगा, फिर किसी दिन यह आकाश बादलों के बोझ से स्निग्ध सजल दिखाई दे सकेगा, आज यह बात सोचने में जैसे भय लगता है। समस्त प्रज्वलित आकाश में व्याप्त जो अग्नि दिन-रात झर रही है, इसका अंत नहीं है, समाप्ति नहीं है, सबको अंत तक जलाकर भस्म न हो जाने तक यह रुक न सकेगी।

ऐसे दिन में दोपहर के समय गफूर घर लौटकर आया। दूसरों के दरवाजे पर मेहनत-मजदूरी करने का उसे अभ्यास नहीं एवं केवल चार-पाँच दिन में उसका ज्वर रुका है, परंतु शरीर जैसा दुर्बल है, वैसा ही शांत, तो भी वह आज काम की खोज में बाहर निकला था, परंतु यह प्रचंड धूप केवल उसके माथे पर होकर निकल गई और

---

* जो मिलना ही चाहिए।

कोई फल नहीं निकला। भूख प्यास और थकान से उसे प्राय: अँधेरा सा दिखाई दे रहा था, आँगन में खड़े होकर पुकारा, 'अमीना भात हो गया री?'

लड़की घर से धीरे-धीरे बाहर निकल खूँटी पकड़कर निरुत्तर खड़ी रही।

जवाब न पाकर गफूर ने चिल्लाते हुए कहा, 'हुआ है भात? क्या कहती है, नहीं हुआ? क्यों सुनूँ तो?'

'चावल नहीं हैं, बापू!'

'चावल नहीं हैं? सबेरे मुझसे क्यों नहीं कहा?'

'तुमसे रात को जो कहा था।'

गफूर मुँह बनाकर कंठ स्वर का अनुकरण करता हुआ बोला, 'रात को जो कहा था। रात को कहने से किसे याद रहती है?' अपने कर्कश कंठ से उसका क्रोध दुगुना बढ़ गया। मुँह को और बिगाड़कर बोल उठा, 'चावल रहेंगे कैसे? रोगी बाप खाए, चाहे न खाए, धींगरी लड़की को चार बार, पाँच बार भात खाने को चाहिए। अब से मैं चावलों को ताले में बंद करके बाहर जाऊँगा। दे, एक लोटा पानी दे, प्यास से छाती फट गई। बता, वह भी नहीं है?'

*गफूर मुँह बनाकर कंठ स्वर का अनुकरण करता हुआ बोला, 'रात को जो कहा था। रात को कहने से किसे याद रहती है?' अपने कर्कश कंठ से उसका क्रोध दुगुना बढ़ गया। मुँह को और बिगाड़कर बोल उठा, 'चावल रहेंगे कैसे? रोगी बाप खाए, चाहे न खाए, धींगरी लड़की को चार बार, पाँच बार भात खाने को चाहिए। अब से मैं चावलों को ताले में बंद करके बाहर जाऊँगा। दे, एक लोटा पानी दे, प्यास से छाती फट गई। बता, वह भी नहीं है?'*

अमीना उसी भाँति सिर झुकाए खड़ी रही। कुछ देर पश्चात् जब गफूर समझ गया कि घर में पीने का पानी तक नहीं है, तब वह स्वयं को सँभाल नहीं सका। उसने तुरंत पास जाकर उसके गाल पर चट से एक तमाचा जड़ दिया, कहा, 'अभागिन लड़की सारे दिन तू क्या करती है? इतने लोग मरते हैं, तू नहीं मरती!'

लड़की ने कोई बात नहीं कही, मिट्टी के रीते घड़े को उठाकर उसी धूप में आँखें पोंछती-पोंछती चुपचाप बाहर निकल गई। उसके आँखों से ओझल होते ही गफूर की छाती में शूल बिंध गया। मातृहीना लड़की को उसने किस तरह बड़ा किया है, इसे केवल वही जानता है। उसे याद आया उसकी इस स्नेहशीला, कर्मपरायण शांत लड़की का कोई दोष नहीं है। खेत के थोड़े से धान के समाप्त हो जाने से उसे पेट भरकर दोनों समय अन्न भी नहीं मिलता। किसी दिन एक समय, किसी दिन वह भी नहीं। दिन में पाँच-छह बार भात खाना जैसा असंभव है, वैसा ही झूठ और पीने का पानी न रहने का

कारण भी उससे अविदित नहीं है। गाँव में जो दो-तीन पोखर हैं, वे एकदम सूख गए हैं। शिवचरण बाबू के पिछवाड़े के पोखर में जो थोड़ा सा पानी है, वह किसी को नहीं मिल पाता। दूसरे जलाशयों में दो-एक गड्ढे खोदकर जो कुछ पानी इकट्ठा होता है, उसके लिए जैसी खींचतान, वैसी ही भीड़ होती है, विशेषकर मुसलमान होने से यह छोटी सी लड़की पास भी नहीं घुस पाती। घंटों दूर खड़ी रहकर बहुत अनुनय-विनय करने पर यदि कोई दया करके उसके बरतन में थोड़ा सा डाल दे तो उसी को वह घर ले आती है। यह सब बातें वह जानता है। शायद आज जल न रहा हो अथवा छीना-झपटी के बीच किसी को लड़की पर कृपा करने का अवसर नहीं मिला हो, ऐसा ही कुछ एक रहा होगा। यह निश्चित समझकर उसकी अपनी आँखों में भी पानी भर आया। इसी समय जमींदार का पियादा यमदूत की भाँति आकर आँगन में खड़ा हो गया और चिल्लाकर पुकारने लगा, 'गफूरा घर है?'

गफूर ने तीखे स्वर में उत्तर देते हुए कहा, 'हूँ, क्यों?'

'बाबूजी बुला रहे हैं, चल।'

गफूर ने कहा, 'मेरा खाना-पीना नहीं हुआ, पीछे आऊँगा।'

*गफूर ने कहा, 'मेरा खाना-पीना नहीं हुआ, पीछे आऊँगा।'*
*इतनी बड़ी स्पर्धा पियादे को सहन नहीं हुई। उसने कड़े मिजाज से कहा, 'बाबू का हुक्म है कि जूते मारते-मारते खींच ले जाऊँ।'*
*गफूर दूसरी बार आत्मविस्मृत हो गया, वह भी एक दुर्वाक्य उच्चारण करता हुआ बोला, 'महारानी के राज्य में कोई किसी का गुलाम नहीं है। लगान देकर रहता हूँ, मैं नहीं जाऊँगा।'*

इतनी बड़ी स्पर्धा पियादे को सहन नहीं हुई। उसने कड़े मिजाज से कहा, 'बाबू का हुक्म है कि जूते मारते-मारते खींच ले जाऊँ।'

गफूर दूसरी बार आत्मविस्मृत हो गया, वह भी एक दुर्वाक्य उच्चारण करता हुआ बोला, 'महारानी के राज्य में कोई किसी का गुलाम नहीं है। लगान देकर रहता हूँ, मैं नहीं जाऊँगा।'

परंतु संसार में इतने छोटे को इतने बड़े की दुहाई देना केवल निष्फल ही नहीं, विपत्ति का कारण भी है। खैर यही हुई कि इतना क्षीण कंठ उतने बड़े कानों तक पहुँचा नहीं अन्यथा उसके मुँह का अन्न और आँखों की नींद दोनों ही चली जातीं। उसके बाद क्या हुआ, विस्तार से कहने की जरूरत नहीं, परंतु घंटे भर बाद अब वह जमींदार की बैठक से लौटकर घर में जाकर चुपचाप सो गया, उस समय उसकी आँखें और मुँह फूल रहे थे। उसे इतने बड़े दंड मिलने का कारण मुख्यतः महेश था। गफूर के घर से बाहर निकलने के बाद वह भी रस्सा तोड़कर बाहर निकल पड़ा एवं जमींदार के खेत में घुसकर फूल-पौधों

को खा डाला, धान सूख रहे थे, उन्हें भी फैलाकर नष्ट कर दिया, अंत में पकड़ने का प्रयत्न करने पर बाबू की छोटी लड़की को पटककर भाग गया। इस तरह की घटना वह पहली नहीं था, इससे पहले भी घट चुकी थी, केवल गरीब जानकर ही उसे माफ कर दिया जाता था। पहले की भाँति इस बार भी वह आकर हाथ–पाँव जोड़ता तो शायद क्षमा कर दिया जाता, परंतु 'वह लगान देकर रहता है, इसलिए किसी का गुलाम नहीं है', कहकर बोला था। प्रजा के मुँह से इतनी बड़ी स्पर्धा को जमींदार होने से शिवचरण बाबू किसी भी प्रकार सहन नहीं कर सके। वहाँ उसने प्रहार और लांछना का प्रतिवाद तक नहीं किया, सब मुँह बंद करके सह लिया। घर आकर भी वह कुछ उसी भाँति चुपचाप पड़ा रहा। भूख–प्यास की बात उसे याद नहीं रही, परंतु छाती भीतर से जैसे बाहर के मध्याह्नकालीन आकाश की भाँति जलने लगी। इसी तरह कितना समय बीत गया, उसे होश नहीं रहा, परंतु आँगन में से अचानक अपनी लड़की का आर्त्तकंठ कान में पड़ते ही वह जोर से उठ खड़ा हुआ और निकलकर बाहर आकर देखा, अमीना मिट्टी में पड़ी है एवं उसके विक्षिप्त टूटे घड़े से पानी निकलकर बह रहा है और महेश मिट्टी में मुँह डाले उस पानी को मरुभूमि के समान सोखे जा रहा है। आँखों की पलक नहीं गिरी, गफूर का दिशा–विदिशा का ज्ञान जाता रहा। मरम्मत कराने के लिए उसने अपने हल के सिरे को खोलकर रख छोड़ा था, उसी को दोनों हाथों से पकड़कर उसने महेश के झुके हुए मस्तक पर खूब जोर से आघात किया।

केवल एक बार महेश ने मुँह उठाने का प्रयत्न किया। उसके बाद ही उसकी अनाहारक्लिष्ट क्षीण देह पृथ्वी पर लुढ़क गई। आँखों कोने से बहकर कुछ बूँद आँसू और कान से बहकर थोड़ा सा खून निकलने लगा। दो बार उसका संपूर्ण शरीर थरथराकर काँप उठा, तदुपरांत आगे और पीछे दोनों पाँवों उसके जितनी दूर जा सकते थे, फैलाकर महेश ने अंतिम श्वास छोड़ दी।

अमीना रोती हुई बोली, 'क्या किया बापू, हमारा महेश तो मर गया।'

गफूर हिला नहीं, जवाब नहीं दिया। केवल निर्निमेष आँखों से एक जोड़ी अन्न निमेषहीन गहरी काली सी आँखों की ओर देखता हुआ पत्थर की भाँति निश्चल बना रहा।

*केवल एक बार महेश ने मुँह उठाने का प्रयत्न किया। उसके बाद ही उसकी अनाहारक्लिष्ट क्षीण देह पृथ्वी पर लुढ़क गई। आँखों कोने से बहकर कुछ बूँद आँसू और कान से बहकर थोड़ा सा खून निकलने लगा। दो बार उसका संपूर्ण शरीर थरथराकर काँप उठा, तदुपरांत आगे और पीछे दोनों पाँवों उसके जितनी दूर जा सकते थे, फैलाकर महेश ने अंतिम श्वास छोड़ दी। अमीना रोती हुई बोली, 'क्या किया बापू, हमारा महेश तो मर गया।'*

दो घंटे के भीतर समाचार पाकर दूसरे गाँव के मोचियों का झुंड आ जुटा। वे लोग बाँसों से बाँधकर महेश को बीहड़ की ओर ले चले। उन लोगों के हाथों में धारवाली चमचमाती हुई छुरियाँ देखकर गफूर ने सिहरकर आँखें मूँद लीं, परंतु कोई बात नहीं कहीं।

मुहल्ले के लोगों ने कहा, 'तर्करत्न से व्यवस्था लेने के लिए जमींदार ने आदमियों को भेजा है, प्रायश्चित्त का खर्च जुटाने में इस बार तुझे दीवार तक बेच देनी पड़ेगी।'

गफूर ने इन सब बातों का उत्तर नहीं दिया, दोनों घुटनों के ऊपर मुँह रखे हुए चुपचाप बैठा रहा।

बहुत रात बीते गफूर ने लड़की को उठाकर कहा, 'अमीना, चलो हम लोग चलें।'

वह बरामदे में सो रही थी, आँखें खोलकर उठकर बैठती हुई बोली, 'कहाँ बापू?'

गफूर ने कहा, 'फुलवाड़ी की जूट मिल में काम करने।'

लड़की चकित होकर देखती रही। इससे पहले बहुत दुःख उठाते हुए भी उसके पिता मिल में काम करने को राजी नहीं हुए थे। वहाँ धर्म नहीं रहता, इज्जत-आबरू नहीं रहती, ये बातें उसने बहुत बार सुनी थीं।

गफूर ने कहा, 'देर मतकर बेटी। चल बहुत रास्ता चलना पड़ेगा।'

अमीना पानी पीने की घंटी और पिता के भात खाने की पीतल की थाली साथ ले रही थी। गफूर ने निषेध किया, 'वह सब रहने दे बेटी। उससे मेरे महेश का 'प्राचित्तिर' (प्रायश्चित्त) होगा।'

अँधेरी रात में वह लड़की का हाथ पकड़कर बाहर निकल पड़ा। इस गाँव में उसके आत्मीय नहीं थे, किसी से कुछ नहीं कहना था। आँगन पार होकर सड़क के किनारे उसी बबूल के नीचे आकर वह ठिठककर खड़ा हो गया और अचानक हू-हू करके रो उठा। नक्षत्र जटित काले आकाश की ओर मुँह उठाकर बोला, 'अल्लाह! मुझे जितनी चाहो सजा देना, परंतु मेरा महेश प्यासा मर गया है। उसके चरने के लिए थोड़ी सी धरती भी किसी ने नहीं रखी। जिसने तुम्हारी दी हुई मैदान की घास, तुम्हारे दिए हुए तालाब के पानी को उसे नहीं खाने-पीने दिया, उसका कसूर तुम कभी भी माफ मत करना।'

□

# हरिचरण

उस बात को आज बहुत दिन बीत गए। लगभग दस-बारह वर्ष पहले की बात है। उस समय दुर्गादास बाबू वकील नहीं हुए थे। दुर्गादास शर्मा को शायद तुम भली-भाँति नहीं पहचानते, परंतु मैं अच्छी तरह जानता हूँ। आओ, उनसे तुम्हारा परिचय करा दूँ।

एक मातृ-पितृविहीन अनाथ कायस्थ बालक न जाने कहाँ से आकर रामदास बाबू के घर रहने लगा था। सब लोग कहते, 'लड़का बड़ा अच्छा है। सुंदर और समझदार है। दुर्गादास बाबू के पिता का बड़ा प्यारा नौकर है।'

छोटे-बड़े सभी काम करने को वह स्वयं प्रस्तुत रहता। गाय को सानी देने से लेकर रामदास बाबू के पाँव दबाने तक के सभी कामों को वह स्वयं बड़े चाव से करता। हर समय किसी-न-किसी काम में लगे रहना ही उसे पसंद था।

लड़के का नाम था हरिचरण। गृहस्वामिनी को उसका काम देखकर प्राय: आश्चर्य होता। अत: वे कभी-कभी उसे डाँट भी देती थीं, कहतीं, 'हरिया और भी नौकर हैं, वे कर लेंगे, तू अभी लड़का है, तू इतना परिश्रम क्यों करता है?' हरि में एक अवगुण भी था, उसे हँसना बहुत अच्छा लगता था। हँसकर कहता, 'माताजी, हम लोग ठहरे गरीब आदमी, सदैव मेहनत-मजदूरी ही तो करनी है, और करना भी क्या है?'

इस प्रकार सुख-दु:ख, लाड़-प्यार और काम-काज में हरिचरण ने लगभग एक वर्ष बिता दिया।

सुरबाला रामदास बाबू की छोटी लड़की है। उसकी आयु होगी लगभग पाँच-छह वर्ष की। सुरबाला हरिचरण से खूब हिल-मिल गई थी, दोनों में खूब बनती थी। जब दूध पिलाने के लिए माँ-बेटी में द्वंद्व युद्ध होता और वे बहुत कुछ कह-सुनकर भी जब उस छोटी सी लड़की को दूध न पिला पातीं, जब दूध पीने की विशेष आवश्यकता और न पीने से लड़की की मृत्यु की आशंका से व्याकुल हो, क्रोध के कारण झल्लाकर लड़की के गाल मसल देतीं, फिर भी उसे दूध पीने के लिए राजी नहीं कर पातीं, तब वैसी स्थिति में भी वह हरिचरण के कहने से दूध पी लेती थी।

बहुत सी व्यर्थ की बातें कह डालीं, जाने दो। अब मतलब की बात कहता हूँ, समझ लो कि सुरबाला हरिचरण को बहुत प्यार करती थी।

दुर्गादास बाबू की आयु जब बीस वर्ष की थी, तब की बात कह रहा हूँ। दुर्गादास बाबू तब कलकत्ते में ही पढ़ते थे। घर आने में बहुत परेशानी थी—पहले स्टीमर पर चढ़ो, फिर दस-बारह कोस पैदल चलो, बड़े झंझट का रास्ता था। इसीलिए दुर्गादास बाबू बहुत कम आते थे।

*आजकल हरिचरण को बहुत काम करना पड़ता है, इससे वह प्रसन्न है, रुष्ट नहीं। छोटे बाबू को नहलाना, आवश्यकतानुसार पानी का लोटा रख देना, समय पर पान का डिब्बा हाजिर करना, मौके पर हुक्का भर लाना, इन सब कामों में हरिचरण बहुत होशियार था। दुर्गादास बाबू भी प्रायः सोचा करते, लड़का बहुत 'इंटेलिजेंट' है। अतः धोती चुनना, तंबाकू भरना आदि काम यदि हरिचरण न करता तो दुर्गादास बाबू को वे पसंद ही नहीं आते थे।*

लड़का बी.ए. पास करके घर आया है। माँ बहुत व्यस्त हो रही हैं। लड़के को भलीभाँति खिलाने-पिलाने, सेवा-प्यार करने में जैसे घर के सभी लोग एक साथ उत्कंठित हो उठे हैं।

दुर्गादास ने पूछा, 'माँ, यह लड़का कौन है ?' माँ ने कहा, 'यह एक कायस्थ का लड़का है, इसके माँ-बाप कोई नहीं है, इसी से तुम्हारे पिता ने इसे रख लिया है। नौकर का सब काम-काज करता है, बड़ा सीधा है; कोई कुछ भी कहे, गुस्सा नहीं होता। बेचारे के माँ-बाप कोई नहीं हैं, अभी बच्चा ही तो है, मुझे बहुत प्यारा लगता है।'

घर आकर दुर्गादास बाबू को हरिचरण का यह सबसे पहला परिचय मिला।

आजकल हरिचरण को बहुत काम करना पड़ता है, इससे वह प्रसन्न है, रुष्ट नहीं। छोटे बाबू को नहलाना, आवश्यकतानुसार पानी का लोटा रख देना, समय पर पान का डिब्बा हाजिर करना, मौके पर हुक्का भर लाना, इन सब कामों में हरिचरण बहुत होशियार था। दुर्गादास बाबू भी प्रायः सोचा करते, लड़का बहुत 'इंटेलिजेंट' है। अतः धोती चुनना, तंबाकू भरना आदि काम यदि हरिचरण न करता तो दुर्गादास बाबू को वे पसंद ही नहीं आते थे।

× × ×

कुछ समझ में नहीं आता, कहाँ का पानी कहाँ जाकर मरता है। याद है, एक बार हम दोनों ने रोते-रोते एक बड़ा दुरूह तत्त्व पढ़ा था। मुझे ऐसा लगता है, संभवतः सभी बातों में यह तत्त्व लागू होता है। क्या दुनिया में 'कर भला, होगा भला' ही होता है, 'कर

भला, होगा बुरा' होता ही नहीं। यदि तुमने न देखा हो तो आओ, आज तुम्हें भी दिखा दूँ वह अत्यंत दुरूह तत्त्व।

मैं नहीं कहता कि ऊपर लिखी बातें समझ में आ ही जानी चाहिए और इसकी आवश्यकता भी नहीं है और न मेरा यह उद्देश्य ही है कि तुम्हें 'फिलासफी' का उपदेश दूँ, तो भी, तुमसे दो बातें कह डालूँ, हर्ज भी क्या है?

आज दुर्गादास बाबू को किसी गहरी दावत में जाना है। घर में खाना नहीं खाएँगे, संभवतः लौटने में अधिक रात हो जाएगी, अतः नित्य का काम समाप्त करके हरिचरण को सो जाने के लिए कह गए हैं।

अब हरिचरण की बात कहता हूँ। दुर्गादास बाबू रात को बाहरवाले कमरे में ही सोते थे। उसका कारण सब लोग नहीं जानते थे। मेरी समझ में स्त्री के मायके चले जाने के बाद उन्हें बाहर सोना ही अधिक पसंद था।

रात को छोटेबाबू के लिए बिस्तर बिछाना, सोने पर उनके पाँव दबाना आदि काम हरिचरण के ही जिम्मे थे। अंत में जब वे भली भाँति सो जाते, तब हरिचरण बगल की कोठरी में जाकर सो जाता था।

संध्या होने से पहले ही हरिचरण के माथे में दर्द होने लगा। वह समझ गया कि अब ज्वर आने में अधिक देर नहीं है। बीच-बीच में प्रायः ही उसे ज्वर आ जाया करता था, अतः उसके पूर्व-लक्षणों से वह भलीभाँति परिचित हो चुका था। हरिचरण से बिल्कुल बैठा नहीं गया तो वह जाकर सो गया। इस बात का उसे होश तक नहीं रहा कि अभी छोटेबाबू का बिस्तर बिछाना बाकी है। रात को सबने खाया-पीया, परंतु हरिचरण खाने को नहीं आया। उसकी 'माताजी' उसे देखने आईं। शरीर पर हाथ रखकर देखा, बहुत गरम थो। समझ गईं कि ज्वर आ गया है, अतः उसे तंग न करके चली गईं।

रात के लगभग बारह-एक बजे होंगे। दावत खाकर छोटेबाबू घर आए, तो देखा बिस्तर तक नहीं बिछाए गए हैं। एक तो नींद आ रही थी, दूसरे रास्ते भर यह सोचते चले आ रहे थे कि घर चलकर आनंद से सो जाएँगे, हरिया उनके थके हुए पाँवों को जूतों से मुक्त कर उन्हें धीरे-धीरे दबाता जाएगा और उस

*रात के लगभग बारह-एक बजे होंगे। दावत खाकर छोटेबाबू घर आए, तो देखा बिस्तर तक नहीं बिछाए गए हैं। एक तो नींद आ रही थी, दूसरे रास्ते भर यह सोचते चले आ रहे थे कि घर चलकर आनंद से सो जाएँगे, हरिया उनके थके हुए पाँवों को जूतों से मुक्त कर उन्हें धीरे-धीरे दबाता जाएगा और उस सुख में कुछ तंद्रा की झपकी लेते हुए वे हुक्के की नली मुँह से लगाकर एक साथ देखेंगे कि सवेरा हो गया है।*

सुख में कुछ तंद्रा की झपकी लेते हुए वे हुक्के की नली मुँह से लगाकर एक साथ देखेंगे कि सवेरा हो गया है।

एकदम हताश होकर वे बहुत बिगड़े, अत्यंत क्रुद्ध होकर दो-चार बार जोर-जोर से पुकारा, 'हरी, हरिया, ए हरिया!' हरिया हो तो बोले! बेचारा ज्वर में बेहोश पड़ा था, तब दुर्गादास बाबू ने सोचा—नालायक सो गया जान पड़ता है। कोठरी में जाकर देखा, सचमुच ओढ़े पड़ा था।

अब और सहन नहीं हुआ। बड़े जोर से बाल पकड़कर उसे उठाकर बैठाने का प्रयत्न किया, तो भी वह ज्यों-का-त्यों पड़ा रहा। अब तो छोटेबाबू विषम-क्रोध से हिताहित का ज्ञान भुला बैठे, हरिया की पीठ पर कसकर एक जूते की ठोकर जमा दी। उस कड़ी चोट से वह चैतन्य होकर उठ बैठा। दुर्गादास बाबू बोले, 'छोटे बच्चों की भाँति सो गया है, बिस्तर क्या मैं बिछाऊँगा?' यह कहते हुए उनका क्रोध और बढ़ गया, ऊपर से दो-तीन बेंत और मार दिए।

रात को, जब हरिचरण पद-सेवा कर रहा था, उस समय शायद गरम पानी की बूँद दुर्गादास बाबू के पाँव पर गिरी थीं।

× × ×

सारी रात दुर्गादास बाबू को नींद नहीं आई। पानी की वह एक बूँद उन्हें बहुत गरम मालूम हुई। हरिचरण को वे अत्यंत प्यार करते थे। अपनी नम्रता के कारण केवल उन्हीं का क्यों, वह सभी का प्रिय पात्र था। विशेषकर, इस महीने भर की घनिष्टता से वह और भी अधिक प्रिय बन गया था।

*सारी रात दुर्गादास बाबू को नींद नहीं आई। पानी की वह एक बूँद उन्हें बहुत गरम मालूम हुई। हरिचरण को वे अत्यंत प्यार करते थे। अपनी नम्रता के कारण केवल उन्हीं का क्यों, वह सभी का प्रिय पात्र था। विशेषकर, इस महीने भर की घनिष्टता से वह और भी अधिक प्रिय बन गया था।*

रात को उन्होंने कई बार सोचा कि एक बार जाकर उसे देख आवें, कहाँ लगी है, कितना सूज गया है, परंतु वह नौकर ठहरा, क्या उनका जाना ठीक होगा? कई बार सोचा कि चलकर पूछ तो लें कि ज्वर कुछ कम हुआ या नहीं, परंतु उसके पास जाने में उन्हें लज्जा अनुभव होने लगी। सवेरे ही हरिचरण ने बाबू को हाथ-मुँह धोने के लिए पानी ला दिया और हुक्का भरकर रख गया। दुर्गादास बाबू तब भी यदि पूछ लेते, सांत्वना के दो-एक शब्द ही कह देते! वह तो अभी लड़का है, अभी उसकी आयु ही क्या है, तेरह वर्ष भी पूरे नहीं हुए होंगे। लड़का समझकर ही एक बार पास बुलाकर देख लेते, बेंत कहाँ लगा है, खून कैसे जम गया है, जूते की ठोकर से कितना सूज गया है! आखिर लड़का ही तो

ठहरा, उसमें इतने लज्जित होने की कौन सी बात थी!

प्रातः नौ बजे कहीं से एक तार आ पहुँचा। तार की बात सुनते ही दुर्गादास बाबू का तार-बेतार हो गया, कुछ घबरा से गए। खोलकर पढ़ा, स्त्री सख्त बीमार है। अचानक उनका कलेजा बैठ गया। उसी दिन उन्हें कलकत्ते चले जाना पड़ा। गाड़ी पर सवार होते ही सोचने लगे, भगवान्! कहीं प्रायश्चित्त तो नहीं होने जा रहा है।

लगभग एक मास बीत गया। दुर्गादास बाबू का चेहरा आज अत्यंत प्रसन्न था, उनकी स्त्री का नया-जीवन हुआ समझो, मरते-मरते बची है। आज पथ्य लिया है।

घर से आज एक पत्र आया है। दुर्गादास बाबू के छोटे भाई ने लिखा है। उसके नीचे 'पुनश्च' लिखकर लिखा है, 'बड़े दुःख की बात है, कल सवेरे दस दिन तक ज्वर में पड़े रहने के बाद हरिचरण की मृत्यु हो गई। मृत्यु से पूर्व उसने आपको अनेक बार देखना चाहा था।'

आह! बेचारा बिना माँ-बाप का अनाथ लड़का।

दुर्गादास बाबू ने पत्र को टुकड़े-टुकड़े करके फेंक दिया।

□

# प्रकाश और छाया

प्रारंभ में यदि तुम जीभ पकड़ लो और कहो कि ऐसा कभी नहीं हो सकता, तब तो मैं लाचार हूँ, परंतु यदि यह कहो कि हो भी सकता है, दुनिया में कितना क्या-क्या होता है, सब बातों को थोड़े ही जानता हूँ, तो इस कहानी को पढ़ डालो। मेरा विश्वास है कि इससे किसी भी प्रकार की कोई बड़ी हानि न होगी और कहानी लिखने के लिए बैठते समय कुछ ऐसी प्रतिज्ञा तो की ही नहीं है कि जो कुछ लिखूँगा, सब पूर्णतः सत्य ही होगा। यदि एक-दो पंक्तियाँ झूठ भी हों, थोड़ा-बहुत मतभेद भी हो तो इससे ऐसा क्या बनता-बिगड़ता है।

हाँ, नायक का नाम है, यज्ञदत्त मुखर्जी, परंतु सुरमा उससे कहती है—प्रकाश। तो नायिका का नाम तो सुन ही लिया, परंतु यज्ञदत्त उसे 'छाया' कहकर पुकारता है। कुछ दिन तो उनमें इस बात पर बहुत विवाद चलता रहा कि कौन प्रकाश है और कौन छाया, किसी भी प्रकार इसकी मीमांसा नहीं हुई। अंत में सुरमा ने ही समझा दिया, 'तुम्हारी सूक्ष्म बुद्धि में इतनी सी बात भी नहीं आती कि तुम न हो तो मैं कहीं की भी नहीं, परंतु मेरे बिना तुम चिरकाल तक चिरजीवी हो, अतः तुम प्रकाश हो और मैं हुई छाया।'

इस पर यज्ञदत्त हँसकर बोला, 'इकतरफा डिग्री चाहती हो तो ले लो, परंतु फैसला ठीक नहीं हुआ।

'खूब ठीक हुआ है, बढ़िया हुआ है, बहुत अच्छा हुआ है, प्रकाश, अब लड़ने की आवश्यकता नहीं है। तुम प्रकाश हो और मैं हूँ श्रीमती छाया।' यह कहते हुए छाया ने प्रकाश को अनेक प्रकार से परेशान कर डाला।

× × ×

कहानी का इतना तो हो गया, परंतु अब तुम्हीं लोगों से द्वंद्व युद्ध न हो जाए, यही भय है। तुम कहोगे, ये लोग स्त्री-पुरुष हैं, मैं कहूँगा—स्त्री-पुरुष तो अवश्य हैं, परंतु पति-पत्नी नहीं हैं। अवश्य ही तुम आँखें चढ़ा लोगे, तो क्या अवैध प्रेम है ? मैं कहूँगा—बहुत ही शुद्ध प्रेम है। तुम लोगों को किसी भी प्रकार विश्वास नहीं होगा, मुँह बनाकर पूछोगे,

आयु क्या है ? मैं कहूँगा, प्रकाश की आयु हैं तेईस वर्ष और छाया है अठारह वर्ष की।

इसके पश्चात् भी यदि सुनना चाहो तो आरंभ करता हूँ—

यज्ञदत्त के छोटी सी छँटी हुई दाढ़ी, आँखों पर चश्मा, सिर पर लैवेंडर की सुगंधि, चुनी हुई ढाके की धोती, कमीज पर एसेंस लगा हुआ, पाँवों में मखमल के स्लीपर, जिन पर छाया ने अपने हाथ से फूल काढ़ दिए हैं, लाइब्रेरी में खूब भर रही पुस्तकें और हैं घर में अनेक दासियाँ। टेबल के किनारे बैठा हुआ यज्ञदत्त पत्र लिख रहा है, सामने बहुत बड़ा दर्पण है। परदा हटाकर छाया ने अत्यंत सावधानी से प्रवेश किया। उसकी इच्छा थी, चुपचाप पीछे से जाकर आँखें बंद कर ले, परंतु पीठ के पास आकर हाथ बढ़ाते ही सामने शीशे पर दृष्टि जा पड़ी। देखा, यज्ञदत्त उसके मुँह की ओर देख-देखकर मुसकरा रहा है। सुरमा भी हँस दी, बोली, 'क्यों देख लिया ?'

***यज्ञदत्त बोला, 'कहो छाया!' सुरमा ने पूछा, 'तुम थकते क्यों जाते हो ?' यज्ञदत्त बोला, 'मुझे तो ऐसा नहीं लगता।' सुरमा बोली, 'तुम खाते क्यों नहीं।' यज्ञदत्त हँसने लगा। बोला, 'सुरो, झगड़ा करने आई हो ?' सुरमा बोली, 'हूँ!' यज्ञदत्त ने कहा, 'मैं इसके लिए तैयार नहीं हूँ।'***

यज्ञदत्त ने कहा, 'यह क्या मेरा कसूर है ?'

सुरमा ने पूछा, 'तो फिर किसका है ?'

यज्ञदत्त बोला, 'आधा तुम्हारा है और आधा दर्पण का।'

सुरमा बोली, 'मैं उसे अभी ढँके देती हूँ।'

यज्ञदत्त ने कहा—'ढँक दो न, परंतु फिर के लिए क्या करोगी ?'

सुरमा ने दो-तीन बार हिल-डुलकर कहा, 'प्रकाश!'

यज्ञदत्त बोला, 'कहो छाया!'

सुरमा ने पूछा, 'तुम थकते क्यों जाते हो ?'

यज्ञदत्त बोला, 'मुझे तो ऐसा नहीं लगता।'

सुरमा बोली, 'तुम खाते क्यों नहीं।'

यज्ञदत्त हँसने लगा। बोला, 'सुरो, झगड़ा करने आई हो ?'

सुरमा बोली, 'हूँ!'

यज्ञदत्त ने कहा, 'मैं इसके लिए तैयार नहीं हूँ।'

सुरमा ने पूछा, 'तुम ब्याह क्यों नहीं करते ?'

यज्ञदत्त बोला, 'इस बात का उत्तर तो प्रतिदिन एक बार दे ही दिया करता हूँ।'

सुरमा, 'नहीं, अब करना ही पड़ेगा।'

यज्ञदत्त ने पूछा, 'सुरो, तुम अपना ब्याह क्यों नहीं करतीं ?'

सुरमा ने यज्ञदत्त के हाथ से चिट्ठी छीनते हुए कहा, 'छिह विधवा का भी कहीं ब्याह होता है ?'

यज्ञदत्त ने कुछ देर चुप रहकर कहा, 'कौन जाने ? कोई कहता है, होता है, कोई कहता है, नहीं होता।'

सुरमा बोली, 'तो फिर मुझे इस पाप का भागी बनाने का प्रयत्न क्यों ?'

यज्ञदत्त ने लंबी साँस लेकर कहा, 'तो क्या सदैव मेरी सेवा करते-करते ही जीवन बिता दोगी ?'

'हूँ' कहकर वह टप-टप आँसू गिराती हुई रोने लगी।

यज्ञदत्त ने उसके आँसू पोंछते हुए कहा, 'सुरो, तुम्हारे मन की साध क्या है, मुझे साफ-साफ नहीं बताओगी ?'

सुरमा बोली, 'मुझे वृंदावन भेज दो।'

यज्ञदत्त ने पूछा, 'मुझे छोड़कर वहाँ रह सकोगी ?'

सुरमा के मुँह से कोई बात नहीं निकली, दाएँ-बाएँ एक बार सिर हिलाने के साथ ही उसकी आँखों से झरनों की भाँति पानी बहने लगा।

## दो

सुरमा बोली, 'यज्ञ भैया! वह कहानी फिर सुनाओ न ?'

यज्ञदत्त ने पूछा, 'कौन सी कहानी ?'

सुरमा बोली, 'वही जब मुझे वृंदावन में खरीदा था, कितने रुपयों में खरीदा था ?'

यज्ञदत्त ने कहा—'पचास रुपए में। मेरी आयु तब अठारह वर्ष की थी। बी.ए. की परीक्षा देकर पश्चिम की ओर घूमने गया था। माँ तब जीवित थीं, वे भी साथ थीं। एक दिन मध्याह्न काल में मालती-कुंज के पास से वैष्णवियों का एक दल भजन गाता हुआ जा रहा था, उसी में मैंने सबसे पहले तुम्हें देखा। यौवन की पहली सीढ़ी पर पाँव रखते ही दुनिया ऐसी सुंदर-सुहावनी लगती है कि केवल अपनी ही आँखों से उसका पूरा-पूरा माधुर्य नहीं लूटा जा सकता। इच्छा होती है, मन की सी और दो आँखें इसी प्रकार एक साथ ऐसी शोभा का उपयोग कर सकें, यदि उसे समझा दे सकूँ, 'पर, यह क्या सुरमा, तुम रो रही हो ?'

सुरमा बोली, 'नहीं, नहीं, तुम कहते चलो।'

यज्ञदत्त बोला, 'तुम जब तेरह वर्ष की आयु वाली नवीन वैष्णवी थीं। तुम्हारे हाथ में तंबूरा था और भजन गा रही थीं।'

सुरमा ने कहा, 'जाओ, मैं क्या गीत गा सकती हूँ ?'

यज्ञदत्त बोला, 'उस समय तो गा सकती थीं, उसके पश्चात् बड़े परिश्रम से तुम्हें पाया। तुम ब्राह्मण की लड़की थीं—बाल विधवा। तुम्हारी माँ तीर्थ में जाकर फिर नहीं लौट सकीं, स्वर्ग सिधार गईं। मैंने तुम्हें लाकर अपनी माँ के हाथ में सौंप दिया। उन्होंने तुम्हे छाती से लगा लिया, तदुपरांत, मरते समय वे फिर मुझे ही लौटा गईं।'

सुरमा ने पूछा, 'यज्ञ भैया, तुम्हारा घर कहाँ है ?'

*यज्ञदत्त बोला, 'उस समय तो गा सकती थीं, उसके पश्चात् बड़े परिश्रम से तुम्हें पाया। तुम ब्राह्मण की लड़की थीं—बाल विधवा। तुम्हारी माँ तीर्थ में जाकर फिर नहीं लौट सकीं, स्वर्ग सिधार गईं। मैंने तुम्हें लाकर अपनी माँ के हाथ में सौंप दिया। उन्होंने तुम्हे छाती से लगा लिया, तदुपरांत, मरते समय वे फिर मुझे ही लौटा गईं।'*

यज्ञदत्त ने कहा, 'सुना है, किशन नगर के पास है कहीं ?'

सुरमा ने कहा, 'मेरे और कोई नहीं है ?'

यज्ञदत्त बोला, 'मैं हूँ न, यहीं तो तुम्हारा सबकुछ है, सुरमा!'

सुरमा की पलक फिर भीग गई, बोली, 'तुम मुझे फिर बेच सकते हो ?'

यज्ञदत्त ने कहा, 'नहीं, ऐसा नहीं कर सकता। अपने को बेचे बिना यह काम हरगिज नहीं हो सकता।'

सुरमा कुछ बोली नहीं, उसी प्रकार डबडबाई हुई आँखों से उसकी ओर देखती रही। बड़ी देर बाद धीरे से बोली, 'तुम बड़े भैया हो। मैं छोटी बहन हूँ, हम दोनों के बीच एक अच्छी सी बहू ले आओ न, भैया!'

यज्ञदत्त ने पूछा, 'क्यों भला ?'

सुरमा बोली, 'दिन भर उसका साज-सिंगार करके उसे तुम्हारे पास लाकर बैठा दिया करूँगी।'

यज्ञदत्त ने कहा, 'सो क्या तुम यह काम पूरे मन से कर सकोगी ?'

सुरमा ने मुँह उठाकर उसकी आँखों में आँखें गढ़ाकर कहा, 'मैं क्या ऐसी अधम हूँ, जो देखकर जलूँगी ?'

यज्ञदत्त ने कहा, 'जलोगी नहीं, परंतु अपनी जगह तो लुटा दोगी ?'

सुरमा बोली, 'लुटा क्यों दूँगी ? मैं राजा की राजा ही रहूँगी, केवल एक मंत्री नियुक्त कर दूँगी, हम दोनों मिलकर तुम्हारा राज्य चलाएँगी, बड़ा आनंद रहेगा।'

यज्ञदत्त ने कहा, 'देखो छाया, विवाह करने की मेरी इच्छा नहीं, परंतु हाँ, यदि तुम्हें एक साथी की बहुत आवश्यकता हो तो विवाह कर भी सकता हूँ।'

सुरमा बोली, 'हाँ अवश्य करो, बड़ा आनंद रहेगा, हम दोनों खूब आनंद से दिन बिताएँगी।'

इतना कहकर सुरमा मन-ही-मन बोली, 'मेरे तो तीनों कुलों में कोई है नहीं, मान-अभिमान हो, सो भी नहीं, परंतु तुम क्यों मेरे कारण दुनिया भर का कलंक बटोरोगे? तुम मेरे देवता हो। तुम विवाह करो, मैं तुम्हारा मुँह देखकर सब सह लूँगी।'

## तीन

कलकत्ते में ऐसे बहुत से लोग हैं, जो अपने पड़ोसी की खबर तक नहीं रखते और बहुत से रखते हैं तो खूब रखते हैं। जो खबर रखते हैं, वे कहते हैं, यज्ञदत्त बी.ए. पास भले ही कर ले, परंतु है आवारा लड़का। संकेत में वे सुरमा का उल्लेख करते हैं। कभी-कभी यह बात सुरमा और यज्ञदत्त के कानों में पड़ जाती है। सुनकर वे दोनों हँसने लगते हैं।

परंतु तुम चाहे अच्छे हो, चाहे बुरे, यदि बड़े आदमी हो तो तुम्हारे घर लोग आएँगे ही, विशेषकर स्त्रियाँ। कोई कहती, 'सुरमा, तुम अपने भैया का ब्याह क्यों नहीं करवा देतीं?'

सुरमा उत्तर देती, 'करा दो न दीदी, अच्छी सी लड़की देखभाल कर।'

जो सुरमा की सहेली होती, वह हँस देती, अच्छी लड़की मिलना तो बहुत कठिन है, तुम्हारे रूप से जिसकी आँखें भरी हुई हैं, उसके...'

'हट जलमुँही' कहते-कहते सुरमा का संपूर्ण चेहरा स्नेह एवं गर्व से लाल हो उठता।

उस दिन दोपहर के समय रिमझिम वर्षा हो रही थी, सुरमा ने कमरे में घुसते ही कहा, 'एक लड़की पसंद कर आई हूँ।'

यज्ञदत्त ने कहा, 'ओह, सिर से एक चिंता हट गई। कहाँ, सुनूँ तो सही?'

सुरमा बोली, 'उस मुहल्ले के मित्रों* के यहाँ।'

यज्ञदत्त ने कहा, 'ब्राह्मण होकर कायस्थ के घर?'

सुरमा बोली, 'क्यों, कायस्थों के घर क्या ब्राह्मण नहीं रहते? उसकी माँ वहाँ रसोई बनाने का काम किया करती थी। सुना है, लड़की बहुत अच्छी है, देख आओ, यदि मन में बैठ जाए तो घर ले आना।'

यज्ञदत्त ने कहा, 'मैं क्या ऐसा अभागा हूँ कि दुनिया भर की भिखारिन के सिवा मेरी गुजर ही नहीं होती?'

---

* मित्र—बंगालियों में कायस्थों के एक वर्ग का नाम।

सुरमा बोली, 'भिखारिनें बटोर लाना तुम्हारे लिए कोई नया काम थोड़े ही है।'

यज्ञदत्त बोला, 'फिर!'

सुरमा ने कहा, 'नहीं, तुम जाओ, देख आओ। मन में जम जाए तो 'न' मत करना।'

यज्ञदत्त ने कहा, 'मन में तो किसी तरह जम ही नहीं सकती।'

सुरमा ने आग्रहपूर्वक कहा, 'जम जाएगी, खूब जमेगी, एक बार देख तो आओ।'

फिर छाया ने प्रकाश को ऐसा सजा दिया, सुगंधि आदि लगाकर, माँज-घिसकर, बाल काढ़े, इस ढंग से दर्पण के सामने खड़ा कर दिया कि यज्ञदत्त को लज्जा अनुभव होने लगी। बोला, 'छिह, यह तो बहुत ज्यादती हो गई।'

*यज्ञदत्त ने कहा, 'मैं क्या ऐसा अभागा हूँ कि दुनिया भर की भिखारिन के सिवा मेरी गुजर ही नहीं होती?'*
*सुरमा बोली, 'भिखारिनें बटोर लाना तुम्हारे लिए कोई नया काम थोड़े ही है।'*
*यज्ञदत्त बोला, 'फिर!'*
*सुरमा ने कहा, 'नहीं, तुम जाओ, देख आओ। मन में जम जाए तो 'न' मत करना।'*
*यज्ञदत्त ने कहा, 'मन में तो किसी तरह जम ही नहीं सकती।'*

सुरमा ने कहा, 'हो जाने दो, तुम देख आओ।'

यज्ञदत्त गाड़ी पर सवार होकर लड़की देखने चल दिया। मार्ग में एक मित्र को भी अपने साथ कर लिया, 'चलो मित्रों के यहाँ जलपान कर आएँ।'

मित्र ने पूछा, 'इसका मतलब?'

यज्ञदत्त ने बताया, 'उनके घर एक भिखारिन की लड़की है, उसके साथ विवाह करना होगा।'

मित्र बोला, 'कहते क्या हो? यह सीख किसने दी!'

यज्ञदत्त ने कहा, 'तुम लोग जिसकी ईर्ष्या से मरे जा रहे हो, उसी छाया ने।'

यज्ञदत्त अपने मित्र के साथ लड़की देखने के लिए मित्रों के घर पहुँचा। लड़की कारपेट के आसन पर बैठी थी, कई बार की धुली देशी साड़ी पहने, उसके सूत कहीं-कहीं ऐसे बिखर गए थे, जैसे जाली हो। हाथों में बिल्लौरी चूड़ियाँ थीं और ताँबे जैसे रंग के सोने के इँठे हुए कड़े, कहीं-कहीं उनके भीतर चमड़ा दिख रहा था। माथे में इतना तेल पड़ा था कि ललाट तक चमचमा रहा था और सिर से ठीक बीचों-बीच ब्रह्मतालु के ऊपर काठ सा कड़ा बँधा हुआ जूड़ा ऊँचा खड़ा था। दोनों मित्र उसे देखते ही मुसकरा दिए। यज्ञदत्त ने हँसी छिपाकर लड़की की ओर देखते हुए कहा, 'क्या नाम है तुम्हारा?'

लड़की ने अपनी बड़ी-बड़ी काली आँखों को शांत भाव से उसके मुँह पर गड़ाते हुए कहा, 'प्रतुल।'

यज्ञदत्त ने अपने मित्र को चिकोटी भरकर मुसकराते हुए कहा, 'क्यों भाई ? गदाधर* तो नहीं ?'

मित्र ने एक हलका सा धक्का देते हुए कहा, 'अधिक मत बको, झटपट पसंद कर डालो।'

'हाँ, हाँ अभी लो।'

'अच्छा-अच्छा, क्या पढ़ती हो ?'

'कुछ नहीं।'

'यह और भी अच्छा है। काम-काज करना आता है ?'

प्रतुल ने सिर हिलाया। समीप ही एक नौकरानी खड़ी थी, उसने व्याख्या कर दी, बड़ी कमेरी लड़की है बाबूजी, रसोई बनाने, परोसने एवं घर के काम-धंधों में बिल्कुल अपनी माँ जैसी और मुँह से तो इसके बात ही नहीं निकलती, 'बड़ी शांत है।'

'सो तो देख ही रहा हूँ।' फिर लड़की से पूछा, 'तुम्हारे पिता हैं ?'

'नहीं।'

'माँ भी मर गई हैं ?'

'हाँ!'

यज्ञदत्त ने देखा कि उस गूँगी-बेवकूफ लड़की की आँखों में आँसू भर आए हैं, पूछा, 'क्या तुम्हारे कोई भी नहीं हैं !'

*'यह और भी अच्छा है। काम-काज करना आता है ?' प्रतुल ने सिर हिलाया। समीप ही एक नौकरानी खड़ी थी, उसने व्याख्या कर दी, बड़ी कमेरी लड़की है बाबूजी, रसोई बनाने, परोसने एवं घर के काम-धंधों में बिल्कुल अपनी माँ जैसी और मुँह से तो इसके बात ही नहीं निकलती, 'बड़ी शांत है।' 'सो तो देख ही रहा हूँ।' फिर लड़की से पूछा, 'तुम्हारे पिता हैं ?'*

'नहीं।'

'हमारे घर चलोगी ?'

उसने गरदन हिलाई, 'हाँ।' इतने ही में उसकी खिड़की की ओर दृष्टि पड़ी तो देखा कि उसमें से दो काली आँखें आग बरसा रही हों। तब उसने भयभीत होकर कह दिया, 'नहीं।'

बाहर आकर मित्र महोदय से भेंट हुई।

उन्होंने पूछा, 'लड़की कैसी लगी ?'

---

* गदाधर—स्व. गिरीशचंद्र के नाटक का एक पात्र, जिसने तलाशी के समय पुलिस के भय से स्त्री की पोशाक को पहनकर स्वयं को छिपाने की चेष्टा की थी।

'अच्छी है।'

'तो फिर विवाह का मुहूर्त सुझवाया जाए?'

'हाँ, हाँ!'

## चार

बारह-तेरह वर्ष की आयु के लड़के के हाथ से जब कोई निर्दय अरसिक अभिभावक उसका अधपढ़ा कौतुकपूर्ण उपन्यास छीनकर छिपा देता है तो उसकी जैसी हालत होती है, उसके भीतर के प्राण व्याकुल भाव से उस शुष्क मुख शंकित बालक को कभी इस कोठरी में, कभी उस कोठरी में दौड़ाता फिरता है, उसकी डरी हुई तीव्र आँखें जिस प्रकार अपने उस प्रिय पदार्थ को ढूँढ़ने में व्यस्त एवं परेशान हो जाती हैं तथा उसकी सर्वदा यही इच्छा होती रही है कि वह किसी पर खूब रुष्ट हो, उसी प्रकार सुरमा भी यज्ञदत्त के लिए छटपटाने लगी। वह क्या जाने, क्या ढूँढ़ निकालेगी? कुरसी-बैंच, सोफा, पलंग, कमरा, बरामदा, सभी वस्तुओं पर रुष्ट हो उठी। सड़क की ओर की एक भी खिड़की उसे पसंद नहीं आई, कभी इस पर और कभी उस पर जाकर बैठने लगी। तभी यज्ञदत्त ने कमरे में प्रवेश किया।

सुरमा ने पूछा, 'क्या हुआ प्रकाश महोदय?'

प्रकाश का चेहरा गंभीर हो गया।

सुरमा बोली, 'पसंद आई?'

यज्ञदत्त ने कहा, 'आई?'

सुरमा ने पूछा, 'कब का विवाह है?'

यज्ञदत्त ने कहा, 'शायद इसी महीने में।'

निरानंद उत्साह के साथ सुरमा के पास आए। उसने किसी प्रकार का ऊधम भी नहीं किया, बोली, 'तुम्हें मेरे सिर की सौगंध है। सच बताओ?'

'यह कैसी आफत है, सच ही तो कह रहा हूँ।'

'मेरा मुँह देखो, बताओ, पसंद आ गई?'

'हाँ!'

*निरानंद उत्साह के साथ सुरमा के पास आए। उसने किसी प्रकार का ऊधम भी नहीं किया, बोली, 'तुम्हें मेरे सिर की सौगंध है। सच बताओ?'*

*'यह कैसी आफत है, सच ही तो कह रहा हूँ।'*

*'मेरा मुँह देखो, बताओ, पसंद आ गई?'*

*'हाँ!'*

अचानक सुरमा को जैसे शब्द ढूँढ़े न मिला। जिस प्रकार बच्चे डाँट खाकर रोने से पूर्व इधर-उधर गरदन हिलाकर कोई अर्थहीन बात कह डालते हैं, सुरमा ने भी वैसे ही

बच्चों की भाँति गरदन हिलाते हुए गंभीर स्वर में कहा, 'मैंने तो पहले ही कह दिया था।'

यज्ञदत्त अपनी ही चिंता में व्यस्त था, अतः समझ ही नहीं सका कि उसका कुछ अर्थ नहीं होता, क्योंकि पहले तो 'पसंद ही होगी' ऐसी बात सुरमा ने कभी कही नहीं, दूसरे उसने स्वयं लड़की देखी नहीं अपितु, ऐसी आशा तो उसने बिल्कुल ही नहीं की थी कि वह इतनी जल्दी पसंद आएगी और सगाई भी पक्की हो जाएगी। इसी से वह दिन भर अपने कमरे में बैठकर इसी बात को सोचने लगी। दो दिन पश्चात् यज्ञदत्त की समझ में बहुत-कुछ आ गया। बोला, 'सुरो, यह विवाह मत कराओ बहन!'

सुरमा बोली, 'वाह ऐसा भी कहीं हो सकता है! सगाई जो पक्की हो गई है?'

यज्ञदत्त ने कहा, 'पक्की-बक्की कुछ नहीं हुई है।'

सुरमा बोली, 'नहीं, यह नहीं हो सकता। दुखिया लड़की को सुखी करना है, यह भी तो सोचो और विशेषकर वचन देकर मुकर जाओगे?'

यज्ञदत्त को प्रतुल का चेहरा याद आ गया, उस दिन उसकी काली-काली आँखों में मानो उसने सहिष्णुता एवं शांतभाव की निगूढ़ छाया देखी थी, इसी से वह चुप हो रहा। फिर भी, बहुत सी बातें सोचने लगा। सुरमा के संबंध में ही अधिक सोचा। वर्षा के दिन जिस प्रकार बरसाती पतंगे अचानक ही घर-घर में भर जाते हैं, इसी प्रकार उसका संपूर्ण मन बेचैनी से भर गया और साथ ही जिस प्रकार उन (पतंगों) का छिपा हुआ बाँस गह्वर ढूँढ़ने से नहीं मिलता, उसी प्रकार सुरमा के मुँह की बातें हृदय की किस गुप्त आशंका के भीतर से झुंड-बाँधकर निकलने लगीं, इसका कुछ भी पता नहीं चला। उसकी आँखों पर वैसा धुँधला जाला-सा पड़ गया कि उसे किसी प्रकार भी सुरमा का चेहरा दिखाई नहीं दिया।

## पाँच

विवाह करके यज्ञदत्त बहू को घर ले गया, विकार-ग्रस्त रोगी के घर में कोई आदमी न रहने से जिस प्रकार वह अपनी संपूर्ण शक्तियों को एकत्र कर पानी के घड़े की ओर दौड़कर उससे चिपट जाता है, ठीक उसी प्रकार सुरमा ने बहू को छाती से चिपटा लिया। पहले जितने भी आभूषण थे, सब उसे पहना दिए और जितने कपड़े थे, उसके बक्स में भर दिए। सूखे मुँह से दिन भर बहू को सजाने की धूम देखकर यज्ञदत्त का मुँह जरा सा निकल आया। गंभीर स्वप्न तो सहा जा सकता है, क्योंकि असह्य होते ही निद्रा भंग हो जाती है, परंतु जाग्रत् अवस्था में स्वप्न देखने पर दम अटकने लगता है, किसी प्रकार वह समाप्त नहीं होता और नींद भी नहीं टूटती। कभी लगता है, यह स्वप्न है, कभी लगता है यह सत्य है। प्रकाश और छाया है। दोनों प्रकाश और छाया को ही ऐसा

अनुभव होने लगा। एक दिन यज्ञदत्त ने अपने कमरे में बुलाकर कहा, 'छाया।'

'क्या यज्ञ भैया?'

'प्रकाश नहीं कहा?'

सिर झुकाकर सुरमा बोली, 'प्रकाश!'

यज्ञदत्त ने अपने दोनों हाथ बढ़ाते हुए कहा, 'बहुत दिनों से पास नहीं आई, आओ।'

सुरमा ने एक बार उसके मुँह की ओर देखा और दूसरे ही क्षण कह उठी, 'वाह मैं भी खूब हूँ। बहू को अकेली ही छोड़ आई हूँ।' कहती हुई जल्दी से भाग गई।

क्रोध में यदि किसी अपरिचित भले आदमी के गाल पर थप्पड़ मार दिया जाए और यदि वह शांत भाव से क्षमा करके चला जाए, तो उस समय मन जैसा खराब हो जाता है, उसी प्रकार उसका मन भी क्षमा-प्राप्त अपराधी की भाँति क्रमशः उत्साह-हीन होने लगा। बार-बार ऐसा प्रतीत होने लगा जैसे उसने अपराध किया है और सुरमा उसे जी-जान से क्षमा कर रही है।

*क्रोध में यदि किसी अपरिचित भले आदमी के गाल पर थप्पड़ मार दिया जाए और यदि वह शांत भाव से क्षमा करके चला जाए, तो उस समय मन जैसा खराब हो जाता है, उसी प्रकार उसका मन भी क्षमा-प्राप्त अपराधी की भाँति क्रमशः उत्साह-हीन होने लगा। बार-बार ऐसा प्रतीत होने लगा जैसे उसने अपराध किया है और सुरमा उसे जी-जान से क्षमा कर रही है।*

सुरमा समस्त आभूषणों से भूषित नववधू को उसके पास जबरदस्ती बैठा देती। संध्या होते ही झटपट बाहर से ताला बंद कर देती। यज्ञदत्त गाल पर हाथ रखकर सोचता। वह भी कुछ-कुछ समझ जाती है। वह सयानी लड़की नहीं है, फिर भी है तो नारी ही और साधारण स्त्री-बुद्धि से भगवान् किसी को वंचित नहीं रखते। वह भी रात भर जागती रहती।

विवाह हुए आज आठ दिन भी नहीं हुए, इतने ही में एक दिन सबेरे यज्ञदत्त ने सुरमा को बुलाकर कहा, 'सुरो, बर्द्धमान (बर्दवान) में बुआ हैं, उन्हें बहू दिखा आऊँ।'

× × ×

दामोदर नदी के उस पार बुआ का गाँव है। बुआ के घर पहुँचते ही यज्ञदत्त ने कहा, ''बुआ, बहू लाया हूँ, देखो।'

बुआ बोलीं, अरे, विवाह कर लिया। ओ हो, जियो, जियो, हजारी उमर हो। बड़ी अच्छी चंदा-सी बहू है। अब आदमी की तरह घर-गृहस्थी चलाओ बेटा!'

यज्ञदत्त ने कहा, 'इसीलिए तो सुरमा ने यह विवाह करवाया है।' बुआ बोलीं, 'अच्छा सुरो ने यह विवाह कराया है?'

यज्ञदत्त बोला, 'हाँ, उसी ने तो कराया है, परंतु भाग्य खराब निकला। इस बहू के साथ घर नहीं चल सकता।'

बुआ ने पूछा, 'क्यों, सो क्यों?'

यज्ञदत्त ने कहा, 'जानती हो बुआ, मेरा मनुष्यगण है और बहू का है राक्षसगण। ज्योतिषी ने कहा है, एक साथ रहने से जिओ न जिओ।'

बुआ बीच में ही बोलीं, 'अरे बेटा, ऐसी बात…'

यज्ञदत्त ने कहा, 'तब जल्दी में ये सब बातें नहीं देखी गईं, अब यह तुम्हारे पास ही रहा करेगी, हर महीने पचास रुपया तुम्हें भेज दिया करूँगा। इतने से काम नहीं चलेगा बुआ?'

बुआ बोली, 'हाँ, सो तो चल जाएगा। देहात में कोई विशेष तकलीफ भी नहीं होगी। अहा, चाँद सी बहू है, बड़ी हो गई है, क्यों रे जग्गू, कोई शांति-विधान कराने से काम नहीं चलेगा?'

यज्ञदत्त ने कहा, 'चल सकता है। मैं भट्टाचार्यजी से पूछकर, जैसा होगा, तुम्हें समाचार भेज दूँगा।'

बुआ ने कहा, 'अच्छा भेज देना बेटा।'

संध्या के समय यज्ञदत्त ने बहू को पास बुलाकर कहा, 'तो तुम यहीं रहो।'

उसने गरदन हिलाकर उत्तर दिया, 'अच्छा।'

'तुम्हें जब किसी वस्तु की आवश्यकता हो तो मुझे समाचार देना।'

'अच्छा।'

'तुम्हें पत्र लिखना आता है?'

'नहीं।'

'तो फिर समाचार कैसे दोगी?'

नववधू घर की पालतू हिरणी की भाँति पति के चेहरे पर अपनी आँखें गड़ाए चुपचाप खड़ी रही। यज्ञदत्त मुँह फेरकर चला गया।

बुआजी के घर में बहू खूब सवेरे ही उठकर घर के काम-काज में लग जाती है। बैठे रहना उसने सीखा ही नहीं। बिल्कुल नई होने पर भी उसने परिचित की भाँति घर का काम-काज आरंभ कर दिया। दो-चार दिन में ही बुआ समझ गईं कि ऐसी लड़की सभी की कोख से जनम नहीं लेती।

*नववधू घर की पालतू हिरणी की भाँति पति के चेहरे पर अपनी आँखें गड़ाए चुपचाप खड़ी रही। यज्ञदत्त मुँह फेरकर चला गया। बुआजी के घर में बहू खूब सवेरे ही उठकर घर के काम-काज में लग जाती है। बैठे रहना उसने सीखा ही नहीं। बिल्कुल नई होने पर भी उसने परिचित की भाँति घर का काम-काज आरंभ कर दिया। दो-चार दिन में ही बुआ समझ गईं कि ऐसी लड़की सभी की कोख से जनम नहीं लेती।*

बहू के पास बहुत गहने हैं। सारा मुहल्ला देखने को आता है। किसी ने पूछा, 'किसने दिया है बहू? तुम्हारे पिता ने?'

'मेरे माता-पिता नहीं हैं, ननदजी ने दिया है।'

दो-एक समवयस्का मेल हो जाने पर खोद-खोदकर भेद जानने का प्रयत्न करने लगीं। पूछने लगीं, 'तुम्हारी ननद शायद खूब धनी हैं?'

'हाँ!'

'सब गहने उन्हीं के हैं?'

'सब!'

'वे नहीं पहनतीं!'

'वे विधवा हैं, वे नहीं पहनतीं!'

'कितनी उम्र है बहू?'

'हम लोगों से कुछ बड़ी होंगी। उन्होंने जबरदस्ती अपने भैया के साथ मेरा विवाह कराया है।'

'तुम्हारे पति उनका बहुत कहना मानते हैं, क्यों?'

'हाँ, वे सती-लक्ष्मी हैं। सभी लोग उनसे प्रेम करते हैं।'

## छह

ऊपर की खिड़की से सुरमा ने देखा, यज्ञदत्त घर लौट आया, पर साथ में बहू नहीं है। घर में घुसते ही उसने पूछा, 'भैया, बहू को कहाँ छोड़ आए?'

'बुआ के घर।'

'साथ क्यों नहीं लाए?'

'अभी रहने दो, कुछ दिनों बाद देखा जाएगा।'

बात सुरमा की छाती में चुभ गई। दोनों चुप बने रहे। प्रियजनों में बहस करते समय अचानक झगड़ा हो जाने से जिस प्रकार वे कुछ देर तक खिन्न मन से चुपचाप बैठे रहते हैं, ये दोनों भी कुछ दिन उसी प्रकार बिताते रहे। सुरमा कहती, 'नहा-धोकर खा-पी लो, बहुत देर हो गई है।' यज्ञदत्त कहता, 'हाँ, खाता हूँ।'

इसी प्रकार कुछ दिन बीत गए।

एक साथ रहकर घर-गृहस्थी चलाने का

*बात सुरमा की छाती में चुभ गई। दोनों चुप बने रहे। प्रियजनों में बहस करते समय अचानक झगड़ा हो जाने से जिस प्रकार वे कुछ देर तक खिन्न मन से चुपचाप बैठे रहते हैं, ये दोनों भी कुछ दिन उसी प्रकार बिताते रहे। सुरमा कहती, 'नहा-धोकर खा-पी लो, बहुत देर हो गई है।' यज्ञदत्त कहता, 'हाँ, खाता हूँ।'*

काम सदैव इसी प्रकार नहीं हो सकता, इसी से फिर मेल होने लगा। यज्ञदत्त फिर लाड़-प्यार के साथ बुलाने लगा, 'ओ छाया! परंतु छाया अब प्रकाश नहीं कहती। कभी यज्ञ भैया कहती है, कभी केवल भैया कहकर ही पुकारती है।'

एक दिन सुरमा ने कहा, 'भैया, लगभग तीन महीने होने आए, अब बहू को ले आओ।'

यज्ञदत्त ने बात टाल दी, 'हाँ, आ जाएगी।' सुरमा उसके मन का भाव समझकर चुप रह गई।

बुआ की चिट्ठी कभी-कभी आ जाया करती है। बुआ ने लिखा है, 'बहू को मलेरिया बुखार आने लगा है, इलाज होना आवश्यक है।' आशय समझकर यज्ञदत्त कुछ रुपए और अधिक भेज देता। फिर, महीने भर तक कोई बात ही नहीं छिड़ती।

इतने ही में एक दिन अचानक पत्र आया, 'बुआ मर गई हैं।'

यज्ञदत्त बर्दवान चला गया। जाते समय सुरमा ने सिर की कसम देकर कह दिया, 'बहू को लेते आना।'

बर्दवान में बुआ की तेरहवीं हो जाने के बाद एक दिन दोपहर के समय यज्ञदत्त बरामदे में खड़ा-खड़ा घर लौटने की बात सोच रहा था। आँगन में धान के ढेर के समीप नई बहू खड़ी थी, उस पर उसकी दृष्टि पड़ गई। आँखें चार होते ही उसने हाथ के इशारे से उसे अपने समीप बुलाया।

बहू समीप आ गई।

यज्ञदत्त ने पूछा, 'क्यों?'

'आपसे कुछ कहूँगी।'

'अच्छी बात है, कहो।'

नई बहू ने घूँट सा भरते हुए कहा, 'एक दिन आपने कहा था, यदि मुझे कोई आवश्यकता हो तो…।'

यज्ञदत्त बोला, 'हाँ, हाँ, क्या आवश्यकता है, बताओ…।'

बहू बोली, 'घर में सभी कहा-सुनी करते हैं, मैं बड़ी कुलच्छिनी हूँ, अतः अब यहाँ रहने को जी नहीं चाहता।'

यज्ञदत्त बोला, 'कहाँ रहना चाहती हो?'

बहू ने कहा, 'कलकत्ते में यदि कहीं भले घर में स्थान मिल जाता। मैं तो सभी काम करना जानती हूँ।'

यज्ञदत्त ने पूछा, 'तुम अपने घर जाओगी?'

बहू ने कहा, 'मेरा अपना घर? कहाँ है वह? वे क्या अब रहने देंगे?'

यज्ञदत्त ने अपने हाथ से स्त्री का मुँह ऊपर करते हुए कहा, 'मेरे घर चलोगी?'

यज्ञदत्त बोला, 'सुरमा तुम्हारे लिए बहुत घबरा रही है।'

सुरमा की चर्चा से उसका चेहरा खुशी के मारे फूल उठा, बोली, 'दीदी मेरी याद करती हैं?'

यज्ञदत्त ने कहा, 'खूब करती है।'

बहू बोली, 'चलूँगी।'

बहू बोली, 'तो ले चलिए।'

दुनिया में इस तरह के आदमी भी हैं, जिन्हें दूसरों के संबंधों में अपनी राय प्रकट करने की बुद्धि किसी प्रकार ढूँढ़े भी नहीं मिल पाती, परंतु साथ ही उनमें एक ऐसी सहज बुद्धि भी होती है कि वे उस पर निर्भर होकर अपने संबंध में और किसी से संपत्ति लेने की कोई आवश्यकता नहीं समझते। नई बहू इसी कोटि की है। वह अपनी बात स्वयं ही सोचती है, दूसरों से नहीं पूछती। उसने सोचकर कहा, 'आप लोगों का अमंगल होने का बड़ा भय है मुझे, पर रहूँ भी तो कहाँ रहूँ? अच्छा, मैं नीचे ही रहा करूँगी, सब काम-काज करने में नीचे आराम ही रहेगा।'

> *यज्ञदत्त बोला, 'कहाँ रहना चाहती हो?'*
> *बहू ने कहा, 'कलकत्ते में यदि कहीं भले घर में स्थान मिल जाता। मैं तो सभी काम करना जानती हूँ।'*
> *यज्ञदत्त ने पूछा, 'तुम अपने घर जाओगी?'*
> *बहू ने कहा, 'मेरा अपना घर? कहाँ है वह? वे क्या अब रहने देंगे?'*
> *यज्ञदत्त ने अपने हाथ से स्त्री का मुँह ऊपर करते हुए कहा, 'मेरे घर चलोगी?'*

यज्ञदत्त ने कहा, 'ऊपर क्या तुम्हारे रहने का कमरा नहीं है।'

'है, परंतु नीचे के कमरे में ही अच्छी रहूँगी।'

यज्ञदत्त ने फिर कोई बात नहीं की। वह सोचने लगा, इसकी बातें तो बिल्कुल मूर्खों जैसी नहीं हैं और कई बार मन में आया कि कह दे, वह कुलच्छिनी नहीं है, राक्षसगण आदि सब मिथ्या बातें हैं, परंतु झूठ बोलने का क्या कारण था, सो कैसे बताया जाए? विशेषकर वह इस बात का भी भरोसा नहीं कर सका कि वह जाकर अपने पिछले और आगे के व्यवहार में भलीभाँति सामंजस्य भी रख सकेगी।

## सात

सुरमा ने देखा, बहू आ गई है। तेज नशे का पहला झोंका सँभालकर अब वह स्थिर हो गई है। इसी बहू को देखने के लिए उसने ज्यादती नहीं की। शांत धीर भाव से प्रिय-संभाषण किया, मौखिक ही नहीं, अंतरंग की मंगलेच्छा उसके शुष्क चेहरे पर फिर से ज्योति लौटा लाई। बोली, 'बहू वहाँ तबीयत तो तुम्हारी ठीक ही नहीं रही?'

बहू ने सिर हिलाते हुए कहा, 'बीच-बीच में कभी बुखार आ जाता था।

सुरमा ने उसके माथे का पसीना पोंछते हुए कहा, 'यहाँ चिकित्सा होते ही सब ठीक हो जाएगा।'

दोपहर सुरमा को पता लगा कि बहू के लिए नीचे का कमरा साफ हो रहा है। अपमान के मारे उसकी आँखों में आँसू भर आए। किसी प्रकार उन्हें रोकते हुए वह यज्ञदत्त के पास जाकर कहने लगी, 'भैया, बहू क्या नीचे सोएगी?'

यज्ञदत्त ने पुस्तक पर से आँख उठाए बिना ही कहा, 'वह तो यही कहती है।'

'तुम कुछ नहीं कहोगे?'

'मैं क्या कहूँ? जिसके जो मन में आए, करे।'

*दोपहर सुरमा को पता लगा कि बहू के लिए नीचे का कमरा साफ हो रहा है। अपमान के मारे उसकी आँखों में आँसू भर आए। किसी प्रकार उन्हें रोकते हुए वह यज्ञदत्त के पास जाकर कहने लगी, 'भैया, बहू क्या नीचे सोएगी?'*
*यज्ञदत्त ने पुस्तक पर से आँख उठाए बिना ही कहा, 'वह तो यही कहती है।'*
*'तुम कुछ नहीं कहोगे?'*
*'मैं क्या कहूँ? जिसके जो मन में आए, करे।'*

सुरमा लज्जा और धिक्कार से अपने को संयत न रख सकी, उसके सामने ही रो पड़ी और भाग खड़ी हुई।

ऊपर की यह घटना नीचे तक न पहुँच सकी।

नई बहू नए प्रकार से घर के काम-काज में जुट गई। क्रमशः धीरे-धीरे उसने सुरमा का सब काम अपने हाथ में ले लिया। केवल ऊपर ही नहीं जाती, पति के साथ साक्षात्कार नहीं करती। धीरे-धीरे सुरमा ने भी ऊपर का आना-जाना छोड़ दिया। बहू प्रफुल्ल गंभीर मुख से काम में लगी रहती, सुरमा पास ही बैठी रहती। एक तो यह देखती कि काम करने में कितना सुख है और दूसरे यह समझती कि काम की बहती धारा में कितना दु:ख बहाया जा सकता है। दोनों में से कोई अधिक बातचीत नहीं करतीं, उनमें पारस्परिक सहानुभूति क्रमशः गाढ़ी होती चली गई।

बीच-बीच में नई बहू को प्राय: बुखार आ जाया करता और दो-चार दिन उपवास करने से अपने आप चला जाता। औषधि खाने की न तो उसकी प्रवृत्ति है और न वह खाती ही है। उस अवधि का काम-धंधा नौकर-नौकरानियाँ ही करते हैं, सुरमा से होता नहीं, इच्छा होने पर भी अब यह उसके सामर्थ्य से बाहर की बात हो गई है।

सोने की प्रतिमा सुरमादेवी का न तो अब वह रंग है और न वह कांति ही। इतना लावण्य दो महीने में ही न जाने कहाँ उड़ गया। बहू कभी-कभी कहती, 'दीदी, तुम

दिन-प्रतिदिन ऐसी क्यों होती जा रही हो ?'

'मैं ? अच्छा भाभी, स्वास्थ्य सुधारने के लिए यदि मैं कहीं बाहर चली जाऊँ तो तुम्हें कष्ट तो न होगा ?'

'अवश्य, होगा क्यों नहीं ?'

'तो नहीं जाऊँगी !'

'नहीं दीदी, मत जाना, तुम दवा-दारू करके यहीं अच्छे हो जाओ।'

सुरमा ने स्नेह के आवेश में उसके माथे को चूम लिया।

एक दिन सुरमा यज्ञदत्त के लिए थाली लगा रही थी। यज्ञदत्त उसके मलिन, सूखे चेहरे को सतृष्ण दृष्टि से देख रहा था। सुरमा द्वारा आँख उठाकर सतृष्ण दृष्टि से देखते ही उसने दीर्घ निश्श्वास लेते हुए कहा, 'मन में आता है, मर जाऊँ तो अच्छा हो।'

'क्यों ?' कहते ही सुरमा की आँखों में आँसू भर आए।

'डरता हूँ, न जाने और कब तक इन प्राणों का भार ढोना पड़ेगा !'

जिस प्रकार बंदूक की गोली खाकर वन्य-पशु पृथ्वी को छोड़कर आकाश की ओर भागने के लिए जी-जान से उछल पड़ता है, परंतु आकाश में उसका कोई नहीं, अत: वह आश्रय-शून्य मरणाहत जीव अंत में चिर-आश्रय पृथ्वी को ही हृदय से लगाकर प्राण त्याग देता है, उसी प्रकार छटपटाती हुई सुरमा ने पहले तो आकाश की ओर देखा, तदुपरांत ठीक उसी प्रकार पृथ्वी पर लोटती हुई वह रोने लगी, 'यज्ञ भैया, क्षमा करो, मैं तुम्हारी शत्रु हूँ, मुझे अन्यत्र भेज दो, तुम सुखी होओ।'

*जिस प्रकार बंदूक की गोली खाकर वन्य-पशु पृथ्वी को छोड़कर आकाश की ओर भागने के लिए जी-जान से उछल पड़ता है, परंतु आकाश में उसका कोई नहीं, अत: वह आश्रय-शून्य मरणाहत जीव अंत में चिर-आश्रय पृथ्वी को ही हृदय से लगाकर प्राण त्याग देता है, उसी प्रकार छटपटाती हुई सुरमा ने पहले तो आकाश की ओर देखा, तदुपरांत ठीक उसी प्रकार पृथ्वी पर लोटती हुई वह रोने लगी, 'यज्ञ भैया, क्षमा करो, मैं तुम्हारी शत्रु हूँ, मुझे अन्यत्र भेज दो, तुम सुखी होओ।'*

कहीं नौकरानी न आ जाए, इस भय से यज्ञदत्त ने उसे हाथ पकड़कर उठा लिया। फिर स्नेहपूर्वक उसके आँसुओं को पोंछते हुए कहा, 'छिह इस प्रकार लड़कपन नहीं किया करते।'

सुरमा आँसू पोंछती हुई झटपट कमरे में चली गई और उसने भीतर से दरवाजा बंद कर दिया।

## आठ

उसके पश्चात् एक दिन सुरमा ने बहू को अपने पास खींचकर धीरे से पूछा, 'बहू, भैया ने क्या तुमसे कभी कुछ कहा है?'

बहू ने सहज भाव से उत्तर दिया, 'कहेंगे क्या?'

'तो फिर तुम उनके पास क्यों नहीं जातीं? तुम्हारी क्या जाने की इच्छा नहीं होती?'

बहू को पहले तो लज्जा अनुभव होने लगी, फिर सिर झुकाकर बोली, 'होती तो है जीजी, पर जाना तो नहीं हो सकता!'

'क्यों बहू?'

'आपको याद नहीं?'

'नहीं तो!'

'अरे शायद आप भूल गई हैं दीदी, मेरा जो राक्षसगण है और उनका मनुष्यगण है।'

'किसने कहा?'

'उन्हीं ने बुआजी से कहा था, इसी से तो…'

सुरमा के एकाएक रोंगटे खड़े हो गए, बोली, 'यह तो झूठी बात है बहू।'

'झूठी बात है?'

आँखें फाड़कर वह सुरमा के मुँह की ओर देखती रह गई। सुरमा के बार-बार रोंगटे खड़े होने लगे। बोली, 'झूठी बात है, यह बिल्कुल झूठी…'!

'मुझे विश्वास नहीं होता; ये झूठ बोलेंगे?'

सुरमा से अब सहा न गया। वह दोनों बाँहों से उसका दृढ आलिंगन करती हुई फूट-फूटकर रोने लगी, बोली, 'बहू मैं महापापिनी हूँ।'

बहू ने स्वयं को छुड़ाते हुए धीरे से कहा, 'क्यों दीदी?'

'आह, अब उसे मत सुनो। मैं नहीं कह सकूँगी।'

आँधी की भाँति सुरमा यज्ञदत्त के सामने जा पहुँची। बोली, 'बहू को इस प्रकार धोखे में रख छोड़ा है? ओफ, कैसे भयानक झूठे हो तुम!'

*सुरमा से अब सहा न गया। वह दोनों बाँहों से उसका दृढ आलिंगन करती हुई फूट-फूटकर रोने लगी, बोली, 'बहू मैं महापापिनी हूँ।'*
*बहू ने स्वयं को छुड़ाते हुए धीरे से कहा, 'क्यों दीदी?'*
*'आह, अब उसे मत सुनो। मैं नहीं कह सकूँगी।'*
*आँधी की भाँति सुरमा यज्ञदत्त के सामने जा पहुँची। बोली, 'बहू को इस प्रकार धोखे में रख छोड़ा है? ओफ, कैसे भयानक झूठे हो तुम!'*

यज्ञदत्त चकित रह गया।

'यह क्या सुरो?'

'कृतविद्य हो तुम। छिह-छिह तुम्हें लज्जा आनी चाहिए थी।'

यज्ञदत्त कुछ तात्पर्य नहीं समझा, केवल कड़वी बातें सुनने लगा, 'क्या सोचकर विवाह किया था? क्या सोचकर उसे छोड़े हुए हो? मेरे लिए! मेरा मुँह देखकर इस प्रकार धोखा देते आ रहे हो?'

'सुरमा, पागल हो गई हो क्या?'

मैं पागल हूँ? मुझमें तुमसे अधिक ज्ञान है, मुझे कहीं अन्यत्र भेज दो। कहते हुए सुरमा की आँखें लाल हो गईं। हाँफती हुई बोली, 'एक क्षण भी रहना नहीं चाहती मैं, छिह-छिह...'

यज्ञदत्त ने बड़ी जोर से चिल्लाते हुए कहा, 'क्या कहती हो?'

'कहती हूँ, तुम झूठे हो, धोखेबाज हो।'

क्षणमात्र में यज्ञदत्त के माथे के भीतर आग सी जल उठी। बिना कारण ही उसे लगा, उसके भीतर की आत्मा बाहर निकलकर उसे युद्ध के लिए ललकार रही है। वह ज्ञान-शून्य हो, टेबल पर रखे हुए भारी रूलर को उठाकर जोर से चिल्लाता हुआ बोला, 'मैं अधम हूँ, धोखेबाज हूँ, झूठा हूँ और अब उसका प्रायश्चित्त करता हूँ, यह कहते हुए उसे पूरी ताकत के साथ अपने सिर पर मार लिया। सिर फूटकर झर-झर खून बहने लगा। सुरमा अस्फुट स्वर में पुकार उठी, 'मैया री!' उसके पश्चात् बेहोश होकर फर्श पर गिर पड़ी। यज्ञदत्त ने उसे देखा, देखा कि उसका स्वयं का तमाम मुँह भी खून से लथपथ हो गया है, आँखों में खून चले जाने से सब धुँधला-सा दिखाई देता है। वह उन्मत्त की भाँति कहने लगा, 'अब क्यों?' इतने में किसी ने पीछे से आकर पकड़ लिया, देखा पत्नी है, रोता हुआ बोला, 'तुम आ गईं?'

*सिर फूटकर झर-झर खून बहने लगा। सुरमा अस्फुट स्वर में पुकार उठी, 'मैया री!' उसके पश्चात् बेहोश होकर फर्श पर गिर पड़ी। यज्ञदत्त ने उसे देखा, देखा कि उसका स्वयं का तमाम मुँह भी खून से लथपथ हो गया है, आँखों में खून चले जाने से सब धुँधला-सा दिखाई देता है। वह उन्मत्त की भाँति कहने लगा, 'अब क्यों?' इतने में किसी ने पीछे से आकर पकड़ लिया, देखा पत्नी है, रोता हुआ बोला, 'तुम आ गईं?'*

कंधे पर सिर रखकर वह बेहोश हो गया।

सुरमा जिस प्रकार नीचे से ऊपर भाग आई थी, नई बहू उससे चकित एवं शंकित होकर चुपके से पीछे-पीछे जाकर, बाहर दरवाजे के पास खड़ी हो गई थी। उसने सब

बातें सुनी थीं और सब देख लिया था। बहुत सा सत्य उसके मस्तिष्क में सूर्य के प्रकाश की भाँति स्पष्ट हो गया, उसकी छाती की धड़कन भी तेज हो गई, आँखों के बाहर कुहरा सा छाया जा रहा था, परंतु, उसने स्वयं को सँभालकर इस विपत्ति के समय पति को गोद में ले लिया।

## नौ

छह दिन पश्चात् भली-भाँति होश आने पर सुरमा ने पूछा, 'भैया की तबीयत कैसी है?'

दासी ने उत्तर दिया, 'अच्छी है।'

'मैं देख आऊँ' कहती हुई सुरमा उठी, परंतु फिर पड़ रही। दासी ने कहा, 'तुम अभी बहुत कमजोर हो और बुखार भी आ रहा है, उठो मत, डाक्टर ने मना किया है।'

सुरमा को आशा थी कि यज्ञ भैया देखने को आएँगे, बहू भी आएगी। एक दिन, दो दिन करते-करते एक सप्ताह बीत गया, तो भी कोई नहीं आया।

बुखार अब भी आता, परंतु कमजोरी बहुत है। अब उठने का प्रयत्न करने से शायद उठ सकती थी, परंतु जबरदस्त अभिमान के कारण उठने की इच्छा ही नहीं हुई उसे। वह मन-ही-मन उफनकर रोने लगी और आँखें पोंछकर सोचने लगी, अपनी प्रकाश और छाया की कहानी।

*दीप्त प्रकाश एवं गाढ़ी छाया लेकर उन लोगों ने खेल आरंभ किया था, अब प्रकाश बुझता सा जा! रहा है। मध्याह्न का सूर्य पश्चिम की ओर झुक गया है, गाढ़ी छाया इसी से अस्पष्ट और विस्तृत होकर प्रेत की भाँति कंकाल-सार हो गई है। अब छाया अज्ञात अंधकार की ओर जैसे उसमें मिल जाने के लिए धीरे-धीरे खिसकती जा रही है। रोते-रोते सुरमा सो गई।*

दीप्त प्रकाश एवं गाढ़ी छाया लेकर उन लोगों ने खेल आरंभ किया था, अब प्रकाश बुझता सा जा रहा है। मध्याह्न का सूर्य पश्चिम की ओर झुक गया है, गाढ़ी छाया इसी से अस्पष्ट और विस्तृत होकर प्रेत की भाँति कंकाल-सार हो गई है। अब छाया अज्ञात अंधकार की ओर जैसे उसमें मिल जाने के लिए धीरे-धीरे खिसकती जा रही है। रोते-रोते सुरमा सो गई।

शरीर पर किसी ने गरम हाथ रखते हुए मानो बुलाया, 'दीदी।'

सुरमा उठकर बैठ गई, बोली, 'यह क्या बहू?'

उसकी आँखें लाल हो रही थीं, मुँह सूखा था, होंठों पर स्याही-सी फिर रही थी। सुरमा ने फिर पूछा, 'क्यों बहू, तुम्हें क्या हुआ है?'

'मुझे क्या हुआ? आप मुझे घर में लाई थीं, इसीलिए कहने आई हूँ दीदी, मुझे छुट्टी दे दीजिए, मैं जाऊँगी···।'

'क्यों बहन, कहाँ जाओगी?'

नई बहू सुरमा के पाँवों पर सिर रखकर पृथ्वी पर लेट गई।

सुरमा ने देखा, उसकी देह आग सी जल रही है। बोली, 'यह क्या? तुम्हें तेज बुखार चढ़ा हुआ है।' इतने ही में एक नौकरानी चिल्लाती हुई दौड़ी आई। बोली, 'दीदी, बहू कहाँ गईं? अरी मैया, बुखार की बेहोशी में ही भाग आई हैं। आज आठ दिन हुए, बेहोश पड़ी हुई हैं। मैया कैसे आईं यहाँ?'

*नई बहू सुरमा के पाँवों पर सिर रखकर पृथ्वी पर लेट गई। सुरमा ने देखा, उसकी देह आग सी जल रही है। बोली, 'यह क्या? तुम्हें तेज बुखार चढ़ा हुआ है।' इतने ही में एक नौकरानी चिल्लाती हुई दौड़ी आई। बोली, 'दीदी, बहू कहाँ गईं? अरी मैया, बुखार की बेहोशी में ही भाग आई हैं। आज आठ दिन हुए, बेहोश पड़ी हुई हैं। मैया कैसे आईं यहाँ?'*

'आठ दिन से बुखार है? डाक्टर देख रहे हैं?'

'कोई नहीं दीदी, कोई नहीं देखता। परसों सबेरे भी बहूजी घंटे भर तक नल के नीचे सिर किए बैठी रही थीं। इतना मना किया, परंतु एक भी न सुनी।'

संध्या होने से पूर्व सुरमा यज्ञदत्त के कमरे में जाकर रो दी। बोली, 'भैया, बहू का तो अब बचना कठिन है।'

दो-तीन डाक्टरों ने आकर कहा, 'जोर की बाय (सन्निपात) आ गई है।'

रात भर यज्ञदत्त सिरहाने बैठा रहा और कितनी ही बार मुँह के पास मुँह ले गया, परंतु बहू पति को नहीं पहचान सकी।

डाक्टरों के चले जाने पर यज्ञदत्त रो उठा, 'बहू एक बार आँख खोलकर तो देखो, एक बार कह दो, 'क्षमा कर दिया।'

सुरमा पाँव के पास कपड़े में मुँह छिपाकर अस्फुट स्वर में बोली, 'भाभी, क्यों ऐसा दंड दे चलीं?'

कौन बात करता? संपूर्ण मान, अभिमान, अवज्ञा और अनादर को दूर हटाकर धीरे-धीरे वह अनंत में विलीन हो गई।

× × ×

सुरमा ने कहा, 'भैया कहाँ हैं?'

दासी ने उत्तर दिया, 'कल वे पश्चिम की ओर कहीं चले गए हैं।'

'कब आएँगे?'

'पता नहीं, शायद जल्दी ही आएँगे।'

'मैं कहाँ रहूँगी?'

'मुनीमजी से कह गए हैं, जितने चाहो उतने रुपए लेकर तुम्हारी जहाँ खुशी हो, वहाँ रहना।'

सुरमा ने आकाश की ओर देखा। संसार का प्रकाश बुझ गया है। सूर्य नहीं, चंद्र नहीं, एक तारा भी दिखाई नहीं देता। इधर-उधर देखा, वह अस्पष्ट छाया भी न जाने कहाँ गायब हो गई है, चारों ओर घोर अंधकार है। छाती की धड़कन भी उसकी जैसे बंद होना चाहती है, आँखों की ज्योति भी म्लान और स्थिर होना चाहती है।

दासी ने बुलाया, 'दीदी!'

ऊपर की ओर देखते हुए सुरमा ने पुकारा, 'यज्ञ भैया!'

तदुपरांत धीरे-धीरे लुढ़क पड़ी।

□

# बलिदान-विभीषिका

उसका पुकारने का नाम था—लाल। उसका एक अच्छा-सा नाम भी अवश्य था, परंतु मुझे स्मरण नहीं है। आप संभवत: जानते होंगे, लाल शब्द का अर्थ प्रिय अथवा प्यार भी है। पता नहीं, उसका नाम किसने रखा था, माता-पिता ने अथवा अन्य किसी ने, परंतु सत्य यह है कि वह सबको प्रिय था। ऐसा सार्थक नाम बहुत कम लोगों का होता!

स्कूल की पढ़ाई समाप्त करके हम लोग कॉलेज में भरती हुए। लाल मेरा सहपाठी था। लाल ने कहा 'मैं व्यापार करूँगा। पढ़ना छोड़कर, माता से दस रुपए लेकर ठेकेदारी आरंभ कर दी।' हम सब साथियों ने कहा, 'लाल, तुम्हारी पूँजी तो केवल दस रुपए है, इतनी पूँजी से क्या होगा?'

उसने हँसते हुए कहा, 'और कितनी चाहिए? यही बहुत है।'

यह पहले ही कहा जा चुका है कि सब लोग उसे प्यार करते थे। उसे काम मिल गया। इसके पश्चात् कॉलेज जाते समय मैं प्राय: ही देखता, वह सिर पर छतरी लगाए कुछ मजदूरों से सड़क की मरम्मत के छोटे-छोटे काम करा रहा है। हम लोगों को देखकर हँसते हुए मजाक करता, 'जाओ दौड़ो अन्यथा अभी रजिस्टर में अनुपस्थिति नोट हो जाएगी।'

हम लोग उस समय छोटे थे। जब वर्नाक्युलर स्कूल में पढ़ते थे, तब वह हम सबका मिस्त्री था। उसकी पुस्तकों के थैले में हर समय एक इमामदस्ते की मूसली, नाखूनगिरी, एक टूटी छुरी, छेद करने के लिए एक नुकीली कील और एक घोड़े की नाल, ये सब औजार पड़े रहते थे। पता नहीं कहाँ से उसने यह सब सामान इकट्ठा किया था और कोई काम ऐसा नहीं था, जिसे वह अपने औजारों से न कर सकता हो। स्कूल भर के लड़कों के टूटे छातों की मरम्मत करना, स्लेट का फ्रेम जड़ना, खेल में फटे हुए कपड़ों को सी देना इत्यादि न जाने क्या-क्या और कितने कामों को वह कर देता था। वह किसी के भी काम के लिए कभी मना नहीं करता था। अन्य काम भी बड़ी सफाई और खूबसूरती के साथ कर दिया करता था। एक बार कोई स्नान का पर्व था। लाल कुछ पैसों के रंगीन

कागज खरीद लाया। बाँस की तीली तथा उन कागजों से उसने कुछ खिलौने बनाए। उन खिलौनों को बेचकर उसने ढाई रुपए कमा लिए। उन्हीं पैसों से उसने हम लोगों को भर पेट मूँगफलियाँ खिलाईं।

वर्ष-पर-वर्ष बीतने लगे। हम सब सयाने हुए। जिमनास्टिक की कसरत में लाल के बराबर कोई भी नहीं था। उसके शरीर में जैसे असाधारण बल था, वैसे ही उसमें साहस की कोई सीमा नहीं थी। भय किसे कहते हैं, यह संभवत: वह जानता ही नहीं था। सभी की सहायता के लिए वह सदैव प्रस्तुत रहता था, सभी की विपत्ति में वह सबसे आगे बढ़कर साथ देने को उपस्थित हो जाता था।

उसमें केवल एक ही दोष बहुत बड़ा था। किसी को डराने का अवसर मिलने पर वह किसी प्रकार स्वयं को सँभाल नहीं पाता था। इस मामले में बच्चे, बूढ़े, गुरुजन, सब उसके लिए बराबर थे। हम लोग कभी सोच ही नहीं पाते थे कि डराने के लिए ऐसे अद्‌भुत उपाय उसे पल भर में ही कैसे सूझ जाते थे। दो-एक घटनाएँ सुनिए—

मोहल्ले में मनोहर चटर्जी के घर महाकाली की पूजा थी। आधी रात को जब बलिदान का समय आया तो देखा गया कि बलि देनेवाला लुहार अनुपस्थित है। उसे लाने के लिए दौड़े गए, परंतु जाकर देखा, वह पेट की पीड़ा से बेहोश पड़ा तड़प रहा है।

लोगों ने लौटकर जब यह खबर दी तो सब सिर पर हाथ रखकर बैठ गए। अब क्या हो! क्या किया जाए? इतनी रात को घातक कहाँ मिलेगा? यह तो बड़ा अनर्थ हुआ। देवी की पूजा व्यर्थ खंडित हुई जा रही है। इतने में एक आदमी ने कहा, 'लाल बकरे की बलि दे सकता है, उसके हाथ में इतनी शक्ति है कि एक ही वार में बकरे का मस्तक काट दे। इस प्रकार वह अनेक बकरे काट चुका है।'

*लोगों ने लौटकर जब यह खबर दी तो सब सिर पर हाथ रखकर बैठ गए। अब क्या हो! क्या किया जाए? इतनी रात को घातक कहाँ मिलेगा? यह तो बड़ा अनर्थ हुआ। देवी की पूजा व्यर्थ खंडित हुई जा रही है। इतने में एक आदमी ने कहा, 'लाल बकरे की बलि दे सकता है, उसके हाथ में इतनी शक्ति है कि एक ही वार में बकरे का मस्तक काट दे। इस प्रकार वह अनेक बकरे काट चुका है।'*

अब कुछ लोग लाल के पास दौड़े गए। लाल को सोते से जगाया गया। लाल उठ बैठा और सुनकर बोला, 'न, मुझसे यह न होगा।'

लोगों ने कहा, 'मना मत करो। देवी-पूजा में विघ्न पड़ेगा तो सबका सर्वनाश हो जाएगा। सबके ऊपर देवी का कोप पड़ेगा।'

लाल ने कहा, 'सर्वनाश हो तो हो जाए, बचपन में यह काम मैं किया था, परंतु अब नहीं करूँगा।'

जो बुलाने आए थे, वे सिर पीटने लगे। 'बस, मुहूर्त दस-पंद्रह मिनट तक और है। मुहूर्त निकल जाने पर सब व्यर्थ हो जाएगा, पूजा पूरी न हो सकेगी। तब कोई भी यहाँ महाकाली के कोप से न बच सकेगा।'

लाल के पिता ने आकर जाने की आज्ञा दी। कहा, 'ये लोग लाचार होकर ही आए हैं, न जाना अन्याय होगा, अतः तुम जाओ।'

इस आज्ञा का पालन न करना लाल के वश की बात न थी।

लाल को देखकर चटर्जी महाशय की चिंता दूर हुई। समय अधिक नहीं था। झटपट बकरे को देवी के नाम पर उत्सर्ग कर, उसके मस्तक पर सिंदूर लगाया गया, गरदन में पुष्पमाला डाली गई। उसके पश्चात् गिराकर उसे बलिदान के काठ के भीतर रखा गया। घर के सब लोग जोर से 'माँ, माँ!' कहते हुए चिल्लाने लगे एवं अपनी भक्ति का प्रचंड प्रदर्शन करने लगे। उस कोलाहल के बीच उस बेचारे विवश जीव का मिमियाना, अंतिम करुण-आर्त्तनाद न जाने कहाँ लुप्त हो गया। लाल के हाथ का खाँड़ा पल भर में ही ऊपर उठा एवं पूरी शक्ति के साथ नीचे गिरा, उसके साथ ही बलि के बकरे के कटे हुए कंठ से रक्त का फव्वारा छूटा और उसने वहाँ की पृथ्वी को लाल कर दिया। लाल क्षण भर तक अपनी आँखें बंद किए रहा।

*लाल को देखकर चटर्जी महाशय की चिंता दूर हुई। समय अधिक नहीं था। झटपट बकरे को देवी के नाम पर उत्सर्ग कर, उसके मस्तक पर सिंदूर लगाया गया, गरदन में पुष्पमाला डाली गई। उसके पश्चात् गिराकर उसे बलिदान के काठ के भीतर रखा गया। घर के सब लोग जोर से 'माँ, माँ!' कहते हुए चिल्लाने लगे एवं अपनी भक्ति का प्रचंड प्रदर्शन करने लगे।*

धीरे-धीरे ढफ-डोल एवं शंख-घड़ियाल का सम्मिलित शब्द धीमा पड़ गया। दूसरा बकरा, जो समीप खड़ा काँप रहा था, उसके मस्तक पर भी सिंदूर का टीका लगाया गया एवं कंठ में पुष्पमाला पहनाई गई। फिर उसकी भी गर्दन उसी बलि के काट पर रखी गई। उसका भी वैसा ही दीन-दृष्टि से प्राणों की भीख माँगते हुए मिमियाने एवं चिल्लाने का करुण-स्वर सुनाई पड़ा। बहुत से लोगों की 'माँ, माँ!' कहकर माता के प्रति भक्ति प्रदर्शित करने की भारी पुकार गूँज उठी। लाल के हाथ का वह रक्त-रंजित खाँड़ा पलक मारते ही फिर उठा एवं नीचे गिर गया। पशु का शरीर दो टुकड़े होकर पृथ्वी पर कुछ देर तक छटपटाता रहा, हाथ-पाँव पटककर अंतिम बार न जाने क्या फरियाद करके बेचारा स्थिर हो गया। उसके कटे हुए कंठ से निकली हुई रक्त की धारा ने उस स्थान की पृथ्वी

*बाजा बजानेवाले पागलों की भाँति जोर-जोर से ढोल पीट रहे थे। आँगन में भीड़ किए हुए बहुत लोग भाँति-भाँति का कोलाहल कर रहे थे। सामने के बरामदे में ऊनी आसन पर बैठे हुए मनोहर चटर्जी इष्टदेवी के नाम का जप कर रहे थे। अचानक लाल एक भयानक हुंकार कर उठा। सारा शोर-गुल थम गया। सब लोग आश्चर्य से सन्न रह गए। यह क्या? लाल की असंभव रूप से फैली हुई दोनों आँखों की पुतलियाँ इधर-उधर घूम रही थीं। उसने चिल्लाते हुए जोर से कहा, 'और पाँठा (बकरा) कहाँ है?'*

को और भी अधिक लाल कर दिया।

बाजा बजानेवाले पागलों की भाँति जोर-जोर से ढोल पीट रहे थे। आँगन में भीड़ किए हुए बहुत लोग भाँति-भाँति का कोलाहल कर रहे थे। सामने के बरामदे में ऊनी आसन पर बैठे हुए मनोहर चटर्जी इष्टदेवी के नाम का जप कर रहे थे। अचानक लाल एक भयानक हुंकार कर उठा। सारा शोर-गुल थम गया। सब लोग आश्चर्य से सन्न रह गए। यह क्या? लाल की असंभव रूप से फैली हुई दोनों आँखों की पुतलियाँ इधर-उधर घूम रही थीं। उसने चिल्लाते हुए ज़ोर से कहा, 'और पाँठा (बकरा) कहाँ है?'

घर के किसी व्यक्ति ने भयभीत होते हुए उत्तर दिया, 'और पाँठा तो नहीं है, हमारे यहाँ केवल दो की बलि दी जाती है।'

लाल अपने हाथ के रक्त-रंजित खाँड़े को दो-तीन बार सिर के ऊपर घुमाते हुए गरज उठा, 'पाँठा नहीं है? क्यों नहीं है? यह नहीं होगा। मेरे ऊपर खून सवार है या तो पाँठा लाओ अन्यथा आज मैं जिसे पाऊँगा, उसी को पकड़कर नर-बलि दूँगा।'

इसके पश्चात् 'माँ, माँ, जय महाकाली' कहकर वह छलाँग मारकर, उछलकर, बलि-काष्ठ के इस ओर से उस ओर पहुँच गया। उसके हाथ का खाँडा उस समय सन्नाटे के साथ सिर के ऊपर घूम रहा था।

उस समय जो कुछ हुआ, उसका वर्णन नहीं किया जा सकता। सब लोग एक साथ दरवाजे की ओर भागे कि कहीं लाल बलिदान के लिए उन्हें ही न पकड़ ले। भागने के प्रयत्न में वह धक्का-मुक्की और रेल-पेल हुई कि उस समय वही दृश्य उपस्थित हो गया, जो शिवगणों द्वारा दक्ष-यज्ञ विध्वंस करने पर कभी हुआ होगा। कोई गिरकर दूर लुढ़क गया, कोई घुटनों के बल रेंगकर किसी के पाँवों के भीतर अपना सिर छिपाने का प्रयत्न करने लगा, किसी का कंठ किसी की बगल में ऐसा दब गया कि उसका दम घुटने लगा। एक आदमी दूसरे को फाँदकर भागने का प्रयत्न करते समय मुँह के बल औंधा गिर पड़ा, उसके दाँत टूट गए, परंतु यह हाल दो मिनट तक ही रहा। तदुपरांत सारा आँगन खाली हो गया।

लाल गरजता हुआ बोला, ‘मनोहर चटर्जी कहाँ हैं? पुरोहित कहाँ गया?’

पुरोहितजी रोगी व्यक्ति थे, इस गड़बड़ी में अवसर पाकर वे पहले ही देवी की प्रतिमा के पीछे छिपे थे। गुरुदेव कुशासन पर बैठे हुए दुर्गापाठ कर रहे थे, झटपट उठकर ठाकुरद्वारे के दालान के एक मोटे से खंभे की आड़ में छिप गए, परंतु मनोहर बाबू बहुत मोटे थे, अत: उनके लिए इधर-उधर भागना अत्यंत कठिन था। लाल ने आगे बढ़कर अपने बाएँ हाथ से उनका एक हाथ कसकर पकड़ लिया तथा कहा, ‘चलो, बलिकाष्ठ पर अब तुम अपना गला रखो।’

एक तो लाल की वज्र की भाँति कसी हुई मुट्ठी, उस पर उसके दाहिने हाथ में खाँड़ा देख भय के कारण चटर्जी के प्राण सूख गए। रुँआसे कंठ से वे विनय करने लगे, ‘लाल, बेटा, तनिक शांत होकर तो देखो, मैं पाँठा नहीं, आदमी हूँ। मैं रिश्ते में तुम्हारा ताऊ होता हूँ, भैया! तुम्हारे पिता मेरे छोटे भाई की भाँति हैं।’

लाल ने कहा, ‘जगत्-जननी है! यह ज्ञान तुम्हें है और पाँठा बलि दोगे? फिर मुझे पाँठा काटने को बुलाओगे? बोलो!’

चटर्जी ने रोते हुए कहा, ‘कभी नहीं भैया, अब कभी बलि नहीं दूँगा। मैं माँ के सामने तीन बार प्रतिज्ञा करके कहता हूँ कि आज से मेरे घर में बलिदान नहीं होगा।’

लाल ने कहा, ‘ठीक कहते हो न?’

***एक तो लाल की वज्र की भाँति कसी हुई मुट्ठी, उस पर उसके दाहिने हाथ में खाँड़ा देख भय के कारण चटर्जी के प्राण सूख गए। रुँआसे कंठ से वे विनय करने लगे, ‘लाल, बेटा, तनिक शांत होकर तो देखो, मैं पाँठा नहीं, आदमी हूँ। मैं रिश्ते में तुम्हारा ताऊ होता हूँ, भैया! तुम्हारे पिता मेरे छोटे भाई की भाँति हैं।’ लाल ने कहा, ‘जगत्-जननी है! यह ज्ञान तुम्हें है और पाँठा बलि दोगे? फिर मुझे पाँठा काटने को बुलाओगे? बोलो!’***

चटर्जी बोले, ‘ठीक कहता हूँ भैया बिल्कुल ठीक कहता हूँ, अब कभी नहीं होगा। मेरा हाथ छोड़ दो बेटा, मैं शौच जाऊँगा।’

लाल ने हाथ छोड़ते हुए कहा, ‘जाओ, तुम्हें छोड़ देता हूँ, परंतु पुरोहित किधर गया? और गुरुदेव? वे कहाँ हैं?’

यह कहकर वह एक बार फिर हुंकार भरते हुए छलाँग मारकर जैसे ही ठाकुरद्वारे के दालान की ओर बढ़ा, वैसे ही प्रतिमा के पीछे से तथा खंभे की आड़ से दो अलग-अलग कंठों की भयावनी रोने की आवाज सुनाई दी। महीन एवं मोटे कंठ के दोनों शब्द अद्भुत एवं हँसानेवाले थे कि लाल स्वयं को न सँभाल सका, हा: हा: हा: करके जोर से हँसते हुए अपने हाथ का खाँड़ा फेंक दिया तथा एक दौड़ लगाकर घर से बाहर निकल गया।

तब किसी को यह समझना शेष न रहा कि खून सवार होने की बात एकदम मिथ्या

थी, यह सब उसकी चालाकी थी। लाल अब तक शैतानी करके सबको भयभीत कर रहा था। पाँच मिनट के भीतर ही भागे हुए सब लोग पुनः आकर एकत्र हो गए।

देवी की पूजा तब भी शेष थी, उसमें यथेष्ट विघ्न पड़ चुका था। उस भारी कोलाहल के बीच चटर्जी महोदय सबके सामने बार-बार प्रतिज्ञा करने लगे, 'इस नालायक लड़के को कल सवेरे ही, उसके पिता से कहकर यदि पचास जूते न लगवाऊँ तो मेरा नाम मनोहर चटर्जी नहीं।'

परंतु लाल को जूते नहीं खाने पड़े। सबेरे ही घर से निकलकर ऐसा गायब हुआ कि सात-आठ दिन तक उसका कुछ पता नहीं चला। सात-आठ दिन बाद एक दिन अँधेरे में छिपकर वह मनोहर चटर्जी के घर में जा घुसा तथा पाँव छूकर क्षमा माँग ली और इस बार वह पिता के क्रोध से मुक्ति पा गया।

खैर, वह चाहे जो हो, चटर्जी महोदय ने देवी के समक्ष बलिदान न करने की शपथ खाई थी, उसे उन्होंने कभी नहीं तोड़ा। उनके घर से काली-पूजा का बलिदान उठ गया।

□

# मुकदमे का परिणाम

वृद्ध वृंदावन सामंत की मृत्यु के पश्चात् उसके दोनों लड़के शिबू और शंभू ने प्रतिदिन लड़ाई-झगड़ा करते हुए छह महीने एक ही चौक और एक ही घर में काट दिए, तदुपरांत एक दिन न्यारे हो गए।

गाँव के जमींदार चौधरी महाशय ने स्वयं ही आकर उनकी खेती-बारी, जमीन-जायदाद, तालाब-बगीचा सबका बँटवारा कर दिया। छोटा भाई सामने के तालाब के उधर दो मिट्‌टी के घर बनाकर छोटी बहू एवं बाल-बच्चों को लेकर पुराने घर में रहना छोड़ गया।

सबका बँटवारा हो गया, केवल एक छोटे से बाँस के झाड़ का हिस्सा नहीं हो सका। कारण, शिबू ने आपत्ति करते हुए कहा, चौधरी महाशय, बाँस का झाड़ तो मुझे अकेले को चाहिए। घर की सब चीजें पुरानी हो गई हैं, छप्पर को बदलवाने एवं खूँटा-खूँटी लगाने के लिए बाँस की मुझे रोज जरूरत है! गाँव में किससे माँगने जाऊँगा, बताइए?'

शंभू प्रतिवाद के लिए उठकर बड़े भाई के मुँह की ओर हाथ हिलाते हुए बोला, 'अहा, इन्हीं के घर में खूँटा-खूँटी के लिए बाँस चाहिए और हमारे घर का काम केले का पेड़ काटकर लगा देने से ही हो जाएगा, है न? यह नहीं होगा, यह नहीं होगा चौधरी महाशय, बाँस का झाड़ मुझे न मिलने से काम नहीं चलेगा, यह कहे देता हूँ।'

मीमांसा यहीं तक होते-होते रह गई। अस्तु, संपत्ति रही दोनों भागीदारों की। उसका फल यह हुआ कि शंभू यदि उसकी एक भी टहनी पर हाथ डालने आता तो शिबू गड़ाँसा लेकर दौड़ा आता और शिबू की स्त्री के बाँस के झाड़ के नीचे पाँव रखते ही शंभू लाठी लेकर मारने दौड़ता।

उस दिन सबेरे इस बाँस के झाड़ के कारण ही दोनों परिवारों में बड़ा झगड़ा हो गया। षष्ठी देवी की पूजा अथवा ऐसे ही किसी देवकार्य के लिए बड़ी बहू गंगामणि को कुछ बाँस के पत्तों की आवश्यकता थी। गँवई गाँव में यह वस्तु कुछ दुर्लभ नहीं थी, परंतु अपना होते हुए दूसरे के आगे हाथ फैलाने में उसे शरम लगती थी, विशेषकर

उसके मन में भरोसा था कि देवर इस समय तक अवश्य ही खलिहान पर चला गया होगा, अकेली छोटी बहू क्या कर सकेगी।

परंतु किसी कारणवश शंभू को उस दिन खलिहान पर जाने में देर हो गई थी। वह बासी भात खाकर हाथ धोने का उपक्रम कर रहा था, इसी समय छोटी बहू ने तालाब के घाट से गिरते-पड़ते भागते हुए पति को आकर समाचार दिया। शंभू की कहीं तो रही पानी की घंटी, कहीं रहा हाथ-मुँह धोना, उसने अरे-अरे शब्द से सारे मुहल्ले को गुँजाते हुए तीन कुदान में ही पास आकर भाभी के हाथ से बाँस के पत्ते छीनकर फेंक दिए और साथ-ही-साथ बड़ी भौजाई के प्रति जिन वाक्यों का प्रयोग किया, वे सब उसने चाहे जहाँ से सीखे हों, रामायण के लक्ष्मण-चरित्र से नहीं सीखे थे, यह निस्संदेह कहा जा सकता है।

*उस ओर शंभू बाँस के पत्ते छीनने का कर्तव्य पूरा करके ही खुश होकर हल-बैल ले खेत चला गया था। स्त्री की मनाही नहीं सुनी। मकान में छोटी बहू अकेली थी। इस बीच जेठ वहाँ आकर अपने चीत्कार द्वारा मुहल्ले को शांत कर, वीरदर्प से इकतरफा विजयी बनकर चला गया। छोटे भाई की बहू होने के कारण ही वह सबकुछ कानों से सुनकर भी किसी बात का जवाब नहीं दे सकी। इससे उसके मनस्ताप एवं पति के विरुद्ध रोष की सीमा नहीं रही। वह रसोईघर की ओर भी नहीं गई। उदास मुँह बरामदे के ऊपर पाँव फैलाए हुए बैठी रही।*

इधर बड़ी बहू ने रोते-रोते घर जाकर अपने पति के पास खबर भेज दी। शिबू हल छोड़कर हाथ में हँसिया लिए दौड़ता हुआ आ पहुँचा एवं बाँस के झाड़ के पास ही खड़ा हो अनुपस्थित छोटे भाई के उद्देश्य से अस्त्र घुमाते हुए चीत्कार करके ऐसा उपद्रव खड़ा कर दिया कि भीड़ जमा हो गई। उससे भी क्षोभ नहीं मिटा, तब वह जमींदार के घर नालिश करने चल दिया एवं यह कहकर धमका आया कि चौधरी साहब इसका न्याय करें तो अच्छा है अन्यथा वह अदालत में जाकर एक नंबर का मुकदमा चलाएगा, तभी उसका नाम शंभू सामंत होगा।

उस ओर शंभू बाँस के पत्ते छीनने का कर्तव्य पूरा करके ही खुश होकर हल-बैल ले खेत चला गया था। स्त्री की मनाही नहीं सुनी। मकान में छोटी बहू अकेली थी। इस बीच जेठ वहाँ आकर अपने चीत्कार द्वारा मुहल्ले को शांत कर, वीरदर्प से इकतरफा विजयी बनकर चला गया। छोटे भाई की बहू होने के कारण ही वह सबकुछ कानों से सुनकर भी किसी बात का जवाब नहीं दे सकी। इससे उसके मनस्ताप एवं पति के विरुद्ध रोष की सीमा

नहीं रही। वह रसोईघर की ओर भी नहीं गई। उदास मुँह बरामदे के ऊपर पाँव फैलाए हुए बैठी रही।

शिबू के घर में भी यही दशा थी। बड़ी बहू प्रतिज्ञा करके पति के लौटने की राह देखती हुई बैठी थी। या तो इसका फैसला कराओ अन्यथा वह पानी तक मुँह में न डालकर मायके चली जाएगी। दो बाँस के पत्तों के लिए देवर के हाथ से इतनी लांछना!

समय डेढ़ पहर का हो गया, तो भी शिबू का कोई पता नहीं। बड़ी बहू छटपटाने लगी, क्या पता चौधरी साहब के घर से ही वे एक नंबर की नालिश दायर करने सीधे अदालत को न चले गए हों।

इसी समय बाहर दरवाजे पर झटाक् से जोर का धक्का देते हुए शंभू के बड़े लड़के गयाराम ने प्रवेश किया। उसकी आयु सोलह-सत्रह वर्ष अथवा इतनी ही कुछ थी, परंतु इस आयु में ही क्रोध और भाषा में वह अपने बाप को भी पीछे छोड़ गया था। वह गाँव के माइनर स्कूल में पढ़ता है। आजकल सुबह का स्कूल है। साढ़े दस बजे ही स्कूल की छुट्टी हो गई थी।

गयाराम की जब एक वर्ष की आयु थी, तब उसकी माता की मृत्यु हो गई थी। उसका पिता शंभू दूसरा विवाह कर नई बहू को घर ले आया था, परंतु इस मातृ-हीन बालक को बड़ा करने का भार ताई के ऊपर ही पड़ा एवं इतने दिनों तक दोनों भाई के अलग न होने तक यह भार वही वहन करती आ रही थी। विमाता के साथ उसका किसी भी दिन कोई भी विशेष संबंध नहीं रहा, यही क्यों, उसके नए घर में चले जाने पर भी गयाराम को जब कभी सुविधा मिलती, वहीं भोजन कर लेता था।

आज वह स्कूल के बाद घर में घुसते ही विमाता के मुँह एवं भोजनादि के प्रबंध को देखकर प्रज्वलित हुताशन के समान जलता हुआ इस घर से चला गया। ताई का मुँह देखकर उसकी उस अग्नि में पानी नहीं पड़ा, किरासिन तेल पड़ गया। उसने बिना कुछ भूमिका बाँधे ही कहा, 'भात दो ताई।'

*आज वह स्कूल के बाद घर में घुसते ही विमाता के मुँह एवं भोजनादि के प्रबंध को देखकर प्रज्वलित हुताशन के समान जलता हुआ इस घर से चला गया। ताई का मुँह देखकर उसकी उस अग्नि में पानी नहीं पड़ा, किरासिन तेल पड़ गया। उसने बिना कुछ भूमिका बाँधे ही कहा, 'भात दो ताई।'*

ताई ने बात नहीं की, जैसी बैठी थी, वैसी ही बैठी रही।

क्रुद्ध गयाराम जमीन पर एक पाँव मारता हुआ बोला, 'भात देती हो, न दो तो कहो?'

गंगामणि ने क्रोध सहित मुँह उठाकर बरसते हुए कहा, 'तेरे लिए भात राँधने

*गयाराम चिल्लाता हुआ बोला, 'उस अभागी की बात नहीं जानता। तू देती है या नहीं, बता? न दे तो चलूँ मैं तेरी सब हाँड़ी-मटकी तोड़ने के लिए।' कहकर वह भिसौरे के पास के ईंधन के ढेर में से एक लकड़ी उठाकर रसोईघर की ओर चल दिया।*
*ताई भयभीत हो चीत्कार कर उठी, 'गया! हरामजादे! डकैत! ऊधम दंगा मत कर, कहे देती हूँ। दो दिन भी नहीं हुए मैंने नई हाँड़ी-मटकी निकाली हैं, यदि कोई फूट गई तो तेरे ताऊ से कहकर तेरा एक पाँव यदि न तुड़वा दूँ, तब कहना, हाँ!'*

बैठी है, वही देगी। कहती हूँ, तेरी सौतेली माँ अभागी भात नहीं दे सकी, जो यहाँ आकर हंगामा मचा रहा है?'

गयाराम चिल्लाता हुआ बोला, 'उस अभागी की बात नहीं जानता। तू देती है या नहीं, बता? न दे तो चलूँ मैं तेरी सब हाँड़ी-मटकी तोड़ने के लिए।' कहकर वह भिसौरे के पास के ईंधन के ढेर में से एक लकड़ी उठाकर रसोईघर की ओर चल दिया।

ताई भयभीत हो चीत्कार कर उठी, 'गया! हरामजादे! डकैत! ऊधम दंगा मत कर, कहे देती हूँ। दो दिन भी नहीं हुए मैंने नई हाँड़ी-मटकी निकाली हैं, यदि कोई फूट गई तो तेरे ताऊ से कहकर तेरा एक पाँव यदि न तुड़वा दूँ, तब कहना, हाँ!'

गयाराम ने रसोई घर की साँकल से जाकर हाथ लगाया। अचानक एक नई बात याद आ जाने से वह अपेक्षाकृत शांत भाव से लौटते हुए बोला, 'अच्छा, भात नहीं देती तो मत दो! मैं भी नहीं माँगता। नदी के किनारे बटवृक्ष के नीचे ब्राह्मणों की सभी लड़कियाँ टोकरा भर-भरकर चिउड़ा-मुड़की* ले जाकर पूजा कर रही हैं, जो माँगता है, उसी को देती हैं, देख आया हूँ। मैं जा रहा हूँ उन्हीं के पास।'

गंगामणि को उसी समय याद आया, आज अरण्यषष्ठी है एवं पल भर में ही उसका मिजाज कड़ेपन से कोमलता की ओर झुक गया, तथापि मुँह पर जोर बनाए रखकर कहा, 'तो जा न! कैसे खा सकेगा देखूँ?'

'देखना तब,' कहकर गयाराम द्वारा एक फटा अँगोछा खींचकर कमर पर लपेटते हुए प्रस्थान करने का उद्योग करते ही गंगामणि उत्तेजित होकर बोली, 'आज षष्ठी के दिन दूसरे के घर यदि खाया तो तेरी क्या दुर्गति करती हूँ, उसे देखेगा अभागे!'

गयाराम ने उत्तर नहीं दिया। रसोईघर में घुसकर एक खौंच (हथेली भर) तेल लेकर माथे पर मलते-मलते बाहर निकलते हुए देखकर ताई आँगन में आकर डराती हुई

---

* मुड़की—धान की खीलों को गुड़ की चासनी में पागकर बनाया जानेवाला एक खाद्य।

कहने लगी, 'डकैत है! देवी-देवता के साथ गँवारपन! डुबकी लगा न लौट आया तो अच्छा नहीं होगा, कहे देता हूँ। आज मैं वैसे ही गुस्से में हूँ।'

परंतु गयाराम डरनेवाला लड़का नहीं है। वह केवल दाँत बाहर निकालकर ताई को अँगूठा दिखाता हुआ भागकर चला गया।

गंगामणि उसके पीछे-पीछे सड़क पर आकर चिल्लाने लगी, 'आज षष्ठी के दिन किसके लड़के भात खाते हैं, जो तू ही भात खाना चाहता है? पटाली गुड़ के संदेश से, दूध-दही से फलाहार नहीं कर सकता तो तू जाएगा दूसरे घर माँगकर खाने के लिए? केवट के घर तू ऐसा नवाब जनमा है?'

गया कुछ दूरी पर घूमकर खड़े होते हुए बोला, 'तो तूने दिया क्यों नहीं जलमुँही? क्यों कहा कि कुछ नहीं है?'

गंगामणि गाल पर हाथ रखकर चकित होती हुई बोली, 'सुनो लड़के की बातें, कब मैंने कहा तुमसे, कुछ नहीं है? न कहीं स्नान, न कुछ, डकैत की भाँति केवल कहा 'दे भात'। भात क्या आज खाया जाता है, जो देती? मैं कहती हूँ, सबकुछ तो मौजूद है डुबकी तो लगा आ।'

गया ने कहा, 'फलाहार तेरा सड़ जाए। रोज-रोज अभागिनें लड़ाई करेंगी और रसोईघर की साँकल चढ़ाकर पाँव फैलाए बैठी रहेंगी और रोज मैं तीसरे पहर सूखा भात खाऊँगा? नहीं, मैं तुम लोगों में से किसी के यहाँ नहीं खाना चाहता।' उसे हन्-हन् करता हुआ जाते देखकर गंगामणि उसी जगह खड़ी होकर रोती-रोती गला फाड़ने लगी, 'आज षष्ठी के दिन किसी से माँग-खाकर अमंगल मत करना, मेरा राजा बेटा! अच्छा तो चार पैसे दूँगी रे सुन।'

*गया कुछ दूरी पर घूमकर खड़े होते हुए बोला, 'तो तूने दिया क्यों नहीं जलमुँही? क्यों कहा कि कुछ नहीं है?' गंगामणि गाल पर हाथ रखकर चकित होती हुई बोली, 'सुनो लड़के की बातें, कब मैंने कहा तुमसे, कुछ नहीं है? न कहीं स्नान, न कुछ, डकैत की भाँति केवल कहा 'दे भात'। भात क्या आज खाया जाता है, जो देती? मैं कहती हूँ, सबकुछ तो मौजूद है डुबकी तो लगा आ।'*

गयाराम ने भौंह भी नहीं उठाई, झटपट चला गया। चलते-चलते कह गया, 'मुझे नहीं चाहिए फलाहार, मुझे नहीं चाहिए पैसा। तेरे फलाहार पर मैं⋯' इत्यादि-इत्यादि।

वह दृष्टि से ओझल हो गया। गंगामणि पर लौटकर क्रोध, दुःख, अभिमान से निर्जीव की भाँति बरामदे के ऊपर आ बैठी एवं गया के दुर्व्यवहार से मर्माहत हो उसकी विमाता कोसने लगी।

परंतु नदी के मार्ग पर चलते-चलते गया के कानों में ताई की बातें गूँजने लगीं। एक तो अच्छे भोजन की ओर स्वभावतः ही उसे अधिक लालच था। पटाली गुड़ के

संदेश, दही, दूध, पके केले, उसके ऊपर चार पैसा दक्षिणा, उसका मन बहुत जल्दी नरम होने लगा।

स्नान करके गयाराम प्रचंड भूख लिए लौट आया। आँगन में खड़े होकर पुकारा, 'फलाहार की सब चीजें शीघ्र लेकर आओ, ताई। मुझे बड़ी भूख लग रही है, परंतु पटाली संदेश कम देगी तो आज तुझी को खा डालूँगा।'

गंगामणि तभी गाय की टहल करने के लिए ग्वालघर में घुसी थी। गया की पुकार सुनकर मन-ही-मन अपनी गलती समझ गई। घर में गुड़, दूध, दही चिउड़ा, सब था, परंतु पके केले नहीं थे, पटाली गुड़ के संदेश भी नहीं थे। तब तो गया को अटकाने के लिए जो मुँह में आया, वही कहकर लालच दिखा दिया था।

उसने वहीं से उत्तर देते हुए कहा, 'तू झटपट भीगे कपड़े बदल ले बेटा, मैं तालाब से हाथ धोकर आती हूँ।'

'जल्दी आ,' कहकर हुक्म चलाता हुआ गया कपड़े बदल स्वयं ही एक आसन बिछा घंटी में पानी भर तैयार होकर बैठ गया। गंगामणि झटपट हाथ धो आकर उसका प्रसन्न मिजाज देख खुश होती हुई बोली, 'यही तो मेरा राजा बेटा है! बात ही बात में क्या नाराज होना अच्छा है बेटे।' कहकर उसने भंडार में से भोजन की सब वस्तुएँ लाकर सामने उपस्थित कर दीं।

गयाराम ने पल भर में सब वस्तुओं को देखकर तीक्ष्ण स्वर में पूछा, 'पके केले कहाँ हैं?'

*'जल्दी आ,' कहकर हुक्म चलाता हुआ गया कपड़े बदल स्वयं ही एक आसन बिछा घंटी में पानी भर तैयार होकर बैठ गया। गंगामणि झटपट हाथ धो आकर उसका प्रसन्न मिजाज देख खुश होती हुई बोली, 'यही तो मेरा राजा बेटा है! बात ही बात में क्या नाराज होना अच्छा है बेटे।' कहकर उसने भंडार में से भोजन की सब वस्तुएँ लाकर सामने उपस्थित कर दीं। गयाराम ने पल भर में सब वस्तुओं को देखकर तीक्ष्ण स्वर में पूछा, 'पके केले कहाँ हैं?'*

गंगामण इधर-उधर करती हुई बोली, 'ढाँकने की याद नहीं रही बेटे, सबको चूहे खा गए। एक बिल्ली पाले बिना अब काम नहीं चलेगा।'

गया हँसकर बोला, 'चूहे कब खा गए। तेरे पास नहीं थे, यह क्यों नहीं कहती?'

गंगामणि अवाक् होकर बोली, 'यह क्या बात है रे! चूहे केले नहीं खाते?'

गया चिवड़ा-दही मिलाते-मिलाते बोला, 'अच्छा खाते हैं। केलों की मुझे जरूरत नहीं है, पटाली-संदेश ले आ। कम मत लाना, अच्छा!'

ताई फिर भंडारघर में जाकर झूठ-मूठ को कुछ देर तक हाँड़ी-मटकी हिलाकर

भयभीत सी होकर कह उठी, 'अरे, उन्हें भी चूहे खा गए बेटे, एक भी नहीं बचा, न जाने कब भूल से हाँड़ी का मुँह खुला छोड़ गई···।'

उसकी बात समाप्त होते न होते गया आँखें लाल कर चिल्ला उठा, 'पटाली-गुड़ को चूहे कब खाते हैं राक्षसी! मेरे साथ चालाकी। तेरे पास यदि कुछ नहीं है तो मुझे क्यों बुलाया?'

ताई बाहर आकर बोली, 'सच कहती हूँ, गया···।'

गया उछलकर खड़ा हो गया, 'फिर भी कहती है, सच है। जा, मैं तेरा कुछ नहीं खाना चाहता।' कहकर उसने पाँव से ठोकर मारकर सब वस्तुओं को आँगन में फैला दिया। बोला, 'अच्छा, मैं मजा दिखाता हूँ', कहकर वह उसी लकड़ी को हाथ में उठाकर भंडारघर की ओर लपका।

गंगामणि 'हाँ-हाँ' कहती दौड़ पड़ी, परंतु पलक मारते क्रुद्ध गयाराम ने हाँड़ी-मटकी फोड़कर चीज-वस्तु फैलाकर एकाकार कर दीं। उसे रोकते समय हाथ के ऊपर एक मामूली सी चोट भी खा ली।

ठीक इसी समय शिबू जमींदार के घर से लौट आया। हंगामा सुनकर चिल्लाते हुए कारण पूछा तो गंगामणि पति का सहारा पाकर रो उठी एवं गयाराम हाथ की लकड़ी फेंककर सरपट भाग खड़ा हुआ।

शिबू ने क्षुब्ध स्वर में कहा, 'क्या बात है?'

गंगामणि ने रोते हुए कहा, 'गया हमारा सर्वस्व नष्ट कर मेरे हाथ में एक चोट मारकर भाग गया है। यह देखो, सूज गया है।' कहकर उसने पति को हाथ दिखा दिया।

*ठीक इसी समय शिबू जमींदार के घर से लौट आया। हंगामा सुनकर चिल्लाते हुए कारण पूछा तो गंगामणि पति का सहारा पाकर रो उठी एवं गयाराम हाथ की लकड़ी फेंककर सरपट भाग खड़ा हुआ।*

*शिबू ने क्षुब्ध स्वर में कहा, 'क्या बात है?'*

*गंगामणि ने रोते हुए कहा, 'गया हमारा सर्वस्व नष्ट कर मेरे हाथ में एक चोट मारकर भाग गया है। यह देखो, सूज गया है।' कहकर उसने पति को हाथ दिखा दिया।*

शिबू के पीछे उसका छोटा साला था। होशियार और पढ़ा-लिखा समझकर जमींदार के घर जाते समय शिबू उसे उस मुहल्ले से बुलाकर ले गया था। उसने कहा, 'सामंतजी, यह सब छोटे सामंत की कारसाजी है। लड़के से उसी ने यह काम कराया है?'

'क्या कहती हो दीदी, यही है न?'

गंगामणि का उस समय हृदय जल रहा था, उसने उसी समय गरदन हिलाकर कहा, 'ठीक है भाई, उसी ने मुँहजले लड़के को सिखाकर मुझे मार खिलाई है। इसका तुम्हें क्या करना है, करो, अन्यथा मैं गले में फाँसी लगाकर मर जाऊँगी।'

*अब तक शिबू ने नहाया-खाया कुछ नहीं था, जमींदार के पास भी ठीक विचार नहीं हुआ, उस पर भी घर में पाँव रखते-न-रखते यह कांड देखा, उसे फिर भले-बुरे का ज्ञान नहीं रहा। वह एक प्रचंड सौगंध खाकर कह उठा, 'अब मैं जा रहा हूँ थाने में दरोगा के पास। इसका नतीजा न चखा सकने पर मैं बिंदु सामंत का लड़का नहीं।'*

अब तक शिबू ने नहाया-खाया कुछ नहीं था, जमींदार के पास भी ठीक विचार नहीं हुआ, उस पर भी घर में पाँव रखते-न-रखते यह कांड देखा, उसे फिर भले-बुरे का ज्ञान नहीं रहा। वह एक प्रचंड सौगंध खाकर कह उठा, 'अब मैं जा रहा हूँ थाने में दरोगा के पास। इसका नतीजा न चखा सकने पर मैं बिंदु सामंत का लड़का नहीं।'

उसका साला पढ़ा-लिखा आदमी है, विशेषकर उसे गया के ऊपर पहले से ही क्रोध था, उसने कहा, 'कानून के अनुसार इसका नाम अनअधिकार प्रवेश है। लाठी लेकर घर पर चढ़ाई कर देना, चीज-वस्तु नष्ट करना, स्त्रियों के शरीर पर हाथ उठाना, इन सबका दंड छह महीने की जेल है। सामंतजी तुम कमर बाँधकर खड़े हो जाओ। देखो, मैं किस तरह से बाप-बेटे को एक साथ जेल भेजता हूँ।'

शिबू ने फिर दुविधा नहीं की, साले का हाथ पकड़कर थाने में दरोगा से मिलने के लिए प्रस्थान कर दिया।

गंगामणि को अन्य सबकी अपेक्षा अधिक क्रोध आया देवर और छोटी बहू के ऊपर। वह इसी बात को लेकर एक हलचल खड़ी करने के उद्देश्य से किवाड़ में साँकल लगाकर, उसी जलाने की लकड़ी को हाथ में लिए हुए देवर शंभू के आँगन में आ खड़ी हुई। उच्च स्वर से बोली, 'क्यों जी छोटे देवर, लड़के द्वारा मुझे पिटवाओगे? अब बाप-बेटे एक साथ हवालात में जाओ।'

शंभू हाल ही में अपने दूसरे विवाह के लड़के के साथ फलाहार समाप्त कर खड़ा हुआ था, बड़ी भौजाई की मूर्ति एवं उसके हाथ में जलाने की लकड़ी देखकर हतबुद्धि हो गया, कहा, 'क्या हुआ? मैं तो कुछ भी नहीं जानता!'

गंगामणि ने मुँह बिगाड़ते हुए उत्तर दिया, 'अधिक बनने की जरूरत नहीं है। दरोगा आ रहा है, उसके पास जाकर कहना कि कुछ जानते हो या नहीं!'

छोटी बहू घर से बाहर निकलकर एक खूँटी पर अँगूठा रखकर चुपचाप खड़ी हो गई। शंभू मन-ही-मन डरते हुए पास आकर गंगामणि का एक हाथ पकड़ता हुआ बोला, 'शपथ खाकर कहता हूँ बड़ी भाभी, मैं कुछ भी नहीं जानता।'

बात सच्ची है, बड़ी बहू स्वयं भी जानती है, परंतु उस समय उदारता का समय नहीं था। उसने शंभू के मुँह पर ही संपूर्ण दोष रखकर, झूठ-सच लगाते हुए गयाराम

की करतूत का वर्णन कर दिया। इस लड़के को जो लोग जानते हैं, उन्हें इस घटना पर अविश्वास करना कठिन था।

स्वल्पभाषिणी छोटी बहू ने अब मुँह खोला, पति से कहा, 'क्यों, जो मैंने कहा था, वही हुआ या नहीं। कितनी बार कहा, उस डाकू लड़के को घर में मत घुसने दो अन्यथा तुम्हारे छोटे लड़के को मार-मारकर किसी दिन खून कर डालेगा। यह बात ध्यान में ही नहीं आती थी। अब तो पक्की हो गई?'

शंभू ने अनुनय करके गंगामणि से कहा, 'तुम्हें मेरी कसम बड़ी भाभी, दादा क्या सचमुच थाने गए हैं?'

उसके करुण कंठस्वर से बहुत कुछ नरम होकर बड़ी बहू ने जोर देकर कहा, 'तुम्हारी कसम देवर, गए हैं, साथ में मेरा पाँचू भी गया है।'

शंभू अत्यंत भयभीत हो गया। छोटी बहू पति को लक्ष्य करके कहने लगी, 'रोज ही कहती हूँ दीदी, कहीं पर नदी के ऊपर जो सरकारी पुल बन रहा है, वहाँ ले जाकर उसे काम पर लगा दो। वे चाबुक मारेंगे और काम कराएँगे, भागकर जा नहीं सकता, दो दिन में ही सीधा हो जाएगा। सो नहीं, स्कूल में भेजते हैं पढ़ने को। लड़का जैसे वकील-मुख्तार हो जाएगा।'

*उसके करुण कंठस्वर से बहुत कुछ नरम होकर बड़ी बहू ने जोर देकर कहा, 'तुम्हारी कसम देवर, गए हैं, साथ में मेरा पाँचू भी गया है।'
शंभू अत्यंत भयभीत हो गया। छोटी बहू पति को लक्ष्य करके कहने लगी, 'रोज ही कहती हूँ दीदी, कहीं पर नदी के ऊपर जो सरकारी पुल बन रहा है, वहाँ ले जाकर उसे काम पर लगा दो। वे चाबुक मारेंगे और काम कराएँगे, भागकर जा नहीं सकता, दो दिन में ही सीधा हो जाएगा। सो नहीं, स्कूल में भेजते हैं पढ़ने को। लड़का जैसे वकील-मुख्तार हो जाएगा।'*

शंभू कातर होता हुआ बोला, 'अरे, वहाँ क्या उसे यों ही नहीं भेजा! सब लोग क्या वहाँ से घर लौट पाते हैं, आधे लोग मिट्टी में दबकर न जाने कहाँ चले जाते हैं, उनका पता ही नहीं मिलता।'

छोटी बहू बोली, 'तब बाप-बेटा मिलकर जेल भुगतो।'

बड़ी बहू चुप रही। शंभू उसका हाथ पकड़कर बोला, 'मैं कल ही छोकरे को ले जाकर पाँचाला के पुल के काम में लगा दूँगा, भाभी, दादा को शांत करो। ऐसा फिर नहीं होगा।'

उसकी पत्नी ने कहा, 'झगड़ा-टंटा तो केवल इसी धींगरे के कारण होता है। तुमसे भी तो कई बार कहा है दीदी, उसे घर के दरवाजे में मत घुसने दो, सिर पर मत चढ़ाओ। मैं कुछ नहीं कहती इससे, अन्यथा उस महीने तुम्हारे मर्तबान के केले की गहर को

काटकर रात में कौन ले आया था? यही तो वह डाकू था। जैसा कुत्ता हो, वैसा डंडा न होने पर क्या चलता है? पुल के काम में भेज दो, मुहल्ला शांत हो जाएगा।'

शंभू ने माँ की सौगंध खाई कि कल जैसे भी हो, छोकरे को गाँव से निकालकर ही वह पानी पिएगा।

गंगामणि ने इस संबंध में कोई बात नहीं कही, हाथ की लकड़ी फेंककर चुपचाप घर लौट गई।

पति, भाई अभी तक भूखे हैं। अपराह्न के समय वह विषण्णमुख से रसोईघर में दुबारा बैठकर उन्हीं के भोजन की तैयारी कर रही थी। गयाराम ने ताक-झाँककर निःशब्द पाँवों से प्रवेश किया। घर में और किसी को न देखकर, उसने साहस में भरकर एकदम पीछे से आवाज दी, 'ताई!'

ताई चौंक उठी, परंतु बात नहीं की। गयाराम ने समीप ही दुःखी भाव से धम् से बैठते हुए कहा, 'अच्छा जो है, वही दे मुझे, बड़ी भूख लग रही है।'

खाने की बात से गंगामणि का शांत क्रोध पल भर में प्रज्वलित हो उठा। वह उसके मुँह की ओर बिना देखे ही क्रुद्ध हो बोल उठी, 'बेहया! जलमुँहा। फिर मेरे पास आकर कहता है भूख? दूर हो यहाँ से।'

गया ने कहा, 'दूर हो जाऊँ तेरे कहने से?'

ताई धमकाती हुई बोली, 'हरामजादा, पाजी, मैं फिर दूँगी तुझे खाने को?'

गया बोला, 'तू नहीं देगी तो कौन देगा? क्यों तूने चूहे को दोष लगाकर झूठी बात कही? क्यों अच्छी तरह नहीं बोली, 'बेटा, इसी से खाले, आज और कुछ नहीं है।' तब तो मुझे क्रोध नहीं आता। दे न खाने को जल्दी राक्षसी, मेरा पेट जल रहा है।'

ताई क्षण भर चुप रहकर, मन-ही-मन कुछ नरम होती हुई बोली, 'पेट जल रहा है तो अपनी सौतेली माँ के पास जा।'

*गया बोला, 'तू नहीं देगी तो कौन देगा? क्यों तूने चूहे को दोष लगाकर झूठी बात कही? क्यों अच्छी तरह नहीं बोली, 'बेटा, इसी से खाले, आज और कुछ नहीं है।' तब तो मुझे क्रोध नहीं आता। दे न खाने को जल्दी राक्षसी, मेरा पेट जल रहा है।' ताई क्षण भर चुप रहकर, मन-ही-मन कुछ नरम होती हुई बोली, 'पेट जल रहा है तो अपनी सौतेली माँ के पास जा।'*

विमाता के नाम से गया की आँखें पल भर में ही जल उठीं। बोला, 'उस अभागी का मैं क्या फिर मुँह देखूँगा?' केवल घर में अपनी छीप (मछली पकड़ने का काँटा) लेने गया था, बोली, 'दूर! दूर! इस बार जेल का भात खाने को जा।' मैं बोला, 'तेरा भात खाने के लिए मैं नहीं आया हूँ, मैं ताई के पास जा रहा हूँ।' जलमुँही शैतान है! इसी वजह

से पिताजी ने तेरे हाथ से बाँस के पत्ते छीन लिये थे। यह कहकर उसने जोर से धरती पर पाँव मारते हुए कहा, 'तू राक्षसी स्वयं ही पत्ता लेने को जाकर अपमानित हुई। मुझसे क्यों नहीं कहा? इस बाँस की पूरी झाड़ी में यदि आग न लगा दूँ तो मेरा नाम गया नहीं, देख लेना।' अभागी मुझसे क्या बोली, जानता है ताई? बोली, 'तेरी ताई ने थाने में खबर भेजी है, दरोगा आकर बाँध ले जाएगा और तुझे जेल में भेजेगा।' सुनी अभागी की बात!

गंगामणि ने कहा, 'तेरे ताऊ पाँचू को साथ लेकर थाने तो गए ही हैं। तू मेरे ऊपर हाथ उठाता है, तेरी इतनी बड़ी हिम्मत?'

पाँचू मामा को गया बिल्कुल नहीं देख सकता था। इसमें भी शामिल हुआ है, सुनकर वह जलता हुआ बोला, 'क्यों तू गुस्से के समय मुझे रोकने गई थी?'

गंगामणि ने कहा, 'इसी से मुझे मारेगा? अब जा हवालात में बंद रहना जाकर।'

गया अँगूठा दिखाते हुए बोला, 'तो··· तू मुझे हवालात में भेजेगी? भेज न एक बार, फिर मजा देख न! तू स्वयं ही रो-रोकर मर जाएगी, मेरा क्या हो।'

गंगामणि ने कहा, 'मेरी बला जाती है रोने को। जा मेरे सामने से चला जा, कहती हूँ, दुश्मन कहीं का।'

गया चिल्लाकर बोला, 'तू पहले खाने को दे, तभी तो जाऊँगा। बहुत सबेरे उठकर दो मुट्ठी लाई की ही तो खाई है, बोल अब मुझे भूख नहीं लगती?'

गंगामणि कुछ कहने जा रही थी, इसी समय शिबू, पाँचू के साथ थाने से लौट आया एवं गया पर दृष्टि पड़ते ही जल-भुनकर चिल्लाने लगा, 'हरामजादा, पाजी, फिर मेरे घर में घुस आया! भाग, भाग, कहे देता हूँ। पाँचू पकड़ तो सुअर को!'

बिजली की भाँति गयाराम दरवाजे से निकल गया। चिल्लाता हुआ कह गया, 'पाँचू साले की एक टाँग न तोड़ दूँ तो मेरा नाम गयाराम नहीं।'

क्षण भर में यह घटना घट गई। गंगामणि एक बात कहने का अवसर भी न पा सकी।

क्षुब्ध शिबू ने स्त्री से कहा, 'तेरी शह पाकर ही वह ऐसा हो गया है। फिर कभी हरामजादे को घर में घुसने दिया तो तुझे बड़ी भारी सौगंध है।'

*बिजली की भाँति गयाराम दरवाजे से निकल गया। चिल्लाता हुआ कह गया, 'पाँचू साले की एक टाँग न तोड़ दूँ तो मेरा नाम गयाराम नहीं।' क्षण भर में यह घटना घट गई। गंगामणि एक बात कहने का अवसर भी न पा सकी। क्षुब्ध शिबू ने स्त्री से कहा, 'तेरी शह पाकर ही वह ऐसा हो गया है। फिर कभी हरामजादे को घर में घुसने दिया तो तुझे बड़ी भारी सौगंध है।'*

पाँचू बोला, 'दीदी, तुम लोगों का क्या, मेरा ही सर्वनाश है। कभी रात-बिरात में

छिपकर मेरी टाँग पर लठ मार देगा, ऐसा दिखाई देता है।'

शिबू ने कहा, 'कल सबेरे ही यदि पुलिस के सिपाही से उसके हाथ में हथकड़ी न पहनवा दूँ तो मेरा...' इत्यादि-इत्यादि।

गंगामणि जड़वत् बैठी रही, एक बात भी उसके मुँह से बाहर नहीं निकली। भयभीत पाँचू कौड़ी उस रात को फिर घर नहीं गया। वहीं पर सो गया।

दूसरे दिन दस बजे के समय दो कोस की दूरी से दरोगाजी उपयुक्त दक्षिणादि ग्रहण कर पालकी पर चढ़े हुए सिपाही और चौकीदारों के साथ मौके पर तहकीकात करने के लिए आ पहुँचे। अनअधिकार प्रवेश, चीज-वस्तु का नुकसान, जलाने की लकड़ी से स्त्री के शरीर पर चोट करना आदि बड़ी-बड़ी धाराओं के अभियोग—सारे गाँव में एक हलचल मच गई।

प्रधान मुलजिम गयाराम था, उसे हिकमत के साथ पकड़ लाकर हाजिर करते ही, वह सिपाही, चौकीदार आदि को देखकर डर के मारे रोते हुए बोला, 'मुझे कोई देख नहीं सकता, इसी से सब लोग मुझे हवालात में भेजना चाहते हैं।' दरोगा वृद्ध मनुष्य था। उसने मुलजिम की आयु और रोने को देखकर दयार्द्र-चित्त से पूछा, 'तुम्हें कोई प्यार नहीं करता गयाराम?'

गया ने कहा, 'मुझे केवल मेरी ताई प्यार करती हैं और कोई नहीं।'

दरोगा ने पूछा, 'तब ताई को मारा क्यों था?'

गया बोला, 'नहीं, नहीं मारा। किवाड़ों की आड़ में गंगामणि खड़ी थी, उस ओर देखता हुआ बोला, 'तुझे मैंने कब मारा था ताई?'

पाँचू पास ही बैठा था, वह एक कटाक्ष करता हुआ बोला, 'दीदी, हुजूर पूछ रहे हैं, सच्ची बात कहो। कल दोपहर के समय मकान में घुसकर लकड़ी से तुझे नहीं मारा था? धर्मावतार के निकट झूठी बात मत कहना।'

गंगामणि ने अस्फुट स्वर में जो कुछ भी कहा, पाँचू उसी को स्पष्ट करता हुआ बोला, 'हाँ हुजूर, मेरी दीदी कहती है, उसने मारा था।'

*गंगामणि ने अस्फुट स्वर में जो कुछ भी कहा, पाँचू उसी को स्पष्ट करता हुआ बोला, 'हाँ हुजूर, मेरी दीदी कहती है, उसने मारा था।'*

*गया अग्नि के समान जलता हुआ चिल्ला उठा, 'देख पाँचू, तेरा पाँव मैं न तोड़ डालूँ तो...।' क्रोध से उसकी बात पूरी भी न हो सकी कि रो पड़ा।*

*पाँचू उत्तेजित होकर कह उठा, 'देखा हुजूर! देखा! हुजूर के सामने ही कहता है, पाँव तोड़ दूँगा, पीछे यह खून कर सकता है। इसे बाँध लेने का हुक्म दीजिए।*

गया अग्नि के समान जलता हुआ चिल्ला उठा, 'देख पाँचू, तेरा पाँव मैं न तोड़ डालूँ तो···।' क्रोध से उसकी बात पूरी भी न हो सकी कि रो पड़ा।

पाँचू उत्तेजित होकर कह उठा, 'देखा हुजूर! देखा! हुजूर के सामने ही कहता है, पाँव तोड़ दूँगा, पीछे यह खून कर सकता है। इसे बाँध लेने का हुक्म दीजिए।

दरोगा केवल जरा सा हँस दिया। गया आँखें पोंछता-पोंछता बोला, 'मेरी माँ नहीं है इसी से! अन्यथा···' इस बार भी उसकी बात पूरी न हो सकी। जिस माँ की उसे याद भी नहीं, याद करने की कोई जरूरत भी नहीं, आज विपत्ति के दिन अचानक उसी को पुकारता हुआ झरझर आँसू बहाता हुआ रोने लगा।

दूसरे मुलजिम शिबू के विरुद्ध किसी बात का प्रमाण नहीं मिला। दरोगा जी अदालत में नालिश करने का हुक्म देकर रिपोर्ट लिखकर चले गए। पाँचू ने मामला चलाने और बाकायदा उसकी तदबीर करने का उत्तरदायित्व ले लिया एवं अपनी बहन के प्रति किए भारी अत्याचार के लिए गया को जो कड़ी सजा मिलेगी, उसे चारों ओर कहता हुआ घूमने लगा।

परंतु गया बिल्कुल लापता हो गया। मुहल्ले पड़ोस के लोग शिबू के इस आचरण की निंदा करने लगे। शिबू उनसे लड़ता फिरने लगा, परंतु शिबू की स्त्री एकदम चुप रही। उस दिन गया की दूर के रिश्ते की एक मौसी खबर पाकर शिबू के घर जाकर उसकी स्त्री से जो मन में आया, वह कहकर गाली-गलौज कर गई, परंतु गंगामणि एकदम चुप बनी रही। शिबू ने पड़ोस के आदमी से यह बात सुनकर क्रुद्ध होते हुए स्त्री से कहा, 'तू चुप बैठी रही? एक बात भी नहीं कही?'

*परंतु गया बिल्कुल लापता हो गया। मुहल्ले पड़ोस के लोग शिबू के इस आचरण की निंदा करने लगे। शिबू उनसे लड़ता फिरने लगा, परंतु शिबू की स्त्री एकदम चुप रही। उस दिन गया की दूर के रिश्ते की एक मौसी खबर पाकर शिबू के घर जाकर उसकी स्त्री से जो मन में आया, वह कहकर गाली-गलौज कर गई, परंतु गंगामणि एकदम चुप बनी रही। शिबू ने पड़ोस के आदमी से यह बात सुनकर क्रुद्ध होते हुए स्त्री से कहा, 'तू चुप बैठी रही? एक बात भी नहीं कही?'*

शिबू की स्त्री ने कहा, 'नहीं।'

शिबू बोला, 'मैं घर में होता तो उस औरत को झाड़ू मारकर निकाल देता।'

उसकी स्त्री ने कहा, 'तब तो आज से घर में ही बैठे रहो और कहीं मत फिरना।' कहकर अपने काम से चली गई।

उस दिन दोपहर को शिबू घर पर नहीं था। शंभू आकर बाँस की झाड़ी से कुछ बाँस काट ले गया, आवाज सुनकर शिबू की स्त्री ने बाहर आकर अपनी आँखों से सबकुछ

देखा, चुपचाप घर लौट गई। दो दिन बाद खबर सुनकर शिबू कूदने लगा। स्त्री ने आकर कहा, 'तेरे क्या कान फूट गए हैं, घर के पास से ही वह बाँस काट ले गया और तुझे आहट भी नहीं मिली?'

उसकी स्त्री बोली, 'आहट क्यों नहीं मिली, मैंने आँखों से वह सब देखा था।'

शिबू क्रुद्ध होकर बोला, 'तो भी तूने मुझे नहीं बताया?'

गंगामणि बोली, 'बताती फिर क्या? बाँस की झाड़ी क्या केवल तुम्हारी ही है। देवर का उसमें हिस्सा नहीं है?'

शिबू ने आश्चर्य से हताश होते हुए केवल यह कहा, 'तेरा क्या माथा खराब हो गया है?'

*उस दिन संध्या के बाद पाँचू अदालत से लौटकर शांत भाव से धम् से बैठ गया। शिबू गाय के लिए कुट्टी कूट रहा था, अँधेरे में उसके मुँह और आँखों की मुसकराहट पर उसकी दृष्टि नहीं पड़ी। भयभीत होकर पूछा, 'क्या हुआ?'*
*पाँचू गंभीरतापूर्वक तनिक हँसता हुआ बोला, 'पाँचू के रहने पर जो होता, वही हुआ! वारंट निकलवाकर तब आया हूँ। इस समय वह कहाँ है, इसका पता लगाना ही होगा।'*

उस दिन संध्या के बाद पाँचू अदालत से लौटकर शांत भाव से धम् से बैठ गया। शिबू गाय के लिए कुट्टी कूट रहा था, अँधेरे में उसके मुँह और आँखों की मुसकराहट पर उसकी दृष्टि नहीं पड़ी। भयभीत होकर पूछा, 'क्या हुआ?'

पाँचू गंभीरतापूर्वक तनिक हँसता हुआ बोला, 'पाँचू के रहने पर जो होता, वही हुआ! वारंट निकलवाकर तब आया हूँ। इस समय वह कहाँ है, इसका पता लगाना ही होगा।'

शिबू को एक तरह की भयानक जिद चढ़ गई थी। उसने कहा, 'चाहे जितना खर्च हो, छोकरे को पकड़वाना ही है। उसे जेल भिजवाकर ही मैं और काम करूँगा।' तदुपरांत दोनों में अनेक प्रकार के परामर्श चलने लगे, परंतु रात के ग्यारह बज गए, भीतर से उसकी बुलाहट नहीं आई, यह देखकर शिबू ने चकित होकर रसोई घर में जाकर देखा, घर में अँधेरा है।

सोने के कमरे में जाकर देखा, स्त्री धरती पर चटाई बिछाए सो रही है। क्रुद्ध और आश्चर्यचकित होकर पूछा, 'खाना हो गया तो मुझे बुलाया क्यों नहीं?'

गंगामणि धीरे से करवट लेकर बोली, 'किसने बनाया, जो खाना बन गया?'

शिबू ने टोकते हुए पूछा—'अब तक नहीं बनाया?'

गंगामणि ने कहा, 'नहीं! मेरा शरीर ठीक नहीं है, आज मैं नहीं बना सकूँगी।' जोर की भूख से शिबू की नाड़ी जल रही थी, वह और नहीं सह सका। सोती हुई स्त्री

की पीठ पर एक लात मारते हुए बोला, 'आजकल रोज बीमार, रोज बीमार नहीं कर सकती? नहीं कर सकती तो निकल जा मेरे घर से।'

गंगामणि ने बात भी नहीं की, उठकर भी नहीं बैठी। जैसी सो रही थी, वैसी ही पड़ी रही। उस रात साले-बहनोई किसी का भोजन नहीं हुआ।

सबेरे देखा गया, गंगामणि घर में नहीं है। इधर-उधर कुछ देर ढूँढ़-ढकोर करने के बाद पाँचू ने कहा, 'दीदी अवश्य ही हमारे घर चली गई हैं।

स्त्री के इस प्रकार आकस्मिक परिवर्तन का कारण शिबू मन-ही-मन समझ रहा था, इसी से उसकी विरक्ति भी जैसे उत्तरोत्तर बढ़ती जा रही थी। नालिश-मुकदमे की ओर झुकाव भी वैसे ही कम होता जा रहा था। उसने सिर्फ यह कहा, 'चूल्हे में जाए, मुझे ढूँढ़ने की जरूरत नहीं है।'

शाम को खबर मिली, गंगामणि बाप के घर नहीं गई। पाँचू ने भरोसा बँधाते हुए कहा, 'तब तो वह अवश्य ही बुआ के घर चली गई है।'

उसकी एक धनी बुआ पाँच-छह कोस दूर एक गाँव में रहती थी। पूजा-पर्व के उपलक्ष्य में वे कभी-कभी गंगामणि को लिवा ले जाती थीं। शिबू स्त्री को बहुत प्यार करता था। उसने मुँह से तो कहा, 'जहाँ खुशी हो, जाने दो! मरने दो!' परंतु भीतर-ही-भीतर अनुतप्त एवं उत्कंठित हो उठा, तो भी क्रोध के कारण पाँच-छह दिन बीत गए। इधर काम-काज और गाय, बैलों के मारे उसकी गृहस्थी का काम एक तरह से रुक गया। एक दिन भी कटना कठिन हो गया।

*उसकी एक धनी बुआ पाँच-छह कोस दूर एक गाँव में रहती थी। पूजा-पर्व के उपलक्ष्य में वे कभी-कभी गंगामणि को लिवा ले जाती थीं। शिबू स्त्री को बहुत प्यार करता था। उसने मुँह से तो कहा, 'जहाँ खुशी हो, जाने दो! मरने दो!' परंतु भीतर-ही-भीतर अनुतप्त एवं उत्कंठित हो उठा, तो भी क्रोध के कारण पाँच-छह दिन बीत गए।*

सातवें दिन वह स्वयं तो नहीं गया, परंतु अपने पौरुष को मिटाकर उसने बुआ के घर बैलगाड़ी भेज दी।

दूसरे दिन सूनी गाड़ी लौट आई, समाचार दिया, वहाँ कोई नहीं है। शिबू माथे पर हाथ रखकर बैठ गया।

सारे दिन स्नान-भोजन नहीं हुआ, मुर्दे की भाँति एक तख्त के ऊपर पड़ा रहा। पाँचू ने अत्यंत उत्तेजित की भाँति घर में प्रवेश करते हुए कहा, 'सामंतजी, पता मिल गया!'

शिबू ने झटपट उठकर बैठते हुए कहा, 'कहाँ है? किसने खबर दी? गाड़ी ले चलो न, अभी दोनों जने चलें।'

पाँचू बोला, 'दीदी की बात नहीं, गया का पता मिल गया है।'

शिबू फिर लेट गया, कोई बात नहीं कही।

तब पाँचू बहुत प्रकार से समझाने लगा कि इस सुयोग को किसी भी तरह छोड़ना उचित नहीं है। दीदी तो एक दिन आएगी ही, परंतु तब फिर इस बेटा की बाग नहीं मिलेगी।

शिबू ने उदास कंठ से कहा, 'अभी ठहरो पाँचू! पहले यह लौट आए, उसके बाद…।'

पाँचू ने टोकते हुए कहा, 'उसके बाद फिर क्या होगा, सामंतजी? अपितु दीदी के लौटकर आने-न-आने से पहले ही काम समाप्त कर देना चाहिए! वह आ पड़ी तो फिर होगा ही नही।'

शिबू राजी हो गया, परंतु अपने खाली घर की ओर देखकर दूसरे से बदला लेने का जोर उसे स्वयं में ढूँढ़े भी नहीं मिल रहा था। अब पाँचू का जोर उधार लेकर ही उसका काम चल रहा था।

दूसरे दिन रात रहते ही वे दोनों अदालत के पियादे आदि को लेकर बाहर निकल पड़े। रास्ते में पाँचू ने बताया, 'बड़े दुःख की खबर मिली है कि शंभू ने उसे पाँचाला के सरकारी पुल के काम में नाम बदलकर भरती कर दिया है। उसी जगह उसे गिरफ्तार करना होगा।'

शिबू बराबर चुप बना रहा था, इस बार भी चुप बना रहा।

उन्होंने जब गाँव में प्रवेश किया, तब दोपहर हो चुकी थी। गाँव के एक ओर बहुत बड़ा मैदान था, वह लोग-बाग, लोहा-लक्कड़, कल-कारखानों से परिपूर्ण था, सब जगह छोटे-छोटे घर बने हुए थे, जिनमें मजदूर रहा करते थे।

बहुत कुछ पूछताछ के बाद एक आदमी ने कहा, 'जो लड़का साहब के बँगले में लिखा-पढ़ी का काम करता है, वही न? उसका घर यह रहा।' कहकर एक छोटी सी झोंपड़ी दिखा दी। वे लोग मौन साधे, पाँव दबाए, बड़ी मुश्किल से उसके पास जाकर खड़े हो गए। भीतर गयाराम का कंठस्वर सुनाई दिया। पाँचू के प्रसन्नता में भरकर पियादा एवं शिबू को लेकर वीरदर्प से अचानक झोंपड़ी के खुले हुए दरवाजे को रोककर खड़े होते ही उसका संपूर्ण मुख विस्मय, क्षोभ और निराशा से काला हो गया। उसकी दीदी भात परोसकर एक हाथ में पंखा लिए हवा कर रही थी एवं गयाराम भोजन करने बैठा हुआ था।

शिबू को देखते ही गंगामणि ने माथे पर आँचल को खींचते हुए केवल यह कहा, 'तुम लोग जरा ठंडे होकर नदी में नहा आओ, मैं तब तक और एक हाँड़ी भात चढ़ाए देती हूँ।'

□

# बाल्य-स्मृति

'अन्न-प्राशन के समय जब मेरा नामकरण संस्कार हुआ, तब मैं ठीक से तैयार नहीं हो पाया था।' यह कह लीजिए अथवा 'मेरे बाबा का ज्योतिष शास्त्र में विशेष दखल नहीं था,' यह कहिए, मैं 'सुकुमार' हूँ। अधिक दिन नहीं, ठीक दो-चार वर्ष में ही बाबा साहब समझ गए कि नाम के साथ मेरा वैसा मेल नहीं खाता। अब बारह-तेरह वर्ष बाद की बात कह रहा हूँ। निश्चित रूप से मेरे आत्म-परिचय की बातें कोई अच्छी तरह नहीं समझ सकेगा, तो भी⋯।

देखिए, गँवई-गाँव में हमारा घर है। वहाँ मैं बचपन से रहता आया हूँ। पिताजी पश्चिम प्रदेश में नौकरी करते थे। मैं वहाँ अधिक नहीं जाता था। दादी के पास अपने देश में ही रहता था। घर में मेरे उपद्रव की सीमा नहीं थी। एक तरह से एक छोटा सा रावण था मैं। वृद्ध बाबा जब कहते 'तू क्या हो गया है? किसी की बात नहीं सुनता। इस बार तेरे बाप को चिट्ठी लिखूँगा।' मैं थोड़ा सा हँसकर कहता, 'बाबा वे दिन अब नहीं रहे, बाप के बाप से भी नहीं डरता।' दादी पास रहती तो फिर क्या भय था? बाबा से ही कहतीं, 'कैसा जवाब दिया और छेड़ोगे?'

बाबा महाशय यदि कभी अधिक नाराज होकर मेरे पिता को पत्र लिखते, मैं तभी उनकी अफीम की पुड़िया छिपा देता, बाद में पत्र फाड़कर न फेंक देने तक डिबिया को बाहर नहीं निकालता। सभी उपद्रवों के भय से, विशेषकर नशे की तलब में खलल पड़ता हुआ देखकर वे मुझसे फिर कुछ नहीं कहते। मैं भी मजे में था।

होने से क्या होता है? सभी सुखों की एक सीमा निश्चित है। मेरे लिए भी वही हुआ। बाबा के प्रिय भाई गोविंद बाबू सदैव से इलाहाबाद में नौकरी करते थे, अब वे पेंशन लेकर गाँव में आ गए हैं। उनके पौत्र श्रीयुत रजनीनाथ बी.ए. पास करके उनके साथ ही लौट आए। मैं उनसे 'मँझले भाई' कहता। पहले मेरे साथ उनकी विशेष जान-पहचान नहीं थी। वे इस ओर कभी आते ही नहीं थे, विशेषकर उनका अलग मकान था, आने पर भी मेरी विशेष खोज-खबर नहीं लेते थे। कभी सामना हो जाने पर भी 'क्यों रे

कैसा है ? क्या पढ़ता है ?' यहीं तक।

इस बार वे जमकर आए और गाँव में रहे। काम ही काम में मेरी विशेष खोज होने लगी। दो-चार दिन की बातचीत में ही उन्होंने मुझे इस प्रकार वशीभूत कर लिया कि उन्हें देखते ही मुझे भय लग उठता, मुँह सूख जाता, छाती धड़धड़ाने लगती, जैसे कोई भारी अपराध किया हो, जाने कितना दंड मिलेगा और यथार्थ में तब मैं प्रायः ही दोषी ठहरता। मैं सदैव एक-न-एक बहाना करना चाहता। दो-चार अकर्म और दो-चार बार उपद्रव करना मेरा नित्य कर्म था। डरते रहने पर भी मैं दादा (बड़े भाई) को बहुत प्यार करता। भाई-भाई में इतना प्यार भी हो सकता है, पहले मैं इसे नहीं जानता था। वे भी मुझे बहुत प्यार करते थे। उनके समीप चाहे जितने अपराध करता, परंतु वे कुछ नहीं कहते और कुछ कहते भी तो मैं समझता भैया को तो कुछ देर के बाद कुछ याद ही नहीं होगा।

यदि चाहते तो वे मेरे चरित्र में सुधार कर सकते थे, किंतु कुछ भी नहीं किया। उनके देश में आ जाने से पहले की भाँति स्वाधीन नहीं हूँ, पर तो भी जैसा हूँ, अच्छा हूँ।'

रोज बाबा का एक पैसे का तंबाकू खा जाता। बुड्ढे बेचारे मेरे भय से खाट के सिरहाने, तख्त के नीचे रखे हुए संदूक में तकिए की खोली में, जहाँ भी तंबाकू रखते हैं, ढूँढ़-ढूँढ़कर सब जगह से निकालकर खा जाता। खाता-पीता, मस्त रहता, मौज करता। कोई जंजाल नहीं, पढ़ाई-लिखाई एक तरह से छोड़ ही दी थी। चिड़ियाँ मारता, गिलहरियाँ पकड़कर भूनकर खा जाता, वन-वन में गड्ढे-गड्ढे में खरगोशों को ढूँढ़ता फिरता, कोई भी चिंता नहीं थी।

*रोज बाबा का एक पैसे का तंबाकू खा जाता। बुड्ढे बेचारे मेरे भय से खाट के सिरहाने, तख्त के नीचे रखे हुए संदूक में तकिए की खोली में, जहाँ भी तंबाकू रखते हैं, ढूँढ़-ढूँढ़कर सब जगह से निकालकर खा जाता। खाता-पीता, मस्त रहता, मौज करता। कोई जंजाल नहीं, पढ़ाई-लिखाई एक तरह से छोड़ ही दी थी। चिड़ियाँ मारता, गिलहरियाँ पकड़कर भूनकर खा जाता, वन-वन में गड्ढे-गड्ढे में खरगोशों को ढूँढ़ता फिरता, कोई भी चिंता नहीं थी।*

पिताजी बक्सर में नौकरी करते थे। वहाँ से मुझे देखने भी नहीं आते, मारने भी नहीं आते। बाबा और दादी का हाल पहले ही कह चुका हूँ। अस्तु, एक वाक्य में, 'मैं मजे में था।'

एक दिन दोपहर को घर आकर दादी से सुना, मुझे साँझे भैया के साथ कलकत्ते में रहकर पढ़ना-लिखना होगा। भोजनादि समाप्त कर एक चिलम तंबाकू हाथ में लिये बाबा से कहा, 'मुझे कलकत्ते जाना होगा ?' बाबा बोले, 'हाँ।' मैंने पहले से ही सोच

रखा था, यह सब बाबा की चालाकी है। बोला, 'यदि जाना है तो आज ही जाऊँगा।' बाबा बोले, 'इसके लिए घबराते क्यों हो भाई! रजनी आज ही कलकत्ते जाएगा। मकान ठीक हो गया है, आज ही जाना होगा।' मैं आगबबूला हो उठा। एक तो उस दिन बाबा का तंबाकू ढूँढ़े भी नहीं मिला था, जो एक चिलम थी, उसमें मेरी एक फूँक भी नहीं होगी, उसके ऊपर फिर यह बात। ठग गया था, स्वयं ही निमंत्रण लेकर अब लौटा नहीं जा सकता। अतः उसी दिन मुझे कलकत्ते जाना पड़ा। जाते समय बाबा को प्रणाम कर मन-ही-मन बोला, 'ईश्वर करे, कल ही मैं तुम्हारे श्राद्ध में घर लौट आऊँ। उसके बाद मुझे कौन कलकत्ते भेजेगा, देख लूँगा।'

## दो

मैं पहले-पहल कलकत्ता आया। इतना बड़ा भारी शहर पहले नहीं देखा था। मन में सोचा, यदि इस प्रचंड गंगा के ऊपर काठ के पुल पर बीचोबीच और जिस जगह झुंड-के-झुंड मस्तूलवाले बड़े-बड़े जहाज खड़े हैं, उनके बराबर यदि एक बार खो जाऊँ, तब तो फिर कभी भी घर लौटकर नहीं जा सकूँगा। कलकत्ते में मुझे बिल्कुल अच्छा नहीं लगा। इतनी दहशत में क्या फिर प्रेम हो सकता है? कभी हो सकेगा भी, ऐसा भरोसा भी नहीं कर सका।

कहाँ गया वह मेरा नदी का किनारा, वह बाँस का झाड़, मैदान में खड़े बेल के पेड़, मित्रों के बगीचे के एक कोने में अमरूद के पेड़, कुछ भी तो नहीं है। केवल बड़े-बड़े मकान, बड़ी-बड़ी घोड़ागाड़ी और आदमियों की भीड़-भाड़, धक्का-मुक्की, बड़ी-बड़ी सड़कें। घर के पीछे ऐसा एक बगीचा भी नहीं है कि छिपकर एक चिलम तंबाकू पिऊँ। मुझे रोना आ गया। आँखों का पानी पोंछकर मन-ही-मन बोला, 'भगवान् ने जीवन दिया है, भोजन भी वे ही देंगे।' कलकत्ते के स्कूल में भरती हो गया, अच्छी तरह पढ़ता-लिखता हूँ। काम-काज में मैं आजकल अच्छा लड़का हूँ। गाँव में अवश्य ही मेरा नाम जाहिर हो गया, जाने दो उस बात को।

मेरे आत्मीय बंधु-बांधवों ने मिलकर एक 'मेस' बना लिया है। हमारे मेस में चार आदमी हैं। साँझे दादा, मैं, रामबाबू और जगन्नाथबाबू। रामबाबू और जगन्नाथ साँझे दादा के मित्र हैं। इनके अतिरिक्त एक नौकर और एक रसोइया ब्राह्मण भी है।

गदाधर हमारा रसोइया ब्राह्मण है। वह मेरी अपेक्षा तीन-चार वर्ष बड़ा है। ऐसा भला आदमी मैंने कभी नहीं देखा। मुहल्ले में किसी भी लड़के के साथ मेरी बोलचाल नहीं थी। सब विभिन्न प्रकृति के लोग होते हुए भी वह मेरा गहरा मित्र बन गया। उसमें-मुझमें कितनी गप्पें होतीं, उनका कोई ठिकाना नहीं था। उसका घर मेदिनीपुर जिले के गाँव में

था। वहाँ की बातें, उसके बचपन का इतिहास सुनने में मुझे बहुत अच्छा लगता। वे सब बातें इतनी बार सुनी थीं कि मुझे लगने लगा कि यदि मुझे वहाँ पर आँख बाँधकर छोड़ दिया जाए तो मैं सभी स्थानों पर स्वच्छंदतापूर्वक घूम-फिरकर लौट आऊँगा। शाम को रसोईघर में बैठकर ताश लिए हुए दोनों व्यक्ति खेला करते। खाना खाने के बाद उसके छोटे से हुक्के से दोनों तंबाकू पिया करते। सब काम हम दोनों मिलकर करते। मुहल्ले में किसी से बोलचाल नहीं। संगी, दोस्त, यार, बंधु, मोचीपाड़े का भूलो, केलो, खोका, खाँदा सभी मेरा वही है। उसके मुँह से मैंने कभी भी बड़ी बात नहीं सुनी। झूठमूठ ही सब लोग उसका तिरस्कार करते, परंतु वह किसी भी बात का उत्तर नहीं देता, जैसे सचमुच ही अपराध किया हो।

> ***गदाधर हमारा रसोइया ब्राह्मण है। वह मेरी अपेक्षा तीन-चार वर्ष बड़ा है। ऐसा भला आदमी मैंने कभी नहीं देखा। मुहल्ले में किसी भी लड़के के साथ मेरी बोलचाल नहीं थी। सब विभिन्न प्रकृति के लोग होते हुए भी वह मेरा गहरा मित्र बन गया। उसमें-मुझमें कितनी गप्पें होतीं, उनका कोई ठिकाना नहीं था। उसका घर मेदिनीपुर जिले के गाँव में था। वहाँ की बातें, उसके बचपन का इतिहास सुनने में मुझे बहुत अच्छा लगता।***

सबको खिलाकर, जब वह रसोईघर की किसी एक छोटी थाली में खाने बैठता, तब मैं सौ काम रहने पर भी वहीं उपस्थित रहता। बेचारे के भाग्य से प्रायः कुछ भी नहीं रहता। भात तक कम पड़ जाता। किसी के भी खाने के समय मैं उपस्थित नहीं रहा, स्वयं खाने को बैठते समय भात कम पड़े, तरकारी कम पड़े, मछली कम पड़े, ऐसा पहले मैंने कभी नहीं देखा। मुझे न जाने कैसा-कैसा लगता था।

बचपन में दादी कभी-कभी दुःखी होकर कहतीं, 'लड़का तो आधे पेट खाकर सूखकर काँटा हो गया है, अब नहीं बचेगा।' परंतु मैं दीदी के अनुसार भरपेट किसी भी प्रकार नहीं खा सकता था। सूख ही जाऊँ या काँटा हो जाऊँ, मुझे आधे-पेट खाना अच्छा लगता। अब कलकत्ते में आकर समझा, उस आधे-पेट, इस आधे-पेट में बहुत अंतर है। किसी को भरपेट खाना न मिलने पर आँखों में पानी भर आता है, इसे मैंने पहले कभी भी अनुभव नहीं किया था। पहले कई बार बाबा की थाली में जूठा पानी डालकर उन्हें भोजन नहीं करने देता था, दादी के ऊपर कुत्ते के बच्चे को छोड़कर उनके आवश्यक काम से उन्हें विरत कर देता था। वे खाना नहीं खातीं, परंतु आँखों में कभी भी पानी नहीं आया। बाबा-दादी अपने घर के लोग हैं, गुरुजन मुझसे स्नेह करते थे, उनके लिए कभी भी दुःख नहीं हुआ। जान-बूझकर उन्हें अधभूखा क्यों, भूखा रखकर भी अत्यंत संतोष प्राप्त करता था। और यह गदाधर कहाँ

का कौन है, उसके लिए बिना बुलाए आँसू स्वयं गिरने लगते हैं।

कलकत्ते आकर मुझे यह क्या हो गया, उसे निश्चित नहीं कर पाया। आँखों में इतना पानी कहाँ से आता है, सोच नहीं पाता। मुझे किसी ने रोते नहीं देखा। बचपन में जिद करने पर साबुत खजूर की छड़ी मेरी पीठ पर तोड़कर भी गुरु महाराज अपनी इच्छा पूरी नहीं कर पाए। लड़के कहते, सुकुमार का शरीर ठीक पत्थर जैसा है। नन्हे बच्चे की भाँति रोने नहीं लगता, वास्तव में रोते हुए मुझे लज्जा लगती थी, अब भी होती है, परंतु संवरण नहीं कर पाता। छिपकर कोई कहीं भी देख न ले। चोर द्वारा चोरी करने की तरह, दो बार आँखें पोंछ डालता हूँ। स्कूल पढ़ने जाता हूँ, अपाहिज लोग भीख माँगते हैं। किसी के हाथ नहीं हैं, किसी के पाँव नहीं हैं। किसी के दोनों आँखें नहीं हैं। ऐसे ही न जाने कितने दु:खी लोगों को देखता हूँ, उसे और कह नहीं सकता। जो तिलक लगाए, खंजरी हाथ में लिये 'जय राधे' कहकर भीख माँगते हैं, उन्हीं को जानता था, यह सब भिखारी फिर किस तरह के हैं। मन के दु:ख से मन-ही-मन कहता, 'भगवान्! इन्हें मेरे गाँव में भेज दो।' रहने दो अभागे भिखारियों की बात, अपनी बात करता हूँ। आँखें बहुत कुछ खराब हो जाने पर भी मैं एकदम विद्यासागर नहीं हो सका। बीच-बीच में हमारे गाँव की माँ सरस्वती न जाने कहाँ से आकर मेरे कंधे पर बैठ जातीं, कह नहीं सकता। उनकी आज्ञा के वशीभूत हो जो सब सत्कर्म कर डालता था, उसके लिए अब भी मुझे उस सरस्वती के ऊपर घृणा हो आती है। डेरे पर किसका क्या अनिष्ट किया जाए, यह सदैव ढूँढ़ता फिरता।

*कलकत्ते आकर मुझे यह क्या हो गया, उसे निश्चित नहीं कर पाया। आँखों में इतना पानी कहाँ से आता है, सोच नहीं पाता। मुझे किसी ने रोते नहीं देखा। बचपन में जिद करने पर साबुत खजूर की छड़ी मेरी पीठ पर तोड़कर भी गुरु महाराज अपनी इच्छा पूरी नहीं कर पाए। लड़के कहते, सुकुमार का शरीर ठीक पत्थर जैसा है। नन्हे बच्चे की भाँति रोने नहीं लगता, वास्तव में रोते हुए मुझे लज्जा लगती थी, अब भी होती है, परंतु संवरण नहीं कर पाता। छिपकर कोई कहीं भी देख न ले। चोर द्वारा चोरी करने की तरह, दो बार आँखें पोंछ डालता हूँ।*

रामबाबू ने तीन घंटे में अपनी देशी काले पाड़ की धोती में चुन्नटें डालीं। शाम को घूमने जाएँगे; मैंने मौका पाकर कपड़ों को धूलि में घसीटकर प्राय: मैला करके रख दिया। वे शाम को कपड़े की हालत देखकर बैठे रहे और मेरी प्रसन्नता का ठिकाना न रहा। जगन्नाथ बाबू के ऑफिस जाने का समय हो गया। झटपट भोजन करने बैठ गए, एक पल का भी विलंब नहीं कर सकते। मैंने मौका देखकर उनकी अचकन के सब बटन

काट लिए। स्कूल जाते समय एक बार झाँककर देख गया जगन्नाथ बाबू झक मारकर रोने की तैयारी कर रहे थे। मन की प्रसन्नता से मैं सारे रास्ते हँसता-हँसता चला। संध्या के समय जगन्नाथ बाबू ऑफिस से लौटकर बोले, 'मेरी अचकन के बटनों को गदा बेटा ने चोरी करके बेच डाला है, साले को भगा दो।' जगन्नाथ बाबू की अचकन के विवरण से दादा और रामबाबू दोनों ही मुँह दबाकर हँसने लगे। साँझे दादा ने कहा, 'कई तरह के चोर हैं, परंतु अचकन के बटन चुराकर बेच डालनेवाला कभी भी नहीं सुना।' जगन्नाथ बाबू इस बात से और भी क्रुद्ध होकर बोले, 'साले ने बटन सबेरे नहीं लिये, शाम को नहीं लिये, रात को नहीं लिये, ठीक ऑफिस जाते समय लिये हैं। आज दुर्गति की हद कर दी, एक काला फटा-पुराना कोट पहनकर ही मुझे ऑफिस जाना पड़ा।'

सब हँस गए। जगन्नाथ बाबू भी हँसे, परंतु मैं नहीं हँस सका। मन में डर लगा, 'कहीं गदाधर को निकाल दिया गया तो। वह तो निर्बोध है, शायद कोई बात नहीं कहेगा, सब अपराध अपने ही कंधे पर स्वेच्छा से उठा लेगा।'

*किसने बटन लिये हैं, साँझे दादा शायद समझ गए थे। गरीब गदाधर के ऊपर कोई जुल्म नहीं हुआ, परंतु मैंने भी सदा के लिए प्रतिज्ञा कर ली कि अब कभी ऐसा करके दूसरे को दुःखी नहीं करूँगा।*
*ऐसी प्रतिज्ञा मैंने पहले कभी नहीं की, कभी करता भी या नहीं, नहीं जानता। केवल गदाधर ने मुझे एकदम मिट्टी बना दिया।*

किसने बटन लिये हैं, साँझे दादा शायद समझ गए थे। गरीब गदाधर के ऊपर कोई जुल्म नहीं हुआ, परंतु मैंने भी सदा के लिए प्रतिज्ञा कर ली कि अब कभी ऐसा करके दूसरे को दुःखी नहीं करूँगा।

ऐसी प्रतिज्ञा मैंने पहले कभी नहीं की, कभी करता भी या नहीं, नहीं जानता। केवल गदाधर ने मुझे एकदम मिट्टी बना दिया।

किस उपाय से किसका चरित्र ठीक हो जाएगा, कोई नहीं जानता, गुरु महाराज, बाबा महाशय और भी अनेक महाशयों की कितनी ही चेष्टाओं से मैंने जो प्रतिज्ञा कभी नहीं की, एक गदाधर महाराज की ओर देखकर आज वही प्रतिज्ञा कर डाली। अब तक प्रतिज्ञा भंग हुई या नहीं, नहीं जानता, परंतु स्वेच्छा से की हो, ऐसा याद नहीं पड़ता।

अब एक और आदमी की बात कहता हूँ। वह हमारा रामा नौकर है। रामा जाति का कायस्थ है या ग्वाला, ऐसा ही कुछ था। घर कहाँ है सुना नहीं—ऐसा होशियार और फुर्तीला नौकर सदैव नहीं दिखाई पड़ता। फिर यदि कभी दिखाई दे गया, तो इच्छा है। उसका घर कहाँ है, यह पूछ लूँगा।

सब कामों में रामा को चरखी की भाँति घूमता-फिरता देखता था। यह रामा

कपड़े धो रहा है, तभी देखा साँझे दादा स्नान करने बैठे हैं, वह शरीर को रगड़ रहा है, दूसरे दिन देखा वह पान-सुपारी में अत्यंत व्यस्त है। इस तरह वह सदा ही घूमता-फिरता। साँझे दादा का वह 'The Favourite' (दिलपसंद) है, बढ़िया आदमी, परंतु मैं उसे देख नहीं सकता। उस साले के कारण मुझे साँझे दादा से प्रायः ही तिरस्कार मिलता, विशेषकर गदाधर बेचारे को वह प्रायः ही तंग किया करता। मैं उससे बहुत चिढ़ गया था, परंतु उससे क्या होता, वह था साँझे दादा का 'The Favourite' हमारे बासे के रामबाबू भी उसे नहीं देख सकते थे। वे उसे कहते 'The rouge' (रंगा सियार)। उस समय इस शब्द की व्याख्या स्वयं न कर सकने पर भी हम दोनों अच्छी तरह यह समझते थे, रामा 'The rouge' (रंगा सियार) है। उसके चिढ़ने के और भी कारण थे। प्रधान कारण यह था कि वह स्वयं को रामबाबू कहकर परिचय देता था। साँझे दादा भी जब कभी रामबाबू कहकर पुकार लेते। हमारे रामबाबू को यह सब अच्छा नहीं लगता था। जाने दो इन व्यर्थ की बातों को⋯।

एक दिन शाम को साँझे दादा एक लैंप खरीद लाए। बड़ी अच्छी वस्तु थी, प्रायः पचास-साठ रुपए कीमत की। सवेरे घूमने चले जाने पर मैंने गदाधर को बुलाकर वह दिखाया। गदाधर ने वैसी बत्ती कभी नहीं देखी थी। उसने अत्यंत आह्लादित होकर दो-चार बार हिला-डुलाकर देखा, तदुपरांत अपने काम से रसोईघर में चला गया, परंतु मेरा कौतूहल किसी प्रकार नहीं थमा। किस तरह से चिमनी खुलेगी! किस तरह अंदर के पुर्जे देखे जाएँ! बहुत हिला-डुलाकर देखा, बहुत बार घुमाने-फिराने की चेष्टा की, परंतु किसी तरह नहीं खुला। तदुपरांत देखा, नीचे एक पेंच है, अतः उसे घुमाया। कुछ देर घुमाने के बाद अचानक एकदम लैंप का आधा हिस्सा अलग हो गया। झटपट अच्छी तरह नहीं थाम सका, सो ऊपर का काँच टेबिल से नीचे गिरकर एकदम चकनाचूर हो गया।

*एक दिन शाम को साँझे दादा एक लैंप खरीद लाए। बड़ी अच्छी वस्तु थी, प्रायः पचास-साठ रुपए कीमत की। सवेरे घूमने चले जाने पर मैंने गदाधर को बुलाकर वह दिखाया। गदाधर ने वैसी बत्ती कभी नहीं देखी थी। उसने अत्यंत आह्लादित होकर दो-चार बार हिला-डुलाकर देखा, तदुपरांत अपने काम से रसोईघर में चला गया, परंतु मेरा कौतूहल किसी प्रकार नहीं थमा। किस तरह से चिमनी खुलेगी! किस तरह अंदर के पुर्जे देखे जाएँ! बहुत हिला-डुलाकर देखा, बहुत बार घुमाने-फिराने की चेष्टा की, परंतु किसी तरह नहीं खुला।*

## तीन

उस दिन बहुत रात बीते मैं घर लौटकर आया। बासे पर आकर देखा—एक बड़ी हाय-तौबा मची हुई है। गदाधर को घेरे हुए सब लोग गोला बाँधे बैठे हैं। साँझे दादा अत्यंत क्रुद्ध हो रहे हैं। गदाधर से जिरह चल रही है।

गदाधर की आँखों से टप-टप आँसू गिर रहे थे। कह रहा था, 'बाबू, मैंने उसे छुआ अवश्य था, परंतु तोड़ा नहीं। सुकुमार बाबू ने मुझे दिखाया, मैंने भी देखा था, तदुपरांत वे भी घूमने चले गए, मैं भी रसोई बनाने चला गया।

किसी ने उसकी बात पर विश्वास नहीं किया। प्रमाणित हो गया, उसी ने चिमनी तोड़ी है। उसका वेतन बाकी था, उन रुपयों में से साढ़े तीन रुपए देकर फिर नई चिमनी आई। संध्या के समय जब बत्ती जली, तब सभी अत्यंत प्रफुल्लित हो उठे, केवल मेरी ही दोनों आँखें जलने लगीं। बराबर मन को लगने लगा, उसके साढ़े तीन रुपए चुरा लिए हैं। जोर नहीं रुक सका। रो-धोकर किसी भाँति साँझे दादा की स्वीकृति लेकर घर आ उपस्थित हुआ। मन में सोचा था, दादी के पास से रुपए लेकर चुपचाप साढ़े तीन रुपए के बदले में गदाधर को सात रुपए दूँगा। मेरे स्वयं के पास तब रुपए नहीं थे। इसीलिए रुपए लेने के लिए मुझे गाँव आना पड़ा। मन में सोचकर आया था एक दिन से अधिक नहीं ठहरूँगा, परंतु वैसा हुआ नहीं। सात-आठ दिन गाँव में बीत गए।

***सात-आठ दिन बाद फिर कलकत्ते के बासे में प्रविष्ट हुआ। घुसते ही पुकारा, 'गदा!' किसी ने उत्तर नहीं दिया। फिर पुकारा, 'गदाधर महाराज!' कोई भी उत्तर नहीं। इस बार रामचरण ने आकर कहा, 'छोटे बाबू, कब आए?'***

सात-आठ दिन बाद फिर कलकत्ते के बासे में प्रविष्ट हुआ। घुसते ही पुकारा, 'गदा!' किसी ने उत्तर नहीं दिया। फिर पुकारा, 'गदाधर महाराज!' कोई भी उत्तर नहीं। इस बार रामचरण ने आकर कहा, 'छोटे बाबू, कब आए?'

'अभी आया हूँ, महराज कहाँ हैं।'

'महराज नहीं हैं।'

'कहाँ गया?'

'बाबू ने उसे निकाल दिया।'

'निकाल दिया? क्यों?'

'चोरी की थी, इसीलिए।'

'पहले मैं बात को ठीक से नहीं समझ सका, इसी से कुछ देर तक रामा के मुँह

की ओर देखता रहा। रामा मेरे मन का भाव समझकर थोड़ा मुसकराते हुए बोला, 'छोटे बाबू, अचरज हो रहा है, परंतु उसे तो आप लोग पहिचाने नहीं थे, वह इतना प्यार दिखाता था। वह भीतर-ही-भीतर डाइन जैसा था। भीगी बिल्ली को मैं पहिचानता हूँ।'

कैसे छिपी हुई डाइन था, क्यों मैं उस भीगी बिल्ली को नहीं पहिचान सका, इसे नहीं जान सका। जानने की जिज्ञासा की, 'किसके रुपए चुराए थे?'

'साँझे बाबू के।'

'कहाँ रखे थे?'

'कुर्ते की जेब में।'

'कितने रुपए?'

'चार रुपए।'

'किसने देखा?'

'आँखों से किसी ने नहीं देखा, परंतु वह एक तरह से देखा ही था।'

'कैसे?'

*'किसका क्या किया?' 'गदा ने तुम्हारे रुपए कभी भी नहीं चुराए। सभी जानते हैं, मैं गदा महराज को बहुत प्यार करता था।' साँझे दादा ने कहा, 'अच्छा नहीं हुआ सुकुमार! जो होना था हो गया, परंतु रामा को तूने इतना मारा क्यों था?' 'ठीक किया था। मुझे भी निकाल दोगे क्या?' दादा ने मेरे मुँह से कभी ऐसी बात नहीं सुनी थी। मैंने फिर जिज्ञासा की, तुम्हारे कितने रुपए वसूल हो गए? दादा बहुत दुःखी होकर बोले, 'अच्छा नहीं किया। सब रुपए उसके काटकर ढाई रुपए वसूल किए। मेरी ऐसी इच्छा नहीं थी।'*

'वह बात क्या फिर पूछने की है? आप बासे में थे नहीं, रामबाबू ने लिये नहीं, जगन्नाथ बाबू ने लिये नहीं, मैंने लिये नहीं। फिर किसने लिये? कहाँ गए?'

'तूने तब उसे पकड़ लिया?'

रामा हँसकर बोला, 'नहीं तो और कौन पकड़ता!'

'ठनठनिया चप्पलें आप आसानी से खरीद सकते हैं। ऐसी चट्टी शायद और कहीं नहीं बनतीं।'

मैं रसोईघर में जाकर रो पड़ा। उस छोटे काले हुक्के पर धूल जम रही थी। आज चार-पाँच दिन से उसे किसी ने नहीं छुआ, किसी ने पानी नहीं बदला। दीवाल पर एक जगह कोयले से लिखा हुआ था, 'सुकुमार बाबू, मैंने चोरी की है। इस जगह से जा रहा हूँ। जीवित रहने पर फिर आऊँगा।'

मैं उस समय बालक था। बिल्कुल बच्चे की भाँति उस हुक्म को छाती से चिपकाकर रोने लगा। ऐसा क्यों, इसका कारण नहीं समझ सका।

मेरा फिर उस बासे में मन नहीं लगा। संध्या के समय भ्रमण से लौटकर एक बार

रसोईघर में जाता। वहाँ दूसरे रसोइए को खाना बनाते देखकर दु:खी हो अपने कमरे में आकर पुस्तक खोलकर पढ़ने बैठ जाता। कभी-कभी मुझे अपने साँझे दादा भी नहीं सुहाते। रोटी तक मुझे कड़वी लगने लगी। बहुत दिनों बाद एक दिन रात में साँझे दादा से बोला, 'साँझे दादा! क्या कर दिया?'

'किसका क्या किया?'

'गदा ने तुम्हारे रुपए कभी भी नहीं चुराए। सभी जानते हैं, मैं गदा महराज को बहुत प्यार करता था।' साँझे दादा ने कहा, 'अच्छा नहीं हुआ सुकुमार! जो होना था हो गया, परंतु रामा को तूने इतना मारा क्यों था?'

'ठीक किया था। मुझे भी निकाल दोगे क्या?'

दादा ने मेरे मुँह से कभी ऐसी बात नहीं सुनी थी। मैंने फिर जिज्ञासा की, तुम्हारे कितने रुपए वसूल हो गए? दादा बहुत दु:खी होकर बोले, 'अच्छा नहीं किया। सब रुपए उसके काटकर ढाई रुपए वसूल किए। मेरी ऐसी इच्छा नहीं थी।'

मैं जब सड़कों पर घूमा करता था, दूर से यदि किसी भी आदमी को मैली चादर काँधे पर डाले, चप्पल पहने जाते देखता तो दौड़कर उसे देखकर लौट आता। मेरी एक आशा नित्य प्रति निराशा में परिणित हो जाती, उसे और क्या कहूँ?

प्राय: पाँच महीने बाद दादा के नाम एक मनीआर्डर आया—डेढ़ रुपए का मनीआर्डर। उसी दिन दादा को मैंने आँखों से पानी बहाते हुए देखा। वह कूपन अभी तक मेरे पास रखा है।

कितने वर्ष बीत गए हैं। आज भी वही गरीब गदाधर महराज मेरे हृदय में आधी जगह घेरे बैठे हैं।

□

# लल्ला

बाल्यावस्था में मेरा एक मित्र था, नाम था उसका लल्ला। पचास-साठ वर्ष पहले अर्थात् इतने दिन पहले जिनकी ठीक धारणा ही तुम न कर पाओगे, हम दोनों एक छोटे से बँगला-स्कूल की एक ही क्लास में पढ़ते थे। हमारी आयु उस समय दस-ग्यारह वर्ष की रही होगी। आदमी को डरा देने, छका देने के इतने कौशल लल्ला के दिमाग में थे, जिनकी कोई गणना ही नहीं। एक दिन उसने अपनी माँ को अचानक रबड़ का साँप दिखाकर ऐसा आफत में डाला था कि वे जो भयभीत होकर भागीं तो उनके एक पाँव में मोच आ गई और सात-आठ दिन तक लँगड़ाकर चलती रहीं।

माँ ने रुष्ट होकर कहा, 'इसके लिए एक मास्टर रख दो। शाम को वे आकर पढ़ाने बैठेंगे, तो फिर उसे ऊधम-उपद्रव मचाने का अवसर ही नहीं मिलेगा।'

सुनकर लल्ला के पिता ने कहा, 'नहीं। उन्हें स्वयं भी किसी मास्टर ने नहीं पढ़ाया था, अपने ही प्रयत्न से दुःख उठाकर, कष्ट भोगकर उन्होंने पढ़ा-लिखा था और आज वे एक सुप्रसिद्ध वकील हैं। उनकी इच्छा थी, लड़का भी उसी प्रकार विद्या प्राप्त करे, परंतु शर्त यह हुई कि जब लल्ला अपने क्लास की परीक्षा में उत्तीर्ण न होगा, तभी से उसे घर में पढ़ाने के लिए मास्टर रख दिया जाएगा। उस बार लल्ला की जान बच गई, परंतु वह मन-ही-मन अपनी माँ के प्रति चिढ़ गया। कारण यह था कि माँ उसके सिर पर मास्टर लादने के प्रयत्न में थी और वह यह जानता था कि मास्टर को बुलाना तथा पुलिस को लाना एक जैसा है।

लल्ला के पिता धनी गृहस्थ हैं। कई वर्ष हुए, पुराना घर तुड़वाकर नई तीन तीन मंजिल की इमारत बनवाई है। तभी से लल्ला की माँ की बड़ी इच्छा है कि अपने गुरु महाराज को उसमें लाकर उनके चरणों की रज से अपने घर को एवं स्वयं को पवित्र करें, परंतु गुरु महाराज वृद्ध हैं। फरीदपुर से इतनी दूर आने के लिए तैयार नहीं होते। इस बार अच्छा अवसर हाथ आया है, क्योंकि गुरु महाराज सूर्य ग्रहण में गंगास्नान करने के लिए

काशी आए हैं, लौटते समय नन्दरानी (लल्ला की माँ) को आशीर्वाद देते जाएँगे। लल्ला की माँ आनंद से फूली नहीं समाईं। गुरु महाराज के स्वागत एवं सेवा की तैयारियों में लगी हुई हैं। इतने दिनों बाद उनकी मनोकामना पूरी होगी। घर में गुरुदेव के चरण पधारेंगे, घर पवित्र हो जाएगा।

नीचे के बड़े कमरे से असबाब पत्र हटा दिया गया। निवाड़ का नया पलंग बनवाया गया है, गुरुजी उस पर शयन करेंगे। इसी कमरे के एक कोने में गुरुजी के पूजा-पाठ के लिए स्थान ठीक किया गया है, क्योंकि तिमंजिले पर बने हुए ठाकुरद्वारे में गुरुजी जा नहीं सकेंगे, उन्हें चढ़ने-उतरने में कष्ट होगा।

*निवाड़ का पलंग भारी नहीं था। गुरुजी उसे मसहरी सहित दूसरे कोने में खींच ले गए और चुपचाप फिर लेट गए, परंतु एक मिनट भी नहीं बीत पाया, दोनों आँखें ज्यों ही बंद कीं, त्यों ही फिर वैसा ही दो-चार बूँद ठंडा पानी टप-टप करता हुआ ठीक उसी पेट के स्थान पर फिर आ टपका।*

*स्मृतिरत्न महोदय फिर उठ बैठे, फिर पलंग को खींचकर दूसरे कोने में ले गए। बोले, 'ऐं! छत इस सिरे से उस सिरे तक फट गई जान पड़ती है।'*

कुछ दिनों बाद गुरुजी आ उपस्थित हुए, परंतु दिन कैसा खराब था, कैसा दुर्योग था। आकाश में काले बादलों की छटा छाई हुई थी। जैसी तेज हवा चल रही थी, वैसी ही जोर की वर्षा हो रही थी। आँधी और पानी थमने का नाम ही नहीं लेते थे।

इधर मिठाई-पकवान बनाने में तथा फल आदि काटकर सजाने में लल्ला की माँ इतनी व्यस्त थीं कि उन्हें दम लेने का भी अवकाश नहीं था। इसी बीच वे अपने हाथ से झाड़-बुहारकर गुरुजी के पलंग पर मसहरी लगा गईं, बिछौना बिछा गईं। बातचीत में रात हो गई, मार्ग के हारे-थके गुरुदेव खा-पीकर पलंग पर जा लेटे। नौकर-चाकरों को छुट्टी मिल गई।

बढ़िया पलंग और गुदगुदे बिछौने पर लेटकर प्रसन्न-हृदय गुरुजी ने अपनी शिष्या नन्दरानी को मन-ही-मन अनेक आशीर्वाद दे डाले।

परंतु आधी रात में अचानक उनकी नींद उचट गई। छत से टपककर, मसहरी को फोड़कर उनके अत्यंत पुष्ट पेट के ऊपर पानी गिर रहा था, उनकी तोंद तर हो रही थी। आह, कितना ठंडा पानी था! वह हड़बड़ाकर पलंग से उठ पड़े, पेट को पोंछते हुए कहने लगे, नन्दरानी ने घर तो नया बनवाया है, परंतु देखता हूँ पश्चिम की कड़ी धूप से छत इतनी जल्दी चटक गई है।

निवाड़ का पलंग भारी नहीं था। गुरुजी उसे मसहरी सहित दूसरे कोने में खींच ले गए और चुपचाप फिर लेट गए, परंतु एक मिनट भी नहीं बीत पाया, दोनों आँखें ज्यों ही

बंद कीं, त्यों ही फिर वैसा ही दो-चार बूँद ठंडा पानी टप-टप करता हुआ ठीक उसी पेट के स्थान पर फिर आ टपका।

स्मृतिरत्न महोदय फिर उठ बैठे, फिर पलंग को खींचकर दूसरे कोने में ले गए। बोले, 'ऐं! छत इस सिरे से उस सिरे तक फट गई जान पड़ती है।'

फिर लेटे, फिर पेट के ऊपर उसी स्थान से टप से पानी गिरा। फिर उठकर, पेट का पानी पोंछकर, पलंग को खींचकर एक दूसरे कोने में ले गए, परंतु वहाँ लेटते ही फिर उसी प्रकार पानी टपकने लगा। फिर खींचकर चौथे कोने में ले गए, परंतु वहाँ भी वही हाल हुआ। अबकी बार टटोलकर देखा, बिछौना भी भीग गया है, सोने का कोई उपाय नहीं है।

स्मृतिरत्न कठिनाई में पड़ गए। वृद्ध आदमी ठहरे, जगह भी नई है, जानी हुई नहीं। दरवाजा खोलकर निकलते हुए डर लगता है और यहाँ रहना भी खतने से खाली नहीं है। क्या ठिकाना, फटी हुई छत कहीं अचानक सिर पर न आ पड़े। गुरुजी डरते-डरते दरवाजा खोलकर बरामदे में आए। वहाँ एक लालटेन अवश्य जल रही थी, परंतु कोई आदमी नहीं था। आकाश में घोर अंधकार छाया हुआ था।

जैसे जोर का पानी बरस रहा था, वैसी जोर की वायु भी चल रही थी। खड़े रहना भी कठिन था। नौकर-चाकर सब कहाँ हैं, किधर सोते हैं, बेचारे यह भी तो नहीं जानते। जोर से चिल्लाकर पुकारा, परंतु कोई नहीं बोला। एक ओर एक बैंच पड़ी हुई थी। लल्ला के पिता के दरिद्र मुवक्किल उसी पर आकर बैठा करते थे।

*जैसे जोर का पानी बरस रहा था, वैसी जोर की वायु भी चल रही थी। खड़े रहना भी कठिन था। नौकर-चाकर सब कहाँ हैं, किधर सोते हैं, बेचारे यह भी तो नहीं जानते। जोर से चिल्लाकर पुकारा, परंतु कोई नहीं बोला। एक ओर एक बैंच पड़ी हुई थी। लल्ला के पिता के दरिद्र मुवक्किल उसी पर आकर बैठा करते थे।*

लाचार होकर गुरु महाराज उसी पर जा बैठे। उन्होंने मन में अवश्य अनुभव किया कि उनकी मर्यादा को बहुत ठेस पहुँची है, परंतु अन्य कोई उपाय ही क्या था? उत्तर से चलनेवाली ठंडी हवा में बरसात के पानी के छींटें मिले हुए थे और वे उड़-उड़कर उनके ऊपर गिर रहे थे। ठंड से रोएँ खड़े हो रहे थे। आधी धोती खोलकर उन्होंने शरीर को भली-भाँति ढँक लिया और दोनों पाँव को जहाँ तक बन सका, ऊपर उठाकर आराम पाने का तरीका निकाल लिया। थकान और आराम में विघ्न पड़ जाने से शरीर शिथिल हो रहा था, मन में खीझ भर रही थी, नींद के बोझ से पलकें भारी हो रही थीं। गुरुजी घर में सदैव साधारण भोजन करते थे, आज यहाँ पर भोजन की बढ़िया सामग्री पाकर खूब डटकर खा लिया था। उस पर रात को सोना नहीं मिल रहा था। परिणाम यह हुआ कि दो-एक खट्टी डकारें कंठ तक आकर रह गईं। गुरुजी बहुत घबरा उठे।

*इसी समय अचानक एक नया उपद्रव उठ खड़ा हुआ, जिसका गुरुजी को अनुमान तक नहीं था, न जाने कहाँ से बड़े-बड़े मच्छरों ने आकर उनके कानों के पास भनभनाना आरंभ कर दिया। आँखों की पलकें उठना ही नहीं चाहती थीं। उन्होंने साफ उत्तर दे दिया था। गुरुजी का हृदय आशंका से भर उठा, न जाने ये बदमाश मच्छर कितने हैं! यह स्थिति केवल एक-दो मिनट तक ही रही। जो अनिश्चित था, वह निश्चित हो गया, गुरुदेव को भलीभाँति ज्ञात हो गया कि इन रक्त के प्यासे शत्रुओं की कोई संख्या नहीं है।*

इसी समय अचानक एक नया उपद्रव उठ खड़ा हुआ, जिसका गुरुजी को अनुमान तक नहीं था, न जाने कहाँ से बड़े-बड़े मच्छरों ने आकर उनके कानों के पास भनभनाना आरंभ कर दिया। आँखों की पलकें उठना ही नहीं चाहती थीं। उन्होंने साफ उत्तर दे दिया था। गुरुजी का हृदय आशंका से भर उठा, न जाने ये बदमाश मच्छर कितने हैं ! यह स्थिति केवल एक-दो मिनट तक ही रही। जो अनिश्चित था, वह निश्चित हो गया, गुरुदेव को भलीभाँति ज्ञात हो गया कि इन रक्त के प्यासे शत्रुओं की कोई संख्या नहीं है। संसार में ऐसा बहादुर कोई नहीं है, जो इस सेना का मुकाबला कर सके। मच्छरों के काटने से जैसी खुजली थी, वैसी जलन भी होने लगी। गुरुजी शीघ्रतापूर्वक वहाँ से उठ भागे, परंतु मच्छरों ने उनका पीछा नहीं छोड़ा। जिस प्रकार पानी के कारण कमरे के भीतर टिकना मुश्किल था, उसी प्रकार मच्छरों के मारे बाहर भी चैन नहीं था। गुरुजी बार-बार इधर-उधर हाथ-पाँव चलाते थे, अँगोछा फटकारकर मच्छरों को भगाते थे, परंतु उनके आक्रमण को किसी प्रकार रोक नहीं सके। गुरुजी की इस गोलाबारी ये यदि दो-चार मच्छर शहीद हो जाते, तो उनका स्थान लेने के लिए नए मच्छर आ जाते थे। दूने उत्साह से अन्य सैकड़ों मच्छर धावा बोल देते थे। गुरुजी बरामदे में इस कोने से उस कोने तक दौड़ने लगे तथा इस शीत ॠतु में भी उनके शरीर से पसीना निकलने लगा। उनका हृदय चाहने लगा, वे गला फाड़कर चिल्लाएँ, पुकारें, परंतु यह एकदम लड़कपन की बात होगी, लोग हँसेंगे, यह सोचकर चुप बने रहे।

उन्होंने काल्पनिक दृष्टि से देखा कि उनकी शिष्या नंदरानी बढ़िया पलंग पर, गुदगुदे गद्दे के ऊपर, मसहरी के भीतर, आराम से सो रही है। घर के अन्य व्यक्ति भी अपने-अपने स्थान-स्थान पर पूर्ण निश्चिंत सो रहे हैं। केवल उन्हें सोना नहीं मिल रहा है, इधर-से-उधर और उधर-से-इधर भागने से ही अवकाश नहीं मिलता। कहीं की घड़ी में टन-टन करके चार बजे। गुरुजी ने खीझकर मच्छरों से कहा, 'काटो सालो, जी भर काटो! अब मेरे हाथ-पाँव नहीं चलते।' इतना कहकर वे बरामदे के एक कोने में जहाँ तक संभव हुआ, उतनी पीठ बचाकर दीवार का सहारा ले फर्श पर ही बैठ गए।

बोले, 'सवेरे तक जीवित रहा तो इस अभागे देश में फिर कभी नहीं आऊँगा। प्रात:काल जो गाड़ी मिलेगी, उसी से अपने घर भाग जाऊँगा। अब ज्ञात हुआ कि इस ओर आने को मेरा जी क्यों नहीं चाहता था!' देखते-देखते सब कष्टों को हरनेवाली गहरी निद्रा ने आकर उनकी संपूर्ण रात्रि का दु:ख भुला दिया। स्मृतिरत्न महोदय मूर्च्छित से होकर उसी स्थान पर वैसे ही सो गए।

इधर नंदरानी सबेरा होने से पहले ही उठ बैठी थीं। आज उन्हें उठते ही गुरुजी की सेवा में लगना होगा। रात को गुरुजी ने जलपान किया ही कहाँ है, यद्यपि वह जलपान कुछ कम नहीं था, उतने में दो आदमी भली-भाँति छक जाते। तो भी उनके मन में यही पछतावा था कि गुरुजी का भोजन ठीक से नहीं हुआ। आज दिन में भाँति-भाँति के व्यंजन खिलाकर तथा सेवा करके उस कमी को पूरा करना होगा।

वे नीचे उतरकर आईं। देखा, गुरुजी के कमरे का द्वार खुला हुआ है। गुरुदेव संभवत: पहले ही उठ गए होंगे, यह विचार कर वे कुछ लज्जित हो गईं। कमरे के भीतर गरदन झुकाकर देखा, गुरुजी भीतर नहीं हैं, परंतु यह क्या मामला है! पलंग दक्खिन की ओर बिछा था, वह उत्तर की ओर चला गया है, गुरुजी का किरमिच का थैला खिड़की के ऊपर से नीचे फर्श पर उतर आया है, संध्या-पूजा की सब सामग्री, पंचपात्र, आचमनी, अर्घा एवं आसन आदि इधर-उधर अस्त-व्यस्त बिखरे पड़े हैं। इसका कोई कारण उनकी समझ में नहीं आया।

*वे नीचे उतरकर आईं। देखा, गुरुजी के कमरे का द्वार खुला हुआ है। गुरुदेव संभवत: पहले ही उठ गए होंगे, यह विचार कर वे कुछ लज्जित हो गईं। कमरे के भीतर गरदन झुकाकर देखा, गुरुजी भीतर नहीं हैं, परंतु यह क्या मामला है! पलंग दक्खिन की ओर बिछा था, वह उत्तर की ओर चला गया है, गुरुजी का किरमिच का थैला खिड़की के ऊपर से नीचे फर्श पर उतर आया है, संध्या-पूजा की सब सामग्री, पंचपात्र, आचमनी, अर्घा एवं आसन आदि इधर-उधर अस्त-व्यस्त बिखरे पड़े हैं।*

बाहर निकलकर नौकरों को पुकारा, परंतु सब व्यर्थ, उनमें से अभी कोई सोकर नहीं उठा था। तब फिर गुरुजी कहाँ गए? अचानक उनकी दृष्टि एक ओर जा पड़ी, आश्चर्यचकित होकर बोली, 'यह क्या है? एक कोने में जहाँ कुछ अँधेरा, कुछ उजाला था, कोई एक आदमी सा बैठा जान पड़ा। हिम्मत बाँधकर नंदरानी आगे बढ़ीं। पास झुककर देखा, यह तो उन्हीं के गुरुजी हैं। अव्यक्त आशंका से वे चिल्ला उठीं, 'गुरुजी! ओ गुरुजी!'

गुरुजी की नींद उचट गई, उन्होंने आँखें खोलकर देखा। तदुपरांत सीधे होकर बैठ गए। नंदरानी कुछ भय, कुछ चिंता और कुछ लज्जा के कारण रो दीं। तदुपरांत बोलीं, 'गुरुजी, आप यहाँ कैसे पड़े हैं?'

स्मृतिरत्न उठकर खड़े हो गए। बोले, 'रात भर कितना कष्ट पाया, क्या बताऊँ बेटी ?'

नंदरानी ने घबराकर पूछा, 'क्या हुआ गुरुजी ?'

गुरुजी ने कुछ रुआँसे होकर कहा, 'नया मकान तुमने अवश्य बनवाया है बेटी, परंतु इसकी छत सब जगह से छलनी हो रही है। रात भर जो पानी बरसा, वह बाहर नहीं गया, वह सब मेरे इस शरीर पर ही गिरता रहा। पलंग खींचकर जहाँ ले गया, वहीं पर पानी टपका। छत फटकर कहीं मेरे ऊपर ही न आ पड़े, इस आशंका से मैं बाहर निकल भागा, परंतु इससे भी तो जान नहीं बची। डाँस, मच्छर, टिड्डी-दल की भाँति झुंड बाँधकर न जाने कहाँ से आकर रात भर काटते रहे ? इस छोर से उस छोर और उस छोर से इस छोर तक, बस इसी तरह भागता रहा। लगता है, शरीर का आधा रक्त तो ये दुष्ट अवश्य पी गए बेटी !'

बड़े प्रयत्न और बड़ी अनुनय-विनय के पश्चात् घर में लाए गए गुरुजी की यह करुण कथा सुनकर तथा उनकी दुर्दशा को अपनी आँखों से देखकर नंदरानी की आँखों में आँसू भर आए। वे बोलीं, 'परंतु गुरुजी, यह घर तो तिमंजिला बना है। आपके कमरे के ऊपर छत नहीं और भी दो कमरे हैं। बरसात का पानी तीन-तीन छतों को फोड़कर आपके ऊपर कैसे गिर सकता है ? परंतु⋯'

*बड़े प्रयत्न और बड़ी अनुनय-विनय के पश्चात् घर में लाए गए गुरुजी की यह करुण कथा सुनकर तथा उनकी दुर्दशा को अपनी आँखों से देखकर नंदरानी की आँखों में आँसू भर आए। वे बोलीं, 'परंतु गुरुजी, यह घर तो तिमंजिला बना है। आपके कमरे के ऊपर छत नहीं और भी दो कमरे हैं। बरसात का पानी तीन-तीन छतों को फोड़कर आपके ऊपर कैसे गिर सकता है ? परंतु⋯'*

कहते-कहते उन्हें अचानक खयाल आया, संभवतः यह उसी शैतान लल्ला की ही कोई कारस्तानी होगी, उसी की दुष्ट बुद्धि का यह कोई करिश्मा होगा ! नंदरानी छोड़कर कमरे के भीतर गईं, बिछौना टटोलकर देखा, बिछी हुई चादर बिल्कुल भीग गई है। ऊपर दृष्टि डाली तो देखा, मसहरी से अब भी बूँद-बूँद करके पानी टपक रहा है।

झटपट मसहरी उतारी तो दिखाई दिया, कपड़े में बँधा बरफ का ढेला उस समय तक मौजूद है। नंदरानी अब समझ गईं। पागल की भाँति झपटती हुई बाहर निकलीं तथा जो भी नौकर-चाकर सामने दिखाई दिया, उसी को चिल्लाकर हुक्म दिया, बदमाश कहाँ गया, कहाँ गया ? घर का काम-काज चूल्हे में जाए, तुम लोग जाओ और उस बदमाश को जहाँ भी मिले, पकड़कर मारते-मारते यहाँ ले आओ।'

लल्ला के पिता उसी समय ऊपर से नीचे उतर रहे थे। स्त्री का बेतहाशा बिगड़ना

एवं चिल्लाना देख-सुनकर वे दंग रह गए। बोले, 'क्या बात है ? क्या हुआ ? क्यों चिल्ला रही हो ?'

नंदरानी रो पड़ीं। बोलीं, 'तुम अपने इस पाजी लल्ला को घर से निकाल दो, अन्यथा मैं आज गंगा में डूबकर इस महापाप का प्रायश्चित्त करूँगी।'

लल्ला के पिता ने पूछा, 'उसने किया क्या ?'

नंदरानी ने कहा, 'उसने बिना कारण गुरुदेव की क्या दशा की है, तनिक चलकर अपनी आँखों से तो देख लो।'

अब सब लोग भीतर गए। नंदरानी ने सब वृत्तांत कहा और लल्ला की सब करतूत दिखाई। पुनः पति से बोलीं, 'इस पाजी लड़के को लेकर गृहस्थी किस प्रकार निभ सकती है, तुम्हीं बताओ ?'

गुरुजी सब समझ गए। वृद्ध अपनी मूर्खता पर स्वयं ही 'हो-हो' करके जोर से हँस पड़े।

लल्ला के पिता दूसरी ओर मुँह फेरकर खड़े रहे। संभवतः उन्हें भी हँसी आ रही थी।

नौकरों ने आकर कहा, 'लल्ला बाबू कोठी में नहीं हैं।'

एक नौकर ने आकर समाचार दिया, 'वे मौसी के घर में बैठे पेट-पूजा कर रहे हैं। मौसी ने उन्हें रोक लिया, यहाँ नहीं आने दिया।'

मौसी अर्थात् नंदरानी की बहन। उनके पति भी वकील हैं। वह पास ही दूसरे मुहल्ले में रहती हैं।

इसके पश्चात् लगभग पंद्रह दिन तक लल्ला ने अपने घर की चौखट पर पाँव नहीं रखा।

# आचार्य चतुरसेन का साहित्य

# भारतवर्ष की लोककथाएँ

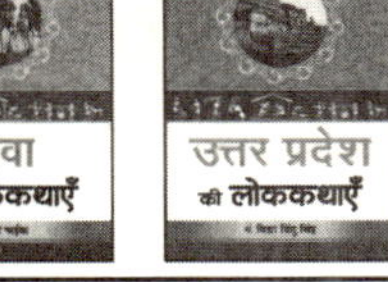

## 'लोकप्रिय कहानियाँ' शृंखला के सम्मानित कथाकार

• अवध नारायण मुद्‌गल • अज्ञेय • आचार्य चतुरसेन • आनंद प्रकाश जैन • आर.के. नारायण • उर्मिला शिरीष • उषा किरण खान • ऋता शुक्ल • कमल कुमार • कमलेश्वर • कुसुम अंसल • कुसुम खेमानी • केशव • गंगाप्रसाद विमल • गिरिराज किशोर • गुरुदत्त • गोविंद मिश्र • चंद्रकांता • चित्रा मुद्‌गल • जयशंकर प्रसाद • जैनेंद्र कुमार • ज्योत्स्ना मिलन • दामोदर दत्त दीक्षित • देवेंद्र सत्यार्थी • धर्मवीर भारती • नरेंद्र कोहली • नासिरा शर्मा • निर्मल वर्मा • पद्‌मा सचदेव • पांडेय बेचन शर्मा 'उग्र' • प्रकाश मनु • प्रेमचंद • बलराम • बिमल मित्र • भगवान अटलानी • मनु शर्मा • मन्नू भंडारी • महीप सिंह • मालती जोशी • मीरा सीकरी • मृदुला गर्ग • मृदुला बिहारी • मृदुला सिन्हा • मेहरुन्निसा परवेज • रमेशचंद्र शाह • रमेश पोखरियाल 'निशंक' • रवींद्रनाथ टैगोर • रस्किन बॉण्ड • राजी सेठ • राजेंद्र मोहन भटनागर • राजेंद्र राव • रामदरश मिश्र • रामधारी सिंह दिवाकर • रूपसिंह चंदेल • विजयदान देथा • विद्या विंदु सिंह • विवेकी राय • विश्वंभरनाथ शर्मा कौशिक • विष्णु प्रभाकर • वृंदावनलाल वर्मा • शंकरदयाल सिंह • शरतचंद्र चटर्जी • शिवप्रसाद सिंह • शैलेश मटियानी • श्रीलाल शुक्ल • संतोष गोयल • सच्चिदानंद जोशी • सत्यजित रे • सिम्मी हर्षिता • सीतेश आलोक • सुधा मूर्ति • सुनीता जैन • सुभद्रा कुमारी चौहान • सुशील कुमार फुल्ल • सूर्यबाला • से.रा. यात्री • स्वयं प्रकाश • हिमांशु जोशी

## विदेशी कथाकार

• आर्थर कॉनन डायल • ऑस्कर वाइल्ड • एच.जी. वेल्स • ओ. हेनरी • काफका • खलील जिब्रान • चार्ल्स डिकेंस • चेखव • जूल्स वर्न • जैन आस्टीन • डी.एच. लॉरेंस • थॉमस हार्डी • पर्ल बक • मार्क ट्वेन • मोपासाँ • रुडयार्ड किपलिंग • लियो टॉलस्टॉय • वाल्टर स्कॉट • शेक्सपीयर • शेरलॉक होम्स • साकी

## भारतीय भाषाओं की कहानियाँ

• डोगरी–कश्मीरी • ओड़िया • कन्नड़ • गुजराती • तमिल • तेलुगु • पंजाबी • मराठी • मलयालम • असमीया • बांग्ला • सिंधी • कोंकणी • उर्दू

## विदेशों की कहानियाँ

• अमेरिका • इंग्लैंड • जर्मनी • फ्रांस • यूरोप • रूस • स्पेन